超然物外
——巴塔耶耗费思想探要

Beyond Things:
On Bataille's Thought of Consumption

杨 威 著

中国社会科学出版社

图书在版编目（CIP）数据

超然物外：巴塔耶耗费思想探要／杨威著 . —北京：中国社会科学
出版社，2016.12

（中国社会科学博士后文库）

ISBN 978 - 7 - 5161 - 9404 - 1

Ⅰ. ①超… Ⅱ. ①杨… Ⅲ. ①巴塔耶（Bataille, Georges 1897 - 1962）—哲学
思想—研究　Ⅳ. ①B565.59

中国版本图书馆 CIP 数据核字（2016）第 290680 号

出 版 人	赵剑英
责任编辑	冯春凤
责任校对	韩天炜
责任印制	王　超

出　　版	中国社会科学出版社
社　　址	北京鼓楼西大街甲 158 号
邮　　编	100720
网　　址	http://www.csspw.cn
发 行 部	010 - 84083685
门 市 部	010 - 84029450
经　　销	新华书店及其他书店

印刷装订	北京君升印刷有限公司
版　　次	2016 年 12 月第 1 版
印　　次	2016 年 12 月第 1 次印刷

开　　本	710 × 1000　1/16
印　　张	14
字　　数	230 千字
定　　价	55.00 元

序 言

    博士后制度在我国落地生根已逾30年，已经成为国家人才体系建设中的重要一环。30多年来，博士后制度对推动我国人事人才体制机制改革、促进科技创新和经济社会发展发挥了重要的作用，也培养了一批国家急需的高层次创新型人才。

    自1986年1月开始招收第一名博士后研究人员起，截至目前，国家已累计招收14万余名博士后研究人员，已经出站的博士后大多成为各领域的科研骨干和学术带头人。这其中，已有50余位博士后当选两院院士；众多博士后入选各类人才计划，其中，国家百千万人才工程年入选率达34.36%，国家杰出青年科学基金入选率平均达21.04%，教育部"长江学者"入选率平均达10%左右。

    2015年底，国务院办公厅出台《关于改革完善博士后制度的意见》，要求各地各部门各设站单位按照党中央、国务院决策部署，牢固树立并切实贯彻创新、协调、绿色、开放、共享的发展理念，深入实施创新驱动发展战略和人才优先发展战略，完善体制机制，健全服务体系，推动博士后事业科学发展。这为我国博士后事业的进一步发展指明了方向，也为哲学社会科学领域博士后工作提出了新的研究方向。

    习近平总书记在2016年5月17日全国哲学社会科学工作座谈会上发表重要讲话指出：一个国家的发展水平，既取决于自然科学发展水平，也取决于哲学社会科学发展水平。一个没有发达的自然科学的国家不可能走在世界前列，一个没有繁荣的哲学社会科学的国家也不可能走在世界前列。坚持和发展中国特色社会主义，需要不断在实践和理论上进行探索、用发展着的理论指导发展着的实践。在这个过程中，哲学社会科学具有不可替代的重要地位，哲学社会科学工作者具有不可替代的重要作用。这是党和国家领导人对包括哲学社会科学博士后在内的所有哲学社会科学领域的研究者、工作者提出的殷切希望！

中国社会科学院是中央直属的国家哲学社会科学研究机构，在哲学社会科学博士后工作领域处于领军地位。为充分调动哲学社会科学博士后研究人员科研创新积极性，展示哲学社会科学领域博士后优秀成果，提高我国哲学社会科学发展整体水平，中国社会科学院和全国博士后管理委员会于 2012 年联合推出了《中国社会科学博士后文库》（以下简称《文库》），每年在全国范围内择优出版博士后成果。经过多年的发展，《文库》已经成为集中、系统、全面反映我国哲学社会科学博士后优秀成果的高端学术平台，学术影响力和社会影响力逐年提高。

下一步，做好哲学社会科学博士后工作，做好《文库》工作，要认真学习领会习近平总书记系列重要讲话精神，自觉肩负起新的时代使命，锐意创新、发奋进取。为此，需做到：

第一，始终坚持马克思主义的指导地位。哲学社会科学研究离不开正确的世界观、方法论的指导。习近平总书记深刻指出：坚持以马克思主义为指导，是当代中国哲学社会科学区别于其他哲学社会科学的根本标志，必须旗帜鲜明加以坚持。马克思主义揭示了事物的本质、内在联系及发展规律，是"伟大的认识工具"，是人们观察世界、分析问题的有力思想武器。马克思主义尽管诞生在一个半多世纪之前，但在当今时代，马克思主义与新的时代实践结合起来，愈来愈显示出更加强大的生命力。哲学社会科学博士后研究人员应该更加自觉坚持马克思主义在科研工作中的指导地位，继续推进马克思主义中国化、时代化、大众化，继续发展 21 世纪马克思主义、当代中国马克思主义。要继续把《文库》建设成为马克思主义中国化最新理论成果的宣传、展示、交流的平台，为中国特色社会主义建设提供强有力的理论支撑。

第二，逐步树立智库意识和品牌意识。哲学社会科学肩负着回答时代命题、规划未来道路的使命。当前中央对哲学社会科学愈发重视，尤其是提出要发挥哲学社会科学在治国理政、提高改革决策水平、推进国家治理体系和治理能力现代化中的作用。从 2015 年开始，中央已启动了国家高端智库的建设，这对哲学社会科学博士后工作提出了更高的针对性要求，也为哲学社会科学博士后研究提供了更为广阔的应用空间。《文库》依托中国社会科学院，面向全国哲学社会科学领域博士后科研流动站、工作站的博士后征集优秀成果，入选出版的著作也代表了哲学社会科学博士后最高的学术研究水平。因此，要善于把中国社会科学院服务党和国家决策的大智库功能与《文库》的小智库功能结合起来，进而以智库意识推动品牌意识建设，最终树立《文库》的智库意识和品牌意识。

第三，积极推动中国特色哲学社会科学学术体系和话语体系建设。改革开放 30 多年来，我国在经济建设、政治建设、文化建设、社会建设、生态文明建设和党的建设各个领域都取得了举世瞩目的成就，比历史上任何时期都更接近中华民族伟大复兴的目标。但正如习近平总书记所指出的那样：在解读中国实践、构建中国理论上，我们应该最有发言权，但实际上我国哲学社会科学在国际上的声音还比较小，还处于有理说不出、说了传不开的境地。这里问题的实质，就是中国特色、中国特质的哲学社会科学学术体系和话语体系的缺失和建设问题。具有中国特色、中国特质的学术体系和话语体系必然是由具有中国特色、中国特质的概念、范畴和学科等组成。这一切不是凭空想象得来的，而是在中国化的马克思主义指导下，在参考我们民族特质、历史智慧的基础上再创造出来的。在这一过程中，积极吸纳儒、释、道、墨、名、法、农、杂、兵等各家学说的精髓，无疑是保持中国特色、中国特质的重要保证。换言之，不能站在历史、文化虚无主义立场搞研究。要通过《文库》积极引导哲学社会科学博士后研究人员：一方面，要积极吸收古今中外各种学术资源，坚持古为今用、洋为中用。另一方面，要以中国自己的实践为研究定位，围绕中国自己的问题，坚持问题导向，努力探索具备中国特色、中国特质的概念、范畴与理论体系，在体现继承性和民族性，体现原创性和时代性，体现系统性和专业性方面，不断加强和深化中国特色学术体系和话语体系建设。

新形势下，我国哲学社会科学地位更加重要、任务更加繁重。衷心希望广大哲学社会科学博士后工作者和博士后们，以《文库》系列著作的出版为契机，以习近平总书记在全国哲学社会科学座谈会上的讲话为根本遵循，将自身的研究工作与时代的需求结合起来，将自身的研究工作与国家和人民的召唤结合起来，以深厚的学识修养赢得尊重，以高尚的人格魅力引领风气，在为祖国、为人民立德立功立言中，在实现中华民族伟大复兴中国梦征程中，成就自我、实现价值。

是为序。

王京清

中国社会科学院副院长
中国社会科学院博士后管理委员会主任
2016 年 12 月 1 日

摘　要

　　巴塔耶的耗费思想冲击和颠覆了人们习以为常的现代经济理性。它倡导失去而不是占有，关注消耗而不是生产，寻求自我的丧失而不是保存。从根本上说，人对于物的耗费，也意味着人对于自身物性的消解和超越，而这将为人的生存打开新的可能空间。作为一个独特的概念，"耗费"并非凭空出世，它背后有着充分的理论支撑和深刻的思想内容。本书将以耗费概念为起点，逐层深入地探讨它的深层意蕴。

　　导论主要阐述研究巴塔耶耗费思想的意义、思路与方法。具体说来，就是着眼于重新追问物的意义和人的生存，以问题为导向整合学科视角，在文本解读的基础上，运用整体主义和功能主义等策略，力图把握思想全貌，实现多重呈现，探索纵深空间。

　　第一章梳理耗费思想的发生史。主要概述了巴塔耶的生平与主要著作，追溯巴塔耶耗费思想形成的思想渊源，进而追踪耗费思想的提出与深化过程。

　　第二章阐述巴塔耶耗费思想的自我表达，即就耗费概念本身考察巴塔耶在一系列论著中的阐述。主要确定了"耗费"的用词及其含义，概述了耗费在日常生活、社会历史和人类精神等方面的表现，概括了耗费所包含的原则和观念诉求。

　　第三章探析巴塔耶耗费思想蕴含的经济哲学维度，重点讨论与耗费概念直接相关的"普遍经济学"理论。普遍经济学提出了一种超宏观视角，强调了宇宙间普遍存在的能量过剩的事实。它完成了四个转换：从物质财富到生命能量、从局部视角到整体视角、从匮乏预设到过剩事实、从普遍经济到普遍历史。这一经济哲学思想同时包含着批判性维度与合理性维度，前者体现在对传统西方经济理论和资本主义经济制度的批判上，后者则蕴含在普遍经济学的理论建构中。这造成了其自身的理论缺陷，但也在社会经济发展方面提供了若干务实的启发。

第四章探析巴塔耶耗费思想蕴含的社会哲学维度，重点讨论"异质学"思想。异质学是巴塔耶借以否定物性逻辑的一种新的思维范式。它批判同质性，关注异质性因素及其相对于同质性体系的始基性作用。巴塔耶描绘了一个由动物性、人性、圣性组成的三重世界。其中，动物与自然浑然一体；人类世界源自对动物性的拒斥，是理性的、自我持存的世俗世界；而对世俗世界的再次拒斥则导致向圣性的回归。动物性和圣性的事物是异质性因素。在压制异质性因素的基础上，人类社会形成了以有用性为内容、通过生产扩展但同时又包含危机的同质性体系。由此出发对具体社会关系的分析，为我们提供了许多新颖之见。

第五章探析耗费思想所蕴含的存在论维度。耗费要求重塑人的生存方式。首先，它改变了对存在的追问方式，即不再关注存在的理由，而关注存在本身；不再诉诸知识和语言，而依靠"内在经验"。其次，它要求对"我"进行消解。巴塔耶没有像黑格尔那样，让自我通过另一个意识确定自身，而是寻求与意识异质的存在，使其消解并向连续性回归。重新领会"时间"，是向连续性回归的关键环节。与海德格尔不同，巴塔耶虽然重视时间性，但他却从一开始就对时间性构造秉持批判态度。最终，探索新的生存方式，意味着在人类可能性的极限处向"不可能"开拓。这揭示了人类生存的真实机制，即基于对既定状态的不断否定而形成的一种"双重运动"。

第六章探析耗费思想的理论旨归，即人的"自主权"。巴塔耶分别从黑格尔、萨德和尼采那里吸取了"主性""否定"和"自由"的精神。巴塔耶得出的最重要结论是：自主权是空无。自主权以人的生存状态为基础；它不是主体之外的客体，也不是主体之内有待把握的对象，而是传统意义上的主体与客体消融之后的主观状态。它实际上呈现为一种物我两忘、无思无言的境界。

第七章是对巴塔耶耗费思想的总体评价。在哲学史上，耗费思想在思想内容上开辟了一条与海德格尔不同的追问物的路径，在思想方法上也深刻影响了后现代主义和后马克思主义。耗费思想不是一个圆满的结论，而是留下了疑问和思索。面对西方精神的虚无境地，巴塔耶对自我的消解或许只是一种逃避策略；而他揭示的精神的集体与物质的个体的对应关系，也提醒我们关注物质时代的生存境遇，从而为建设精神家园做好准备。

附录是对巴塔耶与马克思的物论思想的简要比较。这里主要是从马克思主义的框架和当代中国的立场出发，对巴塔耶的耗费思想进行了比照和评析，概括了巴塔耶在物的意义、理论路径、解放条件、价值目标、理想社会、思维范式等六个方面实现的理论创新。文中指出，尽管巴塔耶和马克思都是作为资本主义社会的批判者和西方传统哲学的终结者出现，但前者在运思的严谨性和理论的自洽性方面却有所不足，在思想结论上也未能摆脱法国空想社会主义的影响。可以说，马克思哲学所具有的实践性、开放性、时代性其实已经达到了巴塔耶追求的后现代高度。在对西方前沿哲学思潮的考察过程中，我们应当坚持马克思主义的指导地位，进行理性分析和科学引领。

关键词： 巴塔耶；耗费；物；生存

Abstract

Bataille's thought of consumption has swept and overthrown the modern economic rationality that we are accustomed to. It proposes losing rather than occupying, pays attention to consumption rather than production, seeks to lose the self rather than to persist in the self. The consumption of things ultimately means the elimination of the order of things embedded into human beings, and this will open up new possibilities for human existence. However, the unique concept "consumption" is not something made up groundlessly but backed with sound theoretic foundation and profound thought as its content. Here we will start with the concept of consumption, and go deep step by step with discussing its implications involved.

The introduction states the significance, approaches and methods of this study. To newly question the meaning of things and the existence of human beings, we choose to be question – oriented and multidisciplinary. Based on textual interpretation, it selects the methods as being holism and functionalism, focusing on the thought as a whole, trying to fully exhibit its multiple perspectives, and to explore the deeply theoretical space it has opened up.

The first chapter clarifies the history of the conception of consumption. It surveys Bataille's life and main works, traces the academic resources of the conception of consumption and its development and deepening process.

The second chapter demonstrates the self – expression of the conception of consumption. It is to investigate how Bataille developed the concept consumption in his own works. It is defined in this chapter the choice of words and their meanings. Then the phenomena of consumption are summarized, according to common life, historical societies and human spirit. After that, the principles and ideological appeals of consumption are also abstracted.

The third chapter investigates the economic philosophical implication of the conception of consumption. It focuses on the "general economics" which is directly linked to consumption. General economics provides a kind of super macroscopic view, points out the general facts of surplus in the universe. It has made four shifts, namely from material wealth to live energy, from partial perspective to whole perspective, from the presupposition of scarcity to the fact of excess, and from general economy to general history. Bataille's thought on economic philosophy includes both the critical and rational dimensions. The former is embodied in the critiques of traditional western economics and capitalist economic system, and the latter is implied in the theoretical construction of general economics, which leads to its own theoretical defects but offers some practical inspirations for socio – economic development.

The fourth chapter investigates the social philosophical implication of the conception of consumption, focusing on the "heterology" thought. Heterology is a new paradigm by which Bataille negated identical logic of thingness. It criticizes the homogeneity, concerns itself about the heterogeneity, and reveals the function of heterogeneous elements as original in constructing homogeneous system. Bataille described a triple world comprising animality, humanity and sacredness. Animals are integrated with the nature; and human world, which originates from the negation of animality, is a profane one that rational and self – preserving; when the profane world itself is negated, it leads to sacred world. The animal and sacred things are heterogeneous elements; based on the suppression of heterogeneous elements, human society has formed a homogeneous system which is filled with utility, expanded by production and at the meantime involved with potential crises of abruption. With this kind of social philosophy, we can get many fresh insights from the investigations of some concrete social relations.

The fifth chapter investigates the ontological thought implied in the conception of consumption. Consumption is meant to remold the existence of human beings. Firstly, it demands to shift the way of questioning the Being, namely focus not on the reason of Being, but the Being itself; resort not to knowledge and language, but "inner experience". Secondly, it demands to dissolve "self". The limitation of the existence facing death leads to the formation of the self as an independent consciousness. Unlike Hegel for whom the self is affirmed by another consciousness, for Bataille it is affirmed by what is heterogeneous to consciousness, and the self consciousness would dissolve in the continuity. To re – comprehend "time" is the pivot of going back to continuity. Unlike Heidegger, Bataille even though took into account temporality, he hold a critical attitude at the first beginning towards the temporality structure. Finally, to explore the new mode of existence means to go further than the limit of human beings, to go into "impossible". This reveals the mechanism of human existence, which is a mutual movements based on ceaseless negation of given states.

The sixth chapter investigates the theoretical purport of the conception of consumption, which is the "sovereignty" of human beings. The resources of the concept of sovereignty are Hegel, Sade and Nietzsche, from whom Bataille absorbed the ideas of mastery, negation and freedom. Bataille's crucial conclusion is: sovereignty is NOTHING. The conception of sovereignty is based on the state of human existence. It is neither an object outside subject, nor that inside subject but remaining to be grasped. It means subjectivity when the traditional subject and object dissolve into continuity. It actually means a state without thing and thinking, without self and saying.

The seventh chapter is the overall evaluation of the conception of consumption. In the history of philosophy, the conception of consumption has opened up a new path which is different from Heidegger's of questioning the thing, and its thinking method also deeply influenced postmodernism and post – Marxism. Bataille's thought of consumption is not consummated. It rather leaves us some questions to think about. Facing with the spiritual nihilistic circumstances in Western, Bataille's elimination of the self is probably an evading strategy. However, we should be alert to the correspondences between spiritual collective and material individual revealed by Bataille, and pay attention to the existential situation in the material age to get prepared to build our spiritual homeland.

The appendix is a comparison of Bataille's and Marx's theories of things. From the standpoint of Marxist framework and contemporary China, it has made systematical consideration and comments on Bataille's thought, and summed up the innovations Bataille accomplished at six aspects, namely the meaning of things, the approaches in theory, the conditions of emancipation, the value goal, the ideal society, and the thinking paradigm. It points out that, though Bataille

and Marx both appear as the critics of capitalist society and the termi-
nators of western traditional philosophy, Bataille's thinking process is
less rigorous and theory less self – consistent than Marx's, and is still
under the influence of French utopian socialism. With its practicality,
openness and up – to – date characters, Marxist philosophy has already
attained the post – modernity Bataille worked for. We should consoli-
date the guiding position of Marxism in the process of studying the lat-
est foreign philosophical thoughts, while analyzing and leading them
properly.

Key Words: Bataille; consumption; thing; existence

目　录

Contents

导论　重思物的意义与人的生存

我们正处于一个被"物"主导的时代。无论是个人生活中对于家庭财产的关心和追求，还是社会生活中对于国民财富的重视与经营，归根到底都是围绕着物而展开。按照马克思在《1857—1858 年经济学手稿》中对"三大社会形态"的划分，人类历史会经过三个发展阶段："人的依赖性关系"的发展阶段、"以物的依赖性为基础的人的独立性"的发展阶段和"建立在个人全面发展和他们共同的社会生产能力成为他们的社会财富这一基础上的自由个性"的发展阶段。① 在这三个发展阶段中，我们无疑还处于"以物的依赖性为基础"并逐步发展"人的独立性"、努力追求"个人全面发展"的阶段。在这样一个时代，对这些全面地构筑了人们生活的物进行审视和省察，对无时无刻不在环绕着人们的物进行追问和思索，无疑是我们获得对自身生存处境和生存状态的自觉认识的一个重要环节。

一　重新追问物与人的契机

巴塔耶的耗费思想是针对如何看待物而提出的。对耗费思想的研究为我们重新追问物的意义提供了一个契机；而对于物的意义的重新追问，又必然会引发对于人的生存方式的崭新思考。事实上，研究巴塔耶耗费思想的过程，也是我们重新追问物的意义、重新思考人的生存的过程。

1. 耗费思想与物的追问

耗费意味着人对于物的非功用性的纯然失去。这种纯然失去，实质上是

---

① 《马克思恩格斯全集》第 46 卷（上），人民出版社 1979 年版，第 104 页。

在改变人对于物的占有关系，也是人从物性之中的脱离。只有当人从对于物的占有关系、从物性的束缚之中解脱出来时，人才有机会能够重新审视物。在这种重新审视之下，物不再只是人的财产或供人占有和支配的客体，人也不再通过对物的占有与经营来标榜自己，物的意义、人与物的关系将会呈现出更多的可能性。

物作为人的财产而出现，只是比较晚近的事情。人据物以为己有，对于物执着追求，在近代以来才表现得尤为普遍和强烈。在此之前，原始部落的献祭、封建贵族的慷慨等，都不是以占有和扩张财富为目的的。到了资本主义社会，以往在财富增长方面的沉寂与缓慢的确被打破了，在巴塔耶看来，这是实现了"物的解放"，物开始恣肆繁衍。然而，相对于此，人则只是屈从于物，任由自己湮没于物的世界之中了。

马克思已经指出了，物的增长事实上源自于对人的劳动的吸纳，即物化劳动统治着活劳动。然而，这种机制之所以能够形成，在意识上又是以人自觉地将"物"视为"所有化的物"为前提的。在人自以为"此物归我所有"，自以为在占有物、经营物、使物增长繁衍的时候，人事实上也献身于自己编织的物之牢笼了。耗费思想所关注的，就是人在占有、经营物之外，也会去挥霍、失去物的种种现象。究其实质，也就是要打破人对于物的占有关系，探讨物在作为财富、作为被占有物之外的可能意义。

那么，当我们借助于耗费思想的指引，从物的锁链中脱身而出，不再把物当作人的财产时，物对于我们究竟又意味着什么呢？

追问物的意义，首先涉及的是反思看待物的方式。当我们真正开始追问时就会发现，"物是什么？"这一问题是如此普通而又宏大，远非看上去的那么简单容易。长久以来，人们在把握物的时候，都是将自身所具有或创制的规定附加给了物，而这些规定附着于物却并非物本身。这就使我们很难真切、直接地把握物本身，而总是会遭遇重重阻隔。正如海德格尔所言："直接通往物的道路并没有铺好。"[①] 经过对看待物的不同方式的梳理，海德格尔发现，"物的结构"与"话语的结构"之间有着密切的相关和对应关系。这一点，在古希腊时期就有明显的表现。在近代自然科学的主宰下，"数学的东西"开始成为了解诸物的前提。所谓"数学的东西"，实际上是"从自己

---

① ［德］海德格尔：《物的追问：康德关于先验原理的学说》，赵卫国译，上海译文出版社2010年版，第25页。

出发而给予自己的知识"，它是一种心灵的设想，跳过诸物而筹划其物性，
是对物的先行把握。① 这种数学思维，明显地构成了经济活动、计算活动的
基础。到了康德时期，则又从对物的规定过渡到对纯粹理性的一种批判。古
希腊时期、近代自然科学时期和康德时期，构成了海德格尔所概括的追问物
的历史所包含的三个阶段。纵观这三个阶段，理性的构造、谋划与反思无疑
是影响人与物之间关系的主导性环节，而作为认知客体和生存对象的物，则
构成了物之为物的主要内容。

　　不同于海德格尔在古典哲学和先验理论的基础上继续推进，巴塔耶对于
物的追问主要不是理性的反思，而是跳跃、扩展到了理性之外的维度。他在
糅合融会了社会学、人类学、精神分析、哲学思想和文学理论的基础上，以
经验的、朴素直观的形式描述了他对于物、对于人与物之间关系的独特看
法。在看待物时，巴塔耶不是立足于理性经济人假设，而是立足于整个宇宙
间的能量循环；不是分析以生产为核心的社会发展，而是勾画了在动物性、
人性、圣性的三重世界中人类社会的有限；不是沿着现有的方向强化物欲及
其满足，而是对物的逻辑进行彻底的造反。在巴塔耶看来，整个物的世界以
及接受了物性的人，都属于世俗世界，与此相对应的则是一个异质性的圣性
世界。从世俗世界到达圣性世界，所借由的不是话语和理性，而是"内在经
验"（L'expérience intérieure）。在这里，巴塔耶不再像海德格尔所概括的追
问物的历史那样，以陈述和话语的结构、数学的东西、纯粹的理性等来把握
物或者审视把握物的方式，而是以具有神秘主义色彩的感性体验来阐释物、
阐释人与物的关系。

　　在巴塔耶这里，语言、时间、自我等我们所熟悉的哲学概念，都成为了
被消解的对象。巴塔耶的语言，是自我消解的语言，而非理性之语言；巴塔
耶的时间，是消解以未来为导向的世俗时间秩序的时间，更关注的是脱离了
物性、获得了自主权的瞬间。就物本身而言，其意义是在耗费中，在献祭或
在纯然的失去中被揭示的。经由耗费，物的意义已经全然不同于作为财产的
物，全然不再是人的"所有物"，而是通向、回归了浑然一体的自然连续性。
于是，物也不再只是认知客体或生存对象，而是在经过耗费的纵情挥斥之
后，成为弥漫在宇宙间的生命能量。

_____

① ［德］海德格尔：《物的追问：康德关于先验原理的学说》，赵卫国译，上海译文出版社 2010 年
　版，第 83 页。

2. 物的意义与人的生存方式

物是由人塑造的，物的逻辑其实是人的思维和生存方式的投射，因此，对于物的追问也总是会返回到人自身。就海德格尔和巴塔耶而言，两者尽管在追问物的路径上有着重大差别，一个走向形而上学之思，一个走向内在经验领域，但是，无论是海德格尔还是巴塔耶，他们有一点是共同的，那就是他们都认为对物的追问同时又意味着对人的存在方式的省思。

那么，当物的意义呈现出新的可能性，不再只是被占有和认知的对象，不再作为所有物或财富而出现，而是成为弥漫在宇宙间的生命能量，并因而超越了有限的人类世界时，这对人的存在方式而言又意味着什么呢？

对于这个问题的回答，首先包含着对现成的思维方式、概念和理论的清理。这是因为，只有先行完成了对存在的追问方式的转变，才能进而呈现出存在的崭新境域。正如前面提到的，巴塔耶消解了语言、时间、自我等我们所熟知的概念，这种消解实质上就是对概念式抽象思维的惯性影响进行"消毒"，力图实现哲学思考路向的转换，即从形而上学之思转向感性经验的探索，并在此基础上，对人的存在方式进行重新的审视和探索，真切地把握"活着"本身，而且是充分地活着。换言之，巴塔耶不是要固化人类理性自我那种凌驾万物的优越性，而是要打破近代以来形成的对人类自我的执着，进而向着人类存在的疆界之外拓展，去探索更多的可能性。具体到现代社会的日常生活中，不断呈现并日趋繁复的物化现象，则构成了巴塔耶试图消解的主要目标。而且，这种消解不只是表面上就物论物的批判，而是涵盖着对于物化现象背后的、作为其形成原因的人的存在方式的根本性反思。

当巴塔耶要求人经由耗费从物性世界中抽身而出时，这实质上是对奠基于资本主义工业的现代商品社会提出了一种深刻批判。现代社会不仅追求物的丰盛，而且已经开始追求物的朝生暮死般的快速更迭，形成了一种"创造性摧毁"的物体系。只有这样，才能建立起高速运行的流转循环，与强大的工业生产和信息创制能力相适应，维系物的进化繁衍。然而，这从根本上说只是遵从了物的逻辑，是人自失于物的结果。这种以物的循环发展为中轴的模式，虽然造成了繁荣景象，却同时也使人的生存变得狭隘、刻板，缺乏真正的自主性。要探索新的可能性，就必须破除物的逻辑及其全面的统治地位，而耗费思想达成的理论后果正与此相吻合。事实上，对现代社会的批判，也可以采取不同的路径，如浪漫主义眷恋过去的诗意乡愁、霍克海默与阿多诺对启蒙和文明的批判等，概言之，相比于马克思抓住作为现代社会核心的"资本"问题，这些批判大都指向了文化的、精神的甚至艺术的层面。在这一点上，巴塔耶的耗费思想所揭示的批判路径，似乎与马克思的思想更为接近，也显得更为根本。耗费思想关涉到对物的消解和重新思考，这就意味着对环绕在我们周围的东西的关注和重新理解。与马克思对"资本"的考察一致，同时又显得更为普遍和基本的，就是对"物"的重新追问。从这样一个基本的问题和视角出发，我们将可以获得一些新颖的见解，从而有助于对现代社会进行新的整体性反思。一旦我们经由耗费思想，在观念上从物性逻辑中解放出来，不再"操心"和"烦"忙于占有物、经营物，我们就可以在自身和以物为轴高速运转的现代社会之间形成一种审视的距离，并对盛行于现代社会的功利主义、生产主义及其诸多变种具有作出批判性反思的力量。

巴塔耶的耗费思想，不仅包含了对现代社会的批判性反思，也包含着对人类可能的、应有的存在状态的探索和指引。这种存在状态，在巴塔耶的表述里就是"作为整体的人类"。在消解了人对于物的占有关系，消解了片面化、僵滞化的理性自我之后，人类也同时将摆脱羁绊，复归充满更多可能性的生存状态。事实上，无论是海德格尔的"本真状态"、巴塔耶的"作为整体的人类"，还是马克思的"人的自由而全面的发展"，这些思想在批判现代社会中人的异化、物化、片面化的生存状态方面，是基本一致的。如果进一步详察这些思想的具体描述，可以发现，巴塔耶吸收、沿袭了更多马克思的思想和议题。英国学者迈克尔·理查德森（Michael Richardson）就认为，作为关注社会状况和集体生活而非存在本身的社会哲学家，巴塔耶的思想更接近的是马克思，而不是同时代的海德格尔。[1] 海德格尔关心的问题"为什么存在者存在，而不存在者反倒不存在"，对巴塔耶来说似乎并没有太大意义。这也显示了自柏格森肇始的20世纪法国哲学传统的影响。柏格森的生命哲学具有"反对虚无"的倾向，受其影响，人们将"不存在"或"虚无"视为假问题和伪观念，而认为唯有普遍的存在才值得研究。[2] 在这种哲学传统的影响之下，巴塔耶也回避了形而上学的思想取向，而着眼整体性的生命、从经验的路径探究人类生存方式的更多可能性。质言之，经过耗费，物与人都将消解自身作为所有物或占有者的属性，回归"自然的连续性"，回

---

① Michael Richardson, *Georges Bataille*, London and New York：Routledge, 2005, p. 26.
② 莫伟民等：《二十世纪法国哲学》，人民出版社 2008 年版，第 58 页。

到混沌一体的状态，从而达到一种"物我两忘"后的湛然澄明之境。

显然，探讨巴塔耶的耗费思想，不仅是要探讨物的意义，探讨我们应该以何种方式看待物，而且也是要探讨人自身，探讨人类在已经形成和固化的生存方式之外还有何种可能性。事实上，"物的意义"与"人的生存"这两个问题是有着内在联系的，甚至可以说，它们本身就是一个问题的不同方面。这里对巴塔耶耗费思想的关注和探讨，就是要紧紧跟随这一问题所展现出的不同方面，对巴塔耶耗费思想逐渐呈现出的思想意蕴，进行一番较为深入的探究。

二 解读耗费思想的学科视角

耗费思想激活了对于物的意义与人的生存的重新追问，然而，这一由耗费引发的追问，却也包含和涉及多重层面，需要我们依次厘清并选择相应的视角和路径进行考察。

就目前国内外学者对于巴塔耶耗费思想已有的讨论而言，大体上体现了经济哲学、社会哲学、宗教哲学等相关学科领域的视角。相对说来，纯哲学领域关于巴塔耶的研究著述相对还比较少。在国外，主要是从事法国文学、法国思想研究的学者对他有所讨论，且以关注他的人类学和文学思想居多；在国内，早期主要是文艺理论研究中对巴塔耶有所涉及，随后在关于后现代主义的讨论中出现了相对集中的介绍，在后马克思主义研究中也作为重要思想背景得到了扼要的剖析，近年来则逐渐出现了更多从哲学角度出发的深入解读，并初步展开了批判性的吸收和思考，呈现出论题和研究触角逐步深入的趋势。

经济哲学是巴塔耶耗费思想研究中最容易被选择，因而也最常见的一种解读路径。耗费思想牵涉对传统经济学规则的颠覆式修改，具体说来，它直接讨论了对物的摧毁与摆脱，是对以占有、获取、增长为主要取向的功利主义经济模式的彻底反叛。对于耗费背后的支撑逻辑，经济哲学路径的理解主要有两个方向：一是相对于物而强调人自身价值的人本取向；二是相对于有限经济而强调更宏观的普遍经济的整体取向。前者主要有方丽博士的"人本逻辑"的观点，后者则有张生教授的消费主义"放电"的观点等。方丽博士敏锐地抓住了与"耗费"十分接近的"消费"概念，并着眼于"消费"的"资本逻辑"与"人本逻辑"的双重性，由此出发分析了功利主义经济中消费的异化现象并作出了人本反思，认为巴塔耶的耗费思想"阐述了人类本真消费的基本内容，表达了人的全面生活需要"，而以耗费概念为核心建构起来的普遍经济理论，则"排除了有限经济的资本逻辑，而代之以更为普遍的人本逻辑"。① 这种解读，对于耗费概念的经济哲学意义进行了拓展性的探讨，一方面充分阐发了耗费概念对于现代经济现象及其理论基础的批判性；另一方面对于耗费概念的建构性和价值蕴含也进行了一定程度的发挥。然而，应当指出，这种发挥在很大程度上是将马斯洛的人本主义哲学混合进了巴塔耶的思想当中，或者说，是透过青年马克思的异化理论和马斯洛的人本哲学来解读巴塔耶了。巴塔耶的思想虽然也重视并追求自主性，然而这种自主性是以对人的存在方式的不断质疑与重新探索为前提的，这与以既定主体为前提的人本逻辑有着不可忽视的重要差异。事实上，与其说巴塔耶重视人本价值，不如说他恰恰要消解人的自我执着而复归于一种更宏大视野下的整体性存在。因此，与方丽博士的解读策略有所不同，张生教授更多地依据巴塔耶的主要文本而进行了整体取向的解读。张生教授认为，耗费的背景是普遍经济学，普遍经济学从宏观视角出发，看到了个体和局部相对于宇宙间整体能量运行的服从关系，有机体对自我持存和发展的追求必然导致能量过剩，这种过剩的能量唯有以耗费的形式丧失掉，其系统的平衡才能持续地维系下去。基于这种见解，还可以对当代社会经济生活中的一些重要现象作出分析，比如美国作为一个经济体所陷入的巨大经济危机，"其实并不是美国的衰退，而是它庞大的过剩的能量的又一次巧妙的'放电'，因为唯有如此，它才能保持自己的系统的平衡，并从中获得更多财富，以及更为强大的未来"。② 张生教授这里针对普遍经济学的研究相对淡化了主观的价值取向，而比较忠实于巴塔耶的文本及其对社会历史现象的描述性分析，呈现了更为全面和客观的图景。但是，就耗费思想自身的内在逻辑而言，这或许只是搭建了一种同等平面层次上的理论论证，即以一种更宏大视角的理论图景来支持或解释某一论点，而其深层的哲学意蕴尚未引起足够的重视和充分的阐发。

---

① 方丽：《功利主义经济的哲学批判——解读巴塔耶"普遍经济"思想》，《江海学刊》2005 年第 6 期，第 46 页。

② 张生：《积聚与消耗：苏联的工业化与美国的马歇尔计划——试析巴塔耶的普遍经济学的理论特征》，《浙江学刊》2009 年第 2 期，第 162 页。

从总体上说，这类研究对于耗费思想的具体内容和现实批判性有所阐发，对于耗费思想得以成立的理论基础或理论背景有所探讨，但也主要是停留在理论描述的层面，有时难免引入或受制于既有的哲学思维模式，因此，还有必要在此基础上就其内在思想本身作出更深入的挖掘。

在对巴塔耶耗费思想的讨论中，还有一种"无用的'草根'哲学"的观点很值得关注。这种观点除了注意到耗费思想在经济哲学维度上对功利主义的颠覆，还注意到了巴塔耶思想对于后现代主义、后马克思主义的深远影响，注意到了耗费思想蕴含的哲学思维在现当代思想发展中的转折性意义。这一观点的提出者是张一兵教授，他在研究鲍德里亚和拉康等当代法国哲人的思想时发现，巴塔耶对这些人物思想的形成都产生过十分重要的影响，于是就在有关研究著作中结合这些影响顺带对巴塔耶作了相应介绍。按照他的观点，巴塔耶的思想"可以用一句话概括，即：反抗占有性的世俗世界，追求非功用的神圣事物"。① 进而言之，这乃是一种无用的"草根"哲学："有理由相信，巴塔耶的哲学思想从一开始就走上了一种反对精英主义的草根性逻辑"。② 巴塔耶的哲学思想，在这里之所以被称为无用的"草根"哲学，乃是相对于精英主义而言的。巴塔耶不关注遵循占有和功利主义原则的高贵价值，而关注处于世俗世界边缘的"排泄"和异质性的宗教生活，在对污秽、性欲和死亡等现象的描绘和探索中提炼非功利性的无用价值。这种对巴塔耶思想的"草根"哲学的概括，主要是强调了巴塔耶思想的发生背景，尤其是巴塔耶思想对萨德和莫斯思想的继承和提升，以及与理性主义历史进步逻辑的悖拗、与超现实主义的差别等。其中，超现实主义是一战后在法国颇有影响的思潮，以进行"精神革命"自居，主张以"无意识"的梦境、幻觉为创作源泉，认为这是比现实更真实的超现实。巴塔耶思想与超现实主义的差别在于，相比较而言，巴塔耶更推崇法国作家萨德对"恶"的持续关注，更强调那些看似低级的、恶俗的东西的价值，并在接受和吸收了莫斯对原始部落文化的人类学研究之后，将这些思想糅合、提炼成为一种自成体系的哲学思想，提出了本体论层面上的耗费概念。在巴塔耶看来，非生产性的耗费打破了谋划逻辑，"它使物品的功利性效用（人的生产对物的'侮辱'，

---

① 张一兵：《巴塔耶：没有伪装，没有光与影的游戏》，《社会科学论坛》2004 年第 11 期，第 13 页。

② 张一兵：《青年鲍德里亚与莫斯 – 巴塔耶的草根浪漫主义》，《东南学术》2007 年第 1 期，第 83 页。

用海德格尔的话来说，叫‘物不物着’）失却意义，从而令存在恢复自身原有的光芒"。①张一兵教授的阐述，准确精当地概括了巴塔耶耗费思想的差异性背景及其本质性的理论内涵。由于张一兵教授主要是侧重于对其他学者的研究而只是将巴塔耶作为一个铺垫，因此，在将巴塔耶哲学以"无用"和"草根"两个关键词语加以定位之后，对于其更深入的理论内涵和思想价值并没有作出过多探讨。在此基础上，还应当看到，以"草根"这一差异性背景来概括巴塔耶的思想，似乎并不足以形成充分的标识。正如当一个人的政治倾向被称为"左派"或"右派"并不能使我们更多地了解他对诸多事情的原本看法一样，这种相对化的分类指派，只是有助于我们把握思想图景和脉络，却并未能具体地传达其思想本身的内涵。作为对这一指称的补充，"无用"的描述应当是就其思想内容而言的，即认为巴塔耶的思想关注的是"非功用的"价值，这样就传达出了关于巴塔耶思想本身内容的信息。这样一来，"无用的'草根'哲学"这一指称就从内容和特征两方面比较完整地概括了巴塔耶的思想。然而，这从总体上说还是一种描述性的概括，即对巴塔耶的思想进行了精当的定位复述，而对其深层哲学意蕴，比如因何无用、何以无用、无用的意义等问题，却并未作出更详尽的说明。此外，"无用的'草根'哲学"这一表述也是容易引起歧义的，即将"无用"理解为对理论价值的评价。在理论应当联系实际、指导实践的意义上，巴塔耶的哲学思想无疑并不具有直接的现实性，因而也确实是"无用"的，然而，我们一方面要避免这种表述上误解，将"无用"限定为对思想内容而非思想特征的指称；另一方面也要尊重理性自身的独立性，认识到那些不能直接投射于现实、指导实践的理论未必就毫无价值。事实上，有些看似远离具体实践的理论，却能够影响人们对事物的认识和理解，从而通过观念的改变发挥持续而深远的影响，这大概也正是我们面对看似抽象玄虚的理论仍会矢志研究的原因。

上述经济哲学和无用的"草根"哲学的观点，主要来自国内学者作出的讨论。由于思想背景和学术兴趣点的差异，国外学者研究和讨论的侧重点有所不同。从事巴塔耶研究的诸多学者中，在国际上比较有影响的主要有美国学者米切尔·里奇曼（Michele H. Richman）、英国学者迈克尔·理查德森

---

① 张一兵：《青年鲍德里亚与莫斯–巴塔耶的草根浪漫主义》，《东南学术》2007年第1期，第84页。

（Michael Richardson）和日本学者汤浅博雄等人，他们对于巴塔耶思想的发掘和传播作出了较多贡献，同时也提出了一些颇具哲学意味的讨论。此外，还有丹麦学者阿斯格·索文森（Asger Sorenson）、加拿大学者瑞贝卡·蔻梅（Rebecca Comay）和莎蒂亚·德鲁里（Shadia B. Drury）等人，对于巴塔耶思想的理论脉络或其某一侧面作出了较为深入的研究。具体到对于巴塔耶耗费思想的理解而言，他们的解读主要表现为社会哲学和神秘主义宗教哲学这两类观点。

从社会哲学的路径解读巴塔耶的耗费思想，主要是强调了巴塔耶对于法国社会学和人类学传统的继承，以及对于社会整体运行的现代性机制的深刻批判。涂尔干和莫斯在 19 世纪末 20 世纪初开创的整体主义的法国社会学、人类学传统，对于巴塔耶思想的形成有着深刻的影响。这一思想渊源，也成为后来学者对巴塔耶思想进行解读时会选取的一个重要着眼点。迈克尔·理查德森就认为，尽管可以有多重维度的解读，但是从本质上说巴塔耶还是应该被视为一位社会哲学家。巴塔耶所有的著作，包括那些并没有明显地表现出社会关怀的诗歌和格言式的沉思，都始终是围绕着"人类的集体性存在的本性以及其个体性方面对它的回应"这一问题而展开的，因此，即使是他那些特征鲜明的个人化的写作，其目的也是要超出个体意识而看到集体性的生活和整个社会的状况。① 显然，这样的解读视角，没有再停留于将耗费思想理解为一种反对功利主义的理性谋划、进而倡导"无用"的观念，而是进一步认识到生产抑或耗费其实是社会文化的产物。因此，要探讨耗费思想，就必须关注其中所包含的关于社会运行机制、关于人类群体生活的整体性诉求，并设想一个认可耗费原则的社会及其与一个以占有、生产和理性谋划为价值轴心建构起来的社会的区别。换言之，对耗费思想的解读，必然要牵涉到对社会价值、文化规则和社会运行机制的反思与重构。最终，理查德森是将耗费思想与社会批判理论联系起来了。理查德森发现，巴塔耶只是从莫斯的"礼物"概念中截取了"给予"，而忽略了其背后的"交换"系统，这虽然容易引起质疑，即认为巴塔耶所依据的"太阳"形象和阿兹特克的牺牲，并不足以解释现实生活世界中的实际法则，然而，解释力的缺乏并未妨碍批判性的产生，在社会哲学的意义上，巴塔耶的"耗费"正是资本主义的普遍吝啬和积累的反面，是对我们这个由货币经济的功利主义所主宰的时代的发

---

① Michael Richardson, *Georges Bataille*, London and New York：Routledge, 1994, p. 26.

人深省的批判。阿斯格·索文森（Asger Sorenson）同样认为，巴塔耶的思想虽然有理论上的不足，但却包含着现实中的希望。在他看来，巴塔耶的普遍经济学所关注的不是财富，而是"能量流"，这种遍布宇宙的能量流动，作为客观上给定的经济活动，是与主观上给定的内在生命联结起来的，是后者的基础。同时，与自然层面能量流动的必然性相对应，巴塔耶也重视个人内在的自主权，"当涂尔干和莫斯把社会整体与有机体进行比较从而要求一个理智的但却是专制的政府时，巴塔耶却视主权为每一个人的本质，是在其自身中物化的社会生活的本质。巴塔耶因此就凸显出个体与社会之间的古典的、自由主义式的矛盾，从而使马克思主义对资本主义的批判更加尖锐。"①因此，索文森认为，虽然巴塔耶在关于能量的普遍经济学和关于欲望的个体经验之间摇摆，但是他思想的总体特点却是非政治化的、反专制主义的。巴塔耶最终是希望人类能够以正确的方式来组织能量流和物质，延迟或避免毁灭的结局，实现与自然、与生命本身协调的当代乌托邦式的梦想。在这个意义上，巴塔耶的耗费思想与批判理论是一致的，它本身也就意味着一种社会批判的哲学理论。

除了对经济社会生活和人类命运的关注，个人的内在经验也是巴塔耶思想研究中常被关注的一个重要侧面。英国学者安德鲁·于塞（Andrew Hussey）就提醒人们，在研究巴塔耶时要注意他与神秘主义问题的关联，特别是他借助"内在经验"而完成的关于失去自我的论述与传统的宗教神秘主义之间的关系。② 内在经验深刻描述了个人主观的生存体验，这种体验意味着理性思维与语言叙述的自我消解，它具有强烈的探索性和神秘性，与宗教迷狂状态具有一定程度的相似与关联。美国学者米切尔·理契曼（Michele H. Richman）则具体地看到，针对莫斯关于"夸富宴"的描述，巴塔耶的"耗费"避开了其中的悖论，消除了其竞争性和理性交换的色彩，而赋予了一种纯粹给予的意义。这种耗费，与其说是一种观念或情感，毋宁说是一种神秘的力量。在这种纯粹的耗费中，物得以溶解，自我意识也不再设定一个物作为客体。在理契曼看来，"耗费观念，挑战了非理性与理性的对抗，重

① ［丹］阿斯格·索文森：《论巴塔耶的普遍经济学》，李剑译，《国外理论动态》2012 年第 2 期，第 22 页。

② Andrew Hussey, *The Inner Scar: The Mysticism of Georges Bataille*, Amsterdam: Editions Rodopi B. V., 2000, p. 2.

新开启了现代经验与古代花费的神圣空间的等同性"①，耗费打破了理性概念的霸权，它是对清醒的谋划与自我保存的一种拒绝，这种拒绝在溶解了理性自我的同时也消除了经营于外物的奴性，从中产生出真正的自主性，它以对自我生存的可能性的无尽探索为基础的，并通过诗歌、艺术与宗教诸领域得到表现。日本学者汤浅博雄也对巴塔耶思想作了深入的研究，他的专著《消尽》就是对巴塔耶主要思想的概述。这里的"消尽"其实就是"耗费"，两者只是译法及用词选择上的不同。由这一标题不难看出，汤浅博雄在理解巴塔耶思想时对于消尽或耗费是十分重视的，而在具体解读过程中，汤浅博雄的确把耗费思想作为把握巴塔耶思想的主线和切入点，展开了对诸如内在经验、异质学等相关领域的探索。除了对耗费概念本身进行解释之外，汤浅博雄同样将耗费放在宗教领域里来领会，只是这里所指的是一种"原始的宗教性"，而不是后来被制度化了的诸种实际宗教。在原始宗教性的社会心理结构中，耗费是奴性生产的中心，意味着人类向着大自然的沟通与回归，"至高的"或自主性的王则是耗费的具体象征，臣民通过他的献祭与自我牺牲而在自身的奴性生存之外得以分享自主性，实现内在心理的一体化联结。只是到了后来，理性保存的原则被引入进来后，献祭活动才由切身的投入变成了有距离的观赏，耗费于是以一种被遮掩的形式延续下来。

基于学科划分视角的解读为我们更加深入地理解巴塔耶的耗费思想提供了启发，奠定了基础。综合来看，这些论述对于耗费本身词义的理解并没有实质性分歧，都把握并强调了它关于"物的纯然失去"的含义，然而，在对耗费思想所包含的更加丰富的理论意蕴和更加深远的思想空间的进一步探讨中，它们却选择了不同的思想发展路径，各有侧重地进行了发掘和探索，并因而呈现出了不同的观点和倾向。因此，在展开具体的解读之前，我们首先对将要选取的视角和方法进行自觉的反思，以力图由此出发作出更加全面、深入的探讨。

---

① Michele H. , Richman, *Reading Georges Bataille*：*Beyong the Gift*, Baltimore and London：The John Hopkins University Press, 1982, p. 43.

三　耗费思想的深层意蕴

从经济哲学、社会哲学、宗教哲学等层面进行的解读，共同构成了目前巴塔耶耗费思想研究的主要内容。这些层面，只是我们这里作出的简要归纳，而实际上，在学者们的讨论中，诸多观点往往还是相对割裂的。他们分别从各自选取的角度以及掌握的文本出发，对巴塔耶的耗费思想进行解读，诠释了耗费思想所涉及的各种不同层面。这一局面的形成，是和学科领域划分的视角紧密相关的。人们总是习惯于依托自己相对熟稔的专业化背景，对研究对象作出有所侧重的解读和阐发，因此，这种学科领域划分的视角在人物思想研究中也就经常会被采用。相对于这种较容易被选择的研究策略，我们则更倾向于采取另一种以问题为导向的研究路径。这种路径不是仅以研究者自身的领域专长为界，而是要努力把握作为研究对象的人物思想的全貌及其所关注的核心问题，进而围绕这些问题与研究对象展开对话和思考。这就要求我们不能局限于某一种学科视角甚至某一个具体领域，而应围绕问题进行更加深入的追踪和多重层面的探讨。

具体而言，我们最终是要着眼于"物的意义与人的生存"这一具有时代性背景的问题，对耗费思想的深层意蕴进行发掘。事实上，耗费思想之所以值得关注，就在于它为我们重新思考这一问题提供了新的切入点。我们这里对于耗费思想的讨论，目的不仅仅在于把握耗费思想本身的具体内容，厘清耗费概念本身的含义、耗费概念与相关概念之间的逻辑关联等等，同时也是要对耗费思想的支撑背景、延伸含义和思想后果作出稳妥而深入的阐发，从而结合我们身处的时代境遇继续巴塔耶曾经作出的思考，获取有益的启发。

围绕"物的意义与人的生存"这一问题展开对耗费思想的解读，并不否认现有的从学科视角出发的一系列解读的价值。耗费思想关注物的意义、物与人的关系，这与经济学范畴十分切近，必然牵涉经济领域中的基本价值议题，牵涉对功利主义和精英主义取向的批判，因此需要进行经济哲学层面的讨论；其次，进一步深究的话，它还涉及对社会运行规则的整体分析和解构，涉及对社会的精神结构和价值系统的反思，引发诸多社会哲学以至宗教哲学层面的讨论。学者们对耗费思想讨论时所采用的学科视角，作为一个整体来看的话，也确实能够反映这种逐层递进的理解。可见，在问题意识的统领之下，学科视角的解读反倒能得到更好的组织，获得一种有机的整体性。

除了综合学科视角解读的已有成果，还需要作出进一步的探索。这需要采取一种比学科视角更为深入、同时又涵盖这些见解的路径。这种路径就是从耗费思想所指向的核心问题出发，围绕"物的意义和人的生存"这一时代性课题，在解读中进行思考和阐发，在思考中推进解读的深化，实现同步互动。与学科视角的区别在于，这一解读路径不抽象割裂地看待各个领域的问题，而是将思绪始终锚定于"物"与"人"之上。正如海德格尔在对物的追问中呈现出来的那样，对物的追问总是会越过物而返回到人自身，"物是什么？"的问题和"人是谁？"的问题其实是一体之两面。[①] 物的意义、甚至物的形态，归根结底是由人的思维方式和生存方式造就的。在这个意义上，耗费其实也将导致对人的生存体验、生存方式产生新的疑问和思索。这就超出了机械刻板的学科视角，而需要进行更深层次的生存论解读。因此，我们要将学科视角纳入生存论的涵盖范围之下，以对人的生存的关切为核心引领各个具体领域的分析与解读，并最终将这些分别的解读归纳到生存论的讨论之中。

事实上，巴塔耶本人对于"耗费"的阐释也是逐层递进的，并最终在对于人的生存的关注中达到巅峰。"耗费"是非生产性的消费，它所意味的是人对于物的纯然失去。这究竟如何理解呢？首先，可以把它作为一种既存的事实，比如原始部落中的礼物馈赠和"夸富宴"，现实生活中的节日狂欢和情感性支出，甚至人体的生理性排泄等，这种事实被蒙蔽或刻意忽视了，需要重新揭示出来，呈现给人们，让人们接受。这种对既存事实的重新发现和接受，能够促成人们的认知转变，使人们在观念上不再以占有而以失去作为新的价值准则。其次，我们也可以从理论上对耗费现象进行论证和说明，让人们看到天地万物的运行流转其实是超出私利谋划的，那些流动不息的生命能量在自然或社会有机体上一时聚集又最终消散，不会固执于狭隘有限的一己之私，而失去物实在是"大势所趋"。这种从有限个体到普遍整体的视角切换，相对而言具有更强的理论性和说服力。这两种阐释，正是巴塔耶分别在《耗费的概念》和《普遍经济学：Ⅰ耗费》等文中作出的。

---

① ［德］海德格尔：《物的追问：康德关于先验原理的学说》，赵卫国译，上海译文出版社 2010 年版，第 216 页。

此外，巴塔耶也在思维范式和社会组织机制的层面上作出了探讨。这是更深一步的思考。从这个层面来看，对耗费的强调其实也是对现代性的社会组织机制提出了挑战。耗费是对于以占有和生产为核心的同质性的社会组织原则的反叛。同质性逻辑把一切都化约为可以换算的东西，忽略或回避各种事物之间的质的差异，进而一味追求数量上的增长及其占有空间的扩张。马克思所批判的资本主义生产方式和韦伯意义上的资本主义精神，都可以被视作是基于这样的同质性逻辑而建立起来的。耗费则与同质性逻辑格格不入，它不仅表现为占有和生产的反面，而且在深层逻辑上也是同质性链条的断裂。巴塔耶从这个层面上对耗费的阐释以及对同质性逻辑及其社会表现形式的深刻批判，主要体现在《萨德的使用价值》《法西斯主义的心理结构》等成熟期的一些文章中。

　　耗费最终意味着对于人的存在方式的颠覆式反思。通过在《内在经验》《自主权》等较为晚期的文本中的阐述与描绘，巴塔耶使耗费思想指向了一种无物无我、无思无言而又自由自觉、绵延扩展的生存状态。这种状态，借用中国古代哲学的语言来表述，就是一种物我两忘之后的"超然物外"的境界。只是，应当注意到，这种"超然物外"不是自我的洋洋自得般的清逸高迈，也不是基于"物我齐一"的那种浑然一体，而是一种冲破了生存的既定樊篱与疆界、不断向着生存的边界涌动的、充满了可能性的生存状态。它依次消解了构建物体系的功利性链条、同质性逻辑以至话语、时间、自我等等，在摧枯拉朽般的深刻颠覆中，既不居物自傲，也不固执自恃，而是向着可能性的边界之外敞开，努力探索和恢复生命的本来意义，以此呈现出了一种充满生机与活力的全新境界。

　　毫无疑问，耗费这个名词将要带给我们的不止是一个定义，或者一个术语及其解释，而是一片深广的有待探讨的领域，其中包含着以"物的意义与人的生存"为主线的一系列有趣的问题。巴塔耶耗费思想的真正理论意图及其真正的理论价值，或许就在于要对物进行重新的审思、要对人的存在方式进行重新的追问。在后文中，对巴塔耶耗费思想作出研究时秉持的一个基本考虑，就是要始终围绕其理论意图进行探讨，使耗费思想的深层意蕴得到充分展现。基于这一考虑，我们将先后涉及由耗费思想而引发的对现代性的批判、对话语的反思、对"存在"的追问、对"我"的质疑等问题。这些深沉而又宏大的主题，在近代以来的哲学史上也曾不断出现。在对这些主题的讨论中，我们将不得不涉及其他一些哲学家的思想，而在这样一种更加广阔的视野下，巴塔耶耗费思想的深层意蕴将得到更充分的揭示，其重要的理论价值也将得到更充分的展现。需要说明的是，有关现代性、话语、存在、自我等诸问题的讨论，并未偏离"耗费"的主题，而是始终围绕对耗费概念的探源、阐发和推衍而进行的。事实上，这些问题正是耗费概念所开启的，也是耗费思想本身内在包含着的。只有把这些主题作为我们航道上的浮标，追随对这些问题的讨论所形成的学术轨迹，在一种更加宽广的理论视野中进行考察，我们才能充分揭示和展现耗费思想的深层意蕴，才能把握相对于哲学史上的其他讨论巴塔耶所提出的新见解有何与众不同之处。

概言之，没有对"物的意义和人的生存"等问题的探讨，我们对于耗费概念的领会将只是停留在词语意思的循环解释上，这是贫乏浅薄的；更加深入的讨论则始自对于它作为一个思想生发点的清晰认识，并努力挖掘其重要的理论价值，以对耗费概念的领会为契机展开更加广阔深远的思考，而在深入探讨由其引发的一系列问题的过程中，耗费思想的深层意蕴也将同时得到充分的揭示和呈现。

四　巴塔耶耗费思想的解读方法

为了较好地揭示巴塔耶耗费思想的深层意蕴，对巴塔耶耗费思想的解读方法也必须作出调整。那种以我为中心、为我所用的封闭式解读，浮光掠影、断章取义的碎片式解读，划定领域、自说自话的狭隘式解读，显然都不适用于对巴塔耶耗费思想的深层意蕴的揭示。我们应当避免这些时常能观察和遭遇到的路数，尽量以一种更加平和、宽广的心态进行研究。同时，在当下这个仍然以引介和研究西方思想作为主要学术增长点的时期，一方面要能忠实、完整、通达地把握和介绍他人的思想；另一方面也不应该总是自满于对他人思想的复述，止步于对他人论述的概要式重复，而应当在此基础上进一步作出更深层的挖掘，为提炼形成我们自己的思想作出准备。以此为前提，这里对于巴塔耶耗费思想的解读将主要借由以下三类方法：

一是文本解读。文本是从事思想研究的最根本依据，对巴塔耶耗费思想的解读也是如此。在这方面，我们将尽量避免臆断和猜测，而努力在全面熟悉、研读和消化巴塔耶著述的基础上作出稳妥的阐发。在著作资料方面，除了参照《色情、耗费与普遍经济：乔治·巴塔耶文选》（汪民安编，吉林人民出版社 2003 年版）、《色情史》（刘晖译，商务印书馆 2003 年版）、《文学与恶》（董澄波译，北京燕山出版社 2006 年版）、《内在体验》（尉光吉译，广西师范大学出版社 2016 年版）等为数不多的中译本文献，我们将重点依据法文原著的 *Œuvres completes* Ⅰ–Ⅻ（Editions Gallimard，Paris，1970—1988），特别是 *La part maudite，précédé de La notion de dépense*（Les Editions de Minuit，1967），*L'expérience intérieure*（Editions Gallimard，Paris，1954），以及英译本的 *The Accursed Share* Ⅰ *Cosumption*（trans. Robert Hurley，Zone Books，1991），*The Accursed Share* Ⅱ *The History of Eroticism* Ⅲ *Sovereignty*（trans. Robert Hurley，Zone Books，1993），*The Bataille Reader*（ed. Fred Botting and Scott Wilson，Blackwell Publishers，1997）等著作。

　　在对这些文本进行解读时，我们首先要进行类型分析，注意区分显白的文本与隐微的文本。所谓显白的文本，就是巴塔耶曾作出的直接的、正面的理论表述，以学术性、思想性著作为主；所谓隐微的文本，则是他为数甚多的小说、诗歌、文艺评论等作品，其中蕴含着以间接的、隐含的方式表达出来的思想。对于前一种内容，我们又经常会遭遇巴塔耶碎片式的写作方法，因此需要把不成章的灵感迸发和生命体验的片段，重组为立体而有内在联系的思想表达；对于后一种内容，则需要经由对形象化叙述的反向分析解码，才能透过叙事结构、诗化描绘和有具体对象的观点表达而把握其背后的思想线索。通过对这些不同类型文本的相应解读，我们才可以获得对于巴塔耶耗费思想的比较全面的考察和基本的掌握。

　　在具体的阅读和解析过程中，则要保持认真细致的态度，并把阅读和思考结合起来，在读与思的往复互动中，形成有根据的结论和有新意的思想。这种阅读，大体上可以分为三个阶段：一是走近巴塔耶。在阅读中尽量忠实于巴塔耶行文的本意，不以自己的观点、立场固执己见，曲解妄断；努力进行全面的了解，避免只是截取只言片语"为我所用"，任意裁剪。二是对话巴塔耶。在充分了解巴塔耶思想的基础上，拉开一定的距离，相对独立地进行思考，甚至要对巴塔耶的观点和思路进行反思和诘问。三是延续巴塔耶。在客观阅读和对话思考的基础上，结合新的时代处境继续巴塔耶的思考，提供对于当今时代的洞察和省悟，以此形成新的思想和见解。这种解读的目的，不是将巴塔耶的论述纳入一个既定的思想框架内，以这个既定的框架来评判巴塔耶的思想，甚至进而以循环论证的方式印证框架的正确性，也不是鹦鹉学舌般地停留在对巴塔耶思想进行概要复述的层次上，而是一种基于开放心态和务实精神的综合创新。这种以文本为依据的解读，是我们探讨巴塔耶耗费思想的基础。

二是整体性的解读。所谓整体性的解读，就是在巴塔耶的思想整体中把握耗费思想，梳理耗费思想发展的逻辑线索，解读耗费思想的内涵、意义和影响。事实上，巴塔耶的思想内容本身，由于受到涂尔干、莫斯的法国社会学和人类学的影响，也一贯具有整体主义的倾向。这种整体主义的倾向，反对那种一味孤立地看待事物的思维方法，主张在事物所归属的整体中把握该事物的意义。思想内容上的这种特点，决定了针对这一思想的解读方法也必须与之适应而具有整体性。

就对巴塔耶耗费思想的解读而言，只有基于对巴塔耶思想的整体性把握，才能比较深入、透彻地理解其中的耗费思想；同样地，只有基于对作为一个概念体系的耗费思想的整体性把握，才能很好地说明处于这个概念体系中的耗费概念，从而使耗费思想的内部构造和逻辑关系得到较为清晰的呈现。

整体性的解读方法，要求我们放弃单纯的分析视角。就耗费本身来谈论耗费，虽然也是必要的一步，但如果固守于此，就只能导致过于浅薄的结论。在分析性地阐释清楚耗费概念本身含义的同时，我们还要从整体性的视角出发，在巴塔耶的概念体系中把握耗费概念，相对充分地领会这个概念的全部意蕴。这就如同对一个小木屋的横梁的解读，不能仅限于描述这个横梁是一段结实、粗壮的木头，而应当在它与其他各种木头、屋顶、整个房屋结构的关系中来解读它。对于巴塔耶的耗费概念的领会，不能仅限于界定和解释耗费概念本身，而应当继续追问这一概念何以能够成立，有哪些相关的概念在支撑它，追问它对于经济、社会、个体生活有何诉求，从它这里又生发出了哪些概念等诸多问题。

这就意味着要由耗费概念进而过渡到耗费思想。耗费概念本身似乎是相当简单的，而用以支撑这个概念、由这个概念所生发演绎形成的耗费思想，却是复杂的。概念与思想的区别在于，前者是一个简洁、清晰的单一表述，通常表现为一个词语，是我们思考的单元和工具；而思想则一个系统、复杂的总体表述，通常是由众多概念构成的体系，可以陈述见解、表达诉求，是我们思考的结果。一般说来，我们对于思想的了解应当是由概念开始的，然而，对于概念的充分理解事实上也要求对思想整体的充分把握，因此，深入的解读就必须在概念与思想之间的穿梭往复中进行。只有通过对耗费思想进行通盘的考察，以这种通盘的考察为基础来把握耗费概念，对于这一概念的领会才能更加准确和丰富；同时，通过对概念体系的梳理来了解耗费思想，作出的解读才能更系统和清晰，所获得的启迪也才能更有意义。耗费概念无疑是耗费思想的核心和主线，但是，作为一个概念体系的耗费思想也必然包含着一系列相关的其他诸多概念，并涉及所有这些概念之间的关系和结构以及由此所呈现的见解与诉求。相对于了解耗费概念的含义而言，我们要做的，就是要在更深入的意义上把握这种基于巴塔耶思想整体的"耗费思想"。

进而，对于巴塔耶耗费思想的解读，也不能仅限于耗费思想本身，不能仅限于考察与耗费相关的一系列概念，而应当扩展到巴塔耶思想的整体，并在这一思想整体中把握耗费思想。这就要求我们在研究巴塔耶的耗费思想时，也要努力掌握巴塔耶本人的成长背景、一生志业以及思想全貌，通盘考察巴塔耶的整体思想内容及其框架结构，在此基础上，清楚地把握耗费思想在这一整体思想中的位置、含义和最终旨归。以这种方式，我们才能对巴塔耶的耗费思想获得一种更真实、清晰、透彻的理解。

因此，后面正文的论述虽然从耗费的概念开始，甚至也辨析有关耗费的多种词语用法，但是，却不会止步于就耗费而谈论耗费，不会局限于对耗费本身的内涵进行探究与阐释，而会在耗费概念与其他概念的牵连中逐步揭示出耗费思想的多重意蕴，呈现以"耗费"为棱镜而折射出的多彩光谱。因此，在梳理背景、把握脉络、界定概念等工作的基础上，我们将重点选取经济哲学、社会哲学、存在论等多重维度来透视巴塔耶耗费思想的深层意蕴。具体而言，第一章将探讨巴塔耶耗费思想的发生背景与提出过程；第二章将就巴塔耶的耗费概念本身进行"直接解读"；在此之后，本书将用更多的精力和篇幅对巴塔耶的耗费思想进行"深层解读"，这主要体现在第三章至第六章。第三章探讨耗费思想的经济哲学维度，考察作为对耗费直接论证的"普遍经济学"思想；第四章探讨耗费思想的社会哲学维度，考察作为对物性世界之否定的、蕴含在耗费思想中的异质性哲学或可称之为"异质学"的哲学思想；第五章探讨耗费思想的存在论维度，主要围绕蕴含在耗费思想中的有关"内在经验"的思想，展开对于人的生存方式的重新追问；第六章探讨耗费思想的最终旨归，围绕作为耗费思想之理论目的的"自主权"的思想，讨论巴塔耶最终试图呈现的理论图景。最后，我们还将对巴塔耶耗费思想的整体面貌和思想意义作出概要的回顾与总结。这几部分内容是层层递进的。其中，经济哲学思想是直接论证，然而是不充分的，并在一定程度上遵从了巴塔耶原本要反对的合理性原则；此后的论证，越间接，却也越发深入和有力。

这样一种多重维度的解读，或许会被误认为只是单纯的对前述各种研究视角的归纳综合。这里应当强调的是，这样一种整体性视角，所做的决不仅是把现有的材料简单叠加起来，或者将已经形成的观点逐次进行罗列，而是依据内在的逻辑关系进行扎实可靠的推衍、生发和扩展。这是一种从整体出发的多重维度的解读，而不是多种视角的叠加拼凑形成的所谓整体。这两者之间的差别在于，前者是以巴塔耶的整个概念体系及其内在逻辑关联为基础的，旨在呈现一种作为有机整体的思想图景，而后者则缺乏这种有机的内在联系，因而往往流于各种观点的杂糅嫁接，不足以承载有内容的见解。

三是功能性的解读。所谓功能性的解读，就是在巴塔耶与其他思想家的讨论和争辩中，梳理出耗费思想所起到的作用，并经由这种外在的功能性表现，更加深入地把握巴塔耶的耗费思想。如果说文本解读是把握巴塔耶关于耗费的表述和耗费思想本身的内涵，整体主义的解读是把握耗费思想在巴塔耶的整个思想体系中的意义，那么，功能主义的解读则是要把握巴塔耶的耗费思想在整个哲学史中地位和作用及其所能带给我们的启发和思考。功能性的解读，包含了把巴塔耶与哲学史上的其他人物并置在一起而形成的互动式解读，也包含了由此而进一步形成的对耗费思想的多重维度的解读。互动式解读，有助于让我们获得对耗费思想的更加立体的理解；多重维度的解读，有助于让我们把握和领会由耗费思想而打开的更加宽广深邃的理论空间。

对于一个概念的领会，除了通过厘清概念体系的内部关联来呈现，还应该在概念体系之外进行构建与还原。换言之，不仅要在文本之间求索，而且要在文本之外想象和捕捉。这种想象，是对于概念和文本之所指的立体呈现，也就是依循概念和文本所揭示出来的思想空间去把握它们所代表的、所意图言说的具体思想内涵。这就如同对于一个写着"植物园"的路牌的解读，不能仅限于认清牌子上的"植物园"这三个字，或者认识到写着"植物园"这三个字的是个标准的方形的铁牌子，而应当继续跟随这个路牌的指引，走进真实的植物园，去欣赏里面的姹紫嫣红的花卉草木和美不胜收的风景，唯其如此，才是真正把握和充分实现了这个路牌的意义。同样地，对巴塔耶耗费思想的解读，也不能仅限于概念层面的清晰明了，还应当进一步探讨这一概念所开示出的广阔空间，这样才能对巴塔耶的耗费思想获得一种有纵深的、有现实感的把握。如果仅仅止步于概念本身的澄明，虽然有助于认识和理解上的扩充，却也可能只是局限在文本之间兜圈子，而通过这种对于思想空间的纵深考察，我们则有可能取得更加充实有益的收获，酝酿真正有根基的、有影响的思想。

在辨明耗费概念在巴塔耶的概念体系中呈现出的含义的基础上，我们将重点探讨它所牵连和揭示的关于"物的意义与人的生存"的思考。耗费这一概念所带给我们的不止是一个定义或者一个名词解释，而是一片深广的有待探讨的领域，包含着诸多有趣的有待回应的问题。通过对这些问题的讨论，我们可以对于物、对于人自身进行一种新的审视和思考。巴塔耶耗费思想的真正理论意图，以及其真正的理论价值之所在，或许就在于对物的重新审视和对人的存在方式的重新追问。只有围绕这样的理论意图进行探讨，耗费思想的深层意蕴才能得到充分的展现。这是探讨巴塔耶的耗费思想时应当秉持的一个基本考虑。基于这一考虑，我们将先后涉及由耗费思想而引发的对现代性的审视、对话语的反思、对"存在"的追问、对"我"的质疑等问题。这些深沉宏大的主题，在近代以来的哲学史上也曾不断出现。在对这些主题的讨论中，除了围绕着巴塔耶而探究他的有关思想，还必然会涉及其他一些哲学家的思想，在相异或相近思想的参照对比中进行解读。在这样一种更加广阔视野下的探讨中，耗费的深层意蕴将得到更充分的揭示，其重要的理论价值也将得到更充分的展现。

应当略加说明的是，这些讨论并未偏离"耗费"这一主题，而是始终围绕对耗费概念的探源、阐发和推衍而进行。事实上，有关现代性、话语、存在、自我的诸问题，正是耗费概念所开启的，也是耗费思想本身所内在包含着的内容。只有把这些问题作为航道上的浮标，追随在对这些问题的讨论中形成的学术轨迹，在一种更加宽广的理论视野中进行考察，我们才能充分揭示和展现耗费思想的深层意蕴，才能把握相对于哲学史上的其他讨论巴塔耶提出的新见解究竟有何与众不同之处。概言之，没有对"物的意义和人的生存"等问题的探讨，对于耗费概念的领会就将很可能只是停留在词语意思的循环解释上；更加深入的讨论，始于认识到它作为一个思想生发点的重要价值。所以，我们要以对耗费概念的领会为契机，展开更加广阔的思考，而在深入探讨由其引发的系列问题的过程中，耗费思想的深层意蕴也将得到充分的揭示和呈现。

第一章　巴塔耶耗费思想的发生

耗费思想的产生和形成，源于巴塔耶的独特生平及其在时代激荡下孕育演变的思想轨迹。透过巴塔耶的一系列著述与创作，我们可以了解其思想的整体风貌与演变轨迹；但在著作之外，我们也需要考察巴塔耶的生平，以及这种生平对他的思想可能产生的影响。

一　巴塔耶的生平与著作[①]

乔治·巴塔耶（Georges Bataille，1897—1962），1897 年 9 月 10 日出生于法国中部奥佛涅地区多姆省的比昂。4 岁时，全家移居到法国北部的城市兰斯，他的中学生活都是在兰斯及其附近的埃佩尔度过。他的姓氏"巴塔耶"的法文意思是"战斗"，这个姓在法国并不罕见，但他却据此在一定程度上形成了自我理解，因为他曾说过"我本身就是战斗"的话。他的父亲有残疾，先是失明，后来又瘫痪。他的家庭宗教氛围比较淡薄，主要家庭成员对宗教都漠不关心，但他却在 17 岁时为基督教所倾倒，并于 1914 年 8 月接受了洗礼。与此同时，他也在心中确定了以写作为人生志业的想法，并且以"锤炼反哲学"为己任。他于 1916 年被动员参军，参加了"一战"，次年由于患肺结核而退伍。虽然这段参军经历不算长，但是关于战争以及暴力和死亡的考察，也成为后来巴塔耶思想的暗流之一。1917 年至 1918 年间，他对

于如何选择实际的人生道路犹豫不决，曾考虑学医，但最终选择了与宗教有关的道路，并作为寄宿生去了圣·弗鲁尔神学院学习。

通过大学入学考试以后，他得以进入位于巴黎的国立古文书学校。在这所学校学习期间，他热心学业，但是心灵还是为信仰问题所占据。1920 年 9 月，他的精神发生了戏剧性的转变。当时，他刚完成了在伦敦大英博物馆的调查研究，来到位于英法海峡间的怀特岛，并在岛上的基督教贝来狄派的科尔修道院陷入冥想。按照巴塔耶自己的说法，他在这里"突然失去了信仰"。① 事实上，这或许只是他走向"无神论"的最初的一步，而真正决定性的转变，应该发生在他后来专心阅读尼采的时期，即 1923 年以后。

1922 年 6 月，他被任命为巴黎国立图书馆司书。此后，在图书馆的工作成为巴塔耶一生中最为稳定的正式职务。在此之外，他还担任了一些重要杂志的创刊人或主编，这些杂志包括《文献》（Documents，1929—1931）、《评论家》（Critique，创刊于 1946 年）等，尤其是由他创刊的《评论家》，至今仍在发行，并一直是法国最优秀的思想评论杂志；他还创立或组织了一些重要的思想和学术团体，这些团体包括"社会学研究会"（Collège de Sociologe，1937）、"阿塞法尔"（Ácephale，1937）等，可惜这些团体都没能长期存在。随着"二战"来临，他开始从社会活动的努力和建立团体的试验退回到个人关于诸如"圣社会学"和"内在经验"等内容的思想探索中。

同样是从 1922 年起，他开始接触并深入研读尼采，并逐步涉猎陀思妥耶夫斯基、克尔凯郭尔的思想。在这一过程中，来自俄国的犹太哲学家列夫·舍斯托夫（Lev Shestov）② 发挥了重要作用，深刻影响了他对尼采的理解。这是他的思想形成的一个重要来源。此外，在 1925 年，他与精神病医生阿德里安·博雷尔（Dr. Adrien Borel）相识。据推测，他应该由此接触了精神分析方面的内容。在 1930 年，他开始阅读马克思和恩格斯的著作，并深受影响。1931 年，他参加了"民主共产主义者俱乐部"（Cercle Communiste Démocratique），这是从法国共产党分流出来的一个组织。同时，他还参

①　［日］汤浅博雄：《巴塔耶：消尽》，赵汉英译，河北教育出版社 2001 年版，第 7 页。

②　列夫·舍斯托夫（Lev Shestov，1866—1938），俄国犹太人，在法国以莱昂·切斯托夫（Léon Chestov）为人所熟知，存在主义哲学家，有时也被称作非理性主义者、无政府主义者和宗教哲学家，其论题主要来自尼采和克尔凯郭尔。他虽然是个边缘性学者，在英语世界也不被人熟知，但却是法国哲学从 19 世纪以柏格森哲学为代表的本土传统转向 20 世纪关注德国哲学的一个重要中介。

与主办了该组织的机关刊物《社会批评》（1931—1934）。这是一份倾向于马克思主义的杂志，巴塔耶为其撰写了许多评论，《耗费的概念》（1933）一文就是其中之一。从 1934 年开始直到 1939 年结束，他持续出席了亚历山大·科耶夫在巴黎高等实践研究院主持的黑格尔《精神现象学》讲习班。[①] 同样来自俄国的科耶夫，以及经科耶夫中介了的黑格尔，在巴塔耶的思想形成中发挥了重要作用，在其思想内容的阐述中也有着突出的表现。上述这些方面的思想资源，在巴塔耶自身思想的发展成熟过程中影响很大。当然，巴塔耶所吸收的不仅是来自德国和俄国等地的外来思想。在当时的法国思想界，以涂尔干和莫斯为代表的本土的社会学传统，同样有着广泛而深远的影响。这一点，在巴塔耶的著作中多有反映。

一个思想家思想的形成与表达，总是伴随着与其他流行思想的交锋与争论，并在这些交锋与争论中得到鲜活而充分的体现。在 1924—1929 年，巴塔耶与超现实主义的领军人物安德烈·布勒东（André Breton，1896—1966）之间就发生了断断续续然而又激烈深刻的争论。布勒东指责巴塔耶过于低俗、污秽，巴塔耶则指布勒东的"高贵"和"理想化"的倾向都是"观念论式的东西"。直到 1935 年，两者才和解，并共同组织了一场反法西斯主义的运动。在这期间，巴塔耶出版了《太阳肛门》（1927）和《眼球的故事》（1928）这两部作品，其思想和写作风格得以初步阐发和展示。

除与超现实主义的直接交锋之外，巴塔耶主要还与萨特的存在主义有过交集。事实上，正是由于萨特的评论，巴塔耶作为一名重要的知识分子的地位才得到确认。[②] 萨特的这一评论是于 1943 年围绕他的《内在经验》一书展开的。在此之前的整个 30 年代，巴塔耶的作品主要散见于一系列昙花一现的"短命"杂志。而在获得思想界的认可之后，巴塔耶的影响开始不断扩大。特别是战后，随着他于 1946 年创办《评论家》杂志，以及他的著作越来越广为流传，在 50 年代和 60 年代，他不仅引起了思想界，而且也引起了

---

① 亚历山大·科耶夫（Alexandre Vladimirovith Kojèvnikov，1902—1968），俄国流亡者，他在 1933 年到 1939 年在巴黎高等实践研究院开设的关于黑格尔《精神现象学》的课程，开始把黑格尔带入法国，被认为是戏剧性地塑造了 20 世纪法国知识分子的视野，对法国以及其他相关地域的哲学思想产生了深远的影响。"二战"后至 1968 年去世止，他一直在法国经济部工作，是欧盟和关贸总协定的最早设计者之一。

② Michele H. Richman, *Reading Georges Bataille：Beyond the Gift*, Baltimore and London：The Johns Hopkins University Press, 1982, p. 1.

范围更广的普通大众的关注。

除了著作的出版和流传，导致这种影响的广泛性的另一个原因，在于他的学养和作品的特点。巴塔耶不是一个单纯的哲学家、文学家或者诗人，而是横跨和集合了多重领域。近代以来普遍盛行的日益精细化、专门化的学科分划，似乎并没有使他就范于束缚，他也因此被认为引领了法国的知识论和分科理论的突变。他的作品，往往并不是单纯的哲学思辨和文学想象，而是多种学科和文体的交汇融合。除了一些理论性著作，巴塔耶的大量作品是以广义上的文学作品的形式出现的，这些作品，诸如《迷宫》《天空的蓝色》《爱华德夫人》《路易三十的坟墓》《文学与恶》和《烧毁的房子》等，包含了小说、诗歌、电影剧本、文学评论等多种类型。除了这些文学作品之外，巴塔耶的主要理论性著作则集中在《内在经验》《有罪者》《论尼采》（这三部著作是巴塔耶构想中的《无神学大全》的前三卷，但此后的第四、第五卷并未能出版）和《耗费》《色情史》《自主权》（这三部著作被编为三卷本的《被诅咒的部分》）。这两个系列的著作，代表了巴塔耶成熟时期的主要思想。从其"无神学大全"和"被诅咒的部分"的大标题，我们也可以感觉到巴塔耶这些思想中浓烈的"反哲学"意味。事实上，巴塔耶一生的思想努力，可以说都是集中在对以"理性"为核心的西方近代传统和以"生产"为表征的社会发展模式的颠覆上。也许正是在这个意义上，他才足以对德里达、福柯和鲍德里亚等人产生深刻影响，并被后世追认为后现代思想的重要源头。

二　巴塔耶耗费思想的主要来源

巴塔耶的耗费思想之所以能够形成，得益于一些重要的学术背景和思想来源的支撑。这些背景和来源，主要体现在巴塔耶曾经受到的如下影响：

一是涂尔干的法国社会学传统和莫斯的人类学奠基。涂尔干[①]的社会学

---

① 涂尔干（Emile Durkheim，1858—1917），又译作迪尔凯姆或杜尔克姆，而涂尔干的译法更接近法语发音规则。涂尔干是社会学学科的奠基人之一，也是法国第一个社会学系的创建者和第一位社会学教授。

是法国的本土学说，在 20 世纪初对法国知识界有着重要影响，巴塔耶无疑处于这一思想氛围的笼罩之下，受到了相应的影响。涂尔干思想贡献主要有两点：一是提出了"社会事实"的观念。社会事实不能被还原为自然现象或生理现象，而且它也先于个人而存在，不同于众多个人的数量上的叠加。简言之，社会高于个人，整体大于部分。这种独立存在的社会事实，构成了社会学的研究对象。二是提出了团体以至社会是依靠某种"象征"而维系在一起的。这种象征是具有神圣性的，它以符号的形式得以表现，古代的图腾、近代以来的国旗都是这种符号。通过研究澳大利亚原始部落，涂尔干发现，民族的团结其实并不是来自共同的血统和习俗，而是来自共同的名称、标志、仪式，即共同的图腾崇拜。显然，涂尔干由此所奠定的法国社会学传统，不同于后来被视为经典社会学理论的帕森斯①等人的思想，后者关注的主要是，具有不同主观取向的个体行动是如何结合在一起构成相互依存的社会行动的。涂尔干所开创的这两个方面的研究，即对社会整体的研究和对社会象征的研究，旨在重建社会团结，为由传统向现代转型、面临分裂危机的社会寻求联结纽带，同时，它也开创性地展开了一种对社会的整体主义的反思。这是巴塔耶耗费思想形成的重要思想基础，也是我们理解巴塔耶耗费思想的重要路径。事实上，如果没有涂尔干对社会整体和社会象征的先行关注，就不可能有从莫斯的礼物到鲍德里亚的象征交换的思想发展，当然，也不可能有巴塔耶基于社会学、人类学和宗教学的多重视角而形成的对耗费思想的深刻阐发。

　　如果说涂尔干影响了巴塔耶思想形成时期法国知识界的思想氛围的话，那么，莫斯则是直接影响了巴塔耶的思想，甚至形成了巴塔耶所关注的一些重要论题。莫斯②传承了涂尔干的社会学思想，并且将其拓展到了人类学的范畴。他从总体性的层面来把握社会现象，并通过研究被现代文明遗漏的原始部落及其所代表的古代社会，揭示出了一个物有灵性、万物归神的世界。在这样的世界中，事物与灵魂融为一体，物的流通不是现代意义上的商品交易，而是以"礼物"的赠予和回馈的形式呈现出来的。这种赠礼和回礼是一

---

① 塔尔科特·帕森斯（Talcott Parsons，1902—1979），美国社会学家，对古典社会学进行了现代重建，他的社会行动理论和结构—功能分析对于现代社会学产生了很大影响。

② 莫斯（Marcel Mauss，1872—1950），法国人类学家、民族学家，涂尔干的外甥和学术继承人。他捍卫了涂尔干学派的传统，并将自己的研究内容转向了古代社会的社会凝聚力问题，《礼物：古式社会中交换的形式与理由》是其代表作。

种基于共同的精神依托或神灵观念的义务。在《礼物：古代社会中交换的形式与理由》一书中，莫斯号召社会应当回归"高贵支出"（dépense noble）的风尚，"要走出自我，要给予"。① 在对"礼物"的研究中，莫斯已经明确提出了物承载着社会总体的精神结构、物的纯粹赠予或支出等问题，这直接启发了巴塔耶关于"耗费"问题的讨论。事实上，在巴塔耶的《耗费的概念》一文中，用于表达"耗费"（dépense）的正是莫斯已经使用过的"支出"（dépense）一词。据说，莫斯的《礼物：古代社会中交换的形式与理由》一书于1925年出版后，巴塔耶如获至宝，并旋即迷入了这个时期流行的人类学和社会学对原始部落生活的研究成果之中；1933年，巴塔耶发表《耗费的概念》，是他对莫斯理论作出形而上学概括的标志；甚至到1937年巴塔耶等人创办"社会学学院"时，也仍然尊莫斯为精神领袖，试图立足于莫斯的人类学和社会学研究成果来建立一种批判现实社会的新哲学。② 由此可见，在耗费思想之形成的过程中，莫斯的影响无疑是奠基性的。

二是对黑格尔和尼采哲学思想的转换。巴塔耶缺乏专业化的哲学训练，他既不是哲学系的学生，也没有获得哲学学位。他早期甚至对哲学缺乏基本的兴趣，就连当时在法国影响巨大的柏格森哲学，也不太合他的口味。直到1922年以后，当他接触到尼采哲学时，这一情况才有所改观。在一份简短的自传笔记中，巴塔耶说："在1923年对尼采的阅读是决定性的。"③ 对巴塔耶而言，尼采与其说是个哲学家，不如说是一个朋友，或者是一位精神向导。1924年，巴塔耶还与人合作翻译了列夫·舍斯托夫的书。正是经过舍斯托夫，巴塔耶开始正式进入哲学。舍斯托夫有一种看待世界的阴郁视角，这正好符合了巴塔耶在思想上的一贯秉性。舍斯托夫的哲学拒绝知识，崇尚信仰，认为对知识的迷恋是罪孽的根源，因此我们应该回归信仰，皈依上帝，体验上帝，进而以上帝自居。舍斯托夫以这种方式重现了尼采的思想，而在这一思想中，我们已经可以看到巴塔耶"内在经验"思想的前奏。值得注意的是，巴塔耶对于尼采的权力意志和永恒轮回等重要思想却几乎是无视的。不管怎么说，巴塔耶就是这样通过舍斯托

---

① ［法］莫斯：《礼物：古代社会中交换的形式与理由》，汲喆译，上海人民出版社2002年版，第194页。

② 参阅张一兵《反鲍德里亚：一个后现代学术神话的祛序》，商务印书馆2009年版，第12页。

③ Fred Botting and Scott Wilson eds. , *The Bataille Reader*, Blackwell Publishers, 1997, p. 123.

夫来理解尼采的，"尽管巴塔耶后来将舍斯托夫给予他影响的程度最小化了，但是显而易见，这一影响仍然是相当大的。而巴塔耶对尼采的理解正是舍斯托夫教导的结果，在这个意义上说，巴塔耶是透过舍斯托夫来看尼采的，正如他后来是透过科耶夫来看黑格尔的。"① 迈克尔·理查德森在这里提到了巴塔耶思想的另一个重要来源，那就是黑格尔。从思想气质上来说，巴塔耶并不欣赏黑格尔哲学中的观念论因素，但是，他却被黑格尔的辩证法，特别是其中的"主奴辩证法"深深地吸引了。事实上，正是借助于黑格尔，巴塔耶的思想才得以成形。如前文中提及的，巴塔耶曾连续多年出席科耶夫主持的黑格尔《精神现象学》讲习班，而科耶夫对黑格尔哲学的解读是相当独特的。科耶夫把黑格尔的"主奴辩证法"看作是一种对人类历史的陈述。在这历史的开端，是"纯粹为了威望的战斗"，然后，历史将依次经过主人的时代、奴隶的时代和历史的终点这三个重要的时期。不同于黑格尔总是把冲突的因素调和进一个一致的整体，总是会指向对立面的统一，科耶夫的陈述和思维方式却是二元的、不和解的。用"极端的二元论"代替辩证法，正是科耶夫解读黑格尔的最重要特点。这种解读，也成为后现代思潮的基石。② 巴塔耶接受的就是这种科耶夫版本的黑格尔主义。这突出表现在他对于人性、死亡等问题的看法上。巴塔耶认为，面向死亡的有限意识催生了精神的觉醒，之后人类的自我意识就从自然的连续性中抽离出来，并进而否定自然。这种否定性，是人之人性的关键。正是在对自然状态的否定之中，人才把自己与动物区别了开来；正是在对一切既定物的永恒否定中，人的自主性才得到了体现。黑格尔揭示了人的概念所包含的异化、分裂、匮乏及其最后的统一与和解。巴塔耶则认为这种统一与和解只有在人的死亡中才能达成，而只有冲突、矛盾和二元性才能维持生命的活力和辩证法的趣味。显然，这种对尼采和黑格尔的改造与综合，是巴塔耶独特的哲学气质得以形成的重要根源。

　　三是马克思主义的熏染。1930 年，巴塔耶开始阅读马克思和恩格斯的著作，随后又加入了"民主共产主义者俱乐部"。这一段经历，使巴塔耶对马克思主义的思想理论和社会主义运动的实际状况有所了解。在后来涉及资本

---

① Michael Richardson, *Georges Bataille*, London and New York：Routledge，2005，p. 33.
② ［加］莎蒂亚·德鲁里：《亚历山大·科耶夫：后现代政治的根源》，赵琦译，新星出版社 2007年版，第 24—25 页。

主义社会批判、共产主义价值原则阐释等问题时，巴塔耶的论述中对马克思的思想也总是表现出赞赏和敬意。事实上，巴塔耶自己的思想内容在不少方面也是很接近马克思的。如果从社会哲学的观点来看，巴塔耶对于孤立个体的存在是没有兴趣的，并认为个体不可能从社会环境和社会过程中隔绝出来。然而，虽然巴塔耶和涂尔干一样重视社会整体，但是，他没有像涂尔干那样把社会与个人隔绝开来，甚至推崇社会、抵制个人，而是把社会和个人当作在方法论上具有同等重要地位的概念来看待。正是由于这个原因，迈克尔·理查德森就认为，尽管巴塔耶的思想处于涂尔干学术传统的影响之下，但是比起涂尔干来，巴塔耶在观念上其实是更接近马克思的。① 巴塔耶和马克思一样，在个人与社会、社会与自然的内在联系中来把握它们，特别是注重在作为社会的一部分的自我与社会整体的联系中把握社会。但是，尽管巴塔耶很接近马克思，他和马克思之间的区别也是很明显的。他们对于物的意义的理解、经济学路径的选择、人从物中解放出来的条件以及理想社会的构想等问题上都有所差别。对此，我们将在后面的"附录"中作出专门讨论。这里可以简要指出的是，巴塔耶拒绝了马克思主义在看待社会历史发展时对于生产力发展以及利益诉求的倚重。或许是因为接受了传统马克思主义留给他的僵化印象，在巴塔耶看来，马克思主义受到了经济决定论的限制，没能对于其他的社会动因作出更加有效的分析。比如，对于社会联结和人们究竟如何凝聚在一起等问题，传统马克思主义就没能给予充分阐释，而对于这些问题的解答，或许还需要运用他称之为"圣社会学"的理论来作出补充说明。

　　四是"离开欧洲"的思想以及对印度文化的吸收。法国诗人阿尔图·兰波（Arthur Rimbaud，1854—1891）也是巴塔耶的先驱者之一。他写了《地狱的一季》，传达出"离开欧洲"的思想，即拒斥基督教文明和近代资本主义社会，要像那大声喊叫着、敲着鼓、跳起舞蹈的黑人一样，脱离语言的、理性的、理智的思维模式。② 巴塔耶虽然在 17 岁时产生强烈的信仰，并考虑要当修道士，但是到他 23 岁时却突然失掉了信仰，转而与基督教作斗争，并进而与基督教以及与之关联的柏拉图主义对自身意识的渗透与支配作斗争。在这方面，兰波以及尼采无疑是被他引以为知音的。巴塔耶对欧洲之外

① Michael Richardson, *Georges Bataille*, London and New York：Routledge，2005，p. 30.
② ［日］汤浅博雄：《巴塔耶：消尽》，赵汉英译，河北教育出版社 2001 年版，第 35 页。

的思想与文化给予了不少关注，其中，不太引人注意而事实上是又非常重要的，是他对印度文化的吸收。他不仅从 1938 年开始练习了瑜珈（yoga），并从中体会到自我之湮灭（self – annihilation）和个性之实为流变的幻相①，Adrien 更在其著作中直接言明"印度人以另一种方式生存"。② 在巴塔耶眼中，他们拥有着最贫乏的金钱，而这种贫乏却具有引发决裂（rupture）的效力。巴塔耶还认为，古印度朴素的牺牲哲学与自己非知识的祈祷哲学有着奇怪的一致。③ 结合这种思想资源来看，我们将着重探讨的耗费，显然也可以被视为是一种物的"涅槃"；由此引发而开启的人的生存，经由弃智、无执之径，最终面对的也是"空无"。

此外，巴塔耶还受到萨德的影响，带有叛逆风格和身体化写作的倾向；受到超现实主义运动的影响，尝试提出关于社会的异质性概念，反对资本主义社会的同质化本性，并从关注个体心理学转向社会心理学；受到精神分析的影响，在超现实主义运动中把弗洛伊德引入法国。同时，他还受到马克斯·韦伯的"理想类型"思想的影响；受到滕尼斯关于共同体与社会的区分的影响，并由此明确形成了社会存在的同异性与异质性的概念。这些思潮与学术资源，都在巴塔耶的思想中留下了印迹，对巴塔耶思想的形成产生了或多或少的影响。

需要补充说明的是，尽管巴塔耶接受了多方面的影响，在接纳的学术资源方面也显得甚为庞杂，但是，真正使巴塔耶成为巴塔耶的，却并不是上述思想的叠加与糅合，而巴塔耶对于他自己的问题的关注与思考。换言之，巴塔耶是一个有着自身独创性的思想家。可以认为，巴塔耶一生所关注的，都是那被理性之光所遮蔽的黑暗部分、被资本之网所禁锢的鲜活的生命整体。这一问题又都集中体现在：既然人的生命过程被凝结、束缚到僵硬的物之中，那么该如何把人的生命过程从物之中解放出来呢？对这一问题的讨论，就是关于耗费的讨论。

---

① Andrew Hussey, *The Inner Scar*：*The Mysticism of Georges Bataille*, Amsterdam：Editions Rodopi B. V., 2000, p. 65.

② Georges Bataille, *L'expérience intérieure*, Paris：Editions Gallimard, 1954, p. 29.

③ Ibid., p. 65.

三　巴塔耶耗费思想的提出与演化

明确以耗费为题的集中论述，在巴塔耶的著述中曾出现了两次。第一次是在 1933 年，他在《社会批评》杂志上发表了一篇题为《耗费的概念》（*La notion de dépense*，又译作《滥费的概念》《花费的观念》等）的文章。在这篇文章中，巴塔耶第一次明确提出了耗费思想所包含的概念与原则，并对相关经济和社会现象作出了新颖的观察和评论。按照巴塔耶在此文中的界定，耗费是指"非生产性的消费"，或者是消费的非生产性的形式。① 巴塔耶把消费分为两种形式，一种是我们通常所熟悉的作为经济运行的一个环节的消费，它往往是生产性的消费，是由生产决定的，比如匮乏社会中量入为出的消费，或者是引导生产的，比如丰裕社会中追逐时尚的消费；另一种则是非生产性的消费，即耗费。耗费从根本上说是与生产无关的，它所传达的，是一种纯粹的、不求回报的给予或销毁，是人对于物的纯然失去，也是人从与物的联结中的脱离。在这篇文章中，巴塔耶并没有做过多的理论性阐述，只是把耗费作为一个虽然被遮蔽，却归根结底又真实存在的社会事实而提了出来。

第二次是在 1949 年，时任法国国立图书馆司书的巴塔耶出版了一部专著《被诅咒的部分》（*La part maudite*），专门探讨了耗费问题。事实上，这只是他的三卷本著作《被诅咒的部分》的第一卷《Ⅰ耗费》，后两卷为《Ⅱ色情史》（*L'Histoire de L'érotisme*）、《Ⅲ自主权》（*La Souveraineté*，又译作《至高性》《至尊性》等）。在这三卷本的著作中，论"耗费"的第一卷，是唯一在巴塔耶生前得以出版的，其余两卷均是在他死后才整理和结集出版的。在这第一卷中，巴塔耶结合史实详细阐述了自己关于耗费的理论观点。在耗费概念的基础上，巴塔耶依据他的普遍经济学理论，进一步从宏观层面的能量循环的角度，论证了耗费的必然性。他认为，个体获取的能量，总是超出其生长和发展所需而过剩，这种过剩的能量必然要失去，无论个体情愿

---

① Georges Bataille, *La part maudite*, *précédé de La notion de dépense*, Paris: Les Editions de Minuit, 1967, p. 28.

与否。巴塔耶由此表达了一种与从孤立个体出发的视角迥然不同的宏观视野，以其哲学思维颠覆了西方传统经济学的理论前提。这样一来，耗费不再是一个单纯的断语，而开始有了理论上的论证和支撑，这个用以论证和支撑耗费概念的理论就是普遍经济学。

至此，巴塔耶已经就耗费本身作出了较为深入和理论化的阐述，但是，他却认为自己的观念太新颖了，不能够被广泛地接受，即使对于那些最有资质的人来说，虽能引起他们的兴趣，却也需要他们花很长时间才能真正消化吸收。① 就第一卷而言，巴塔耶认为他无法阻止非生产性的耗费概念本身可能会引起的人们的误解，因为人们有可能把这种耗费最终转化成有利于生产的因素。

于是，在1957年，他出版了《色情史》一书，这本书后来被编入《被诅咒的部分》的第二卷。在这一著作中，巴塔耶考察了对于个人来说最为切近的人性，特别是色情问题。他认为，这种对色情的研究可以避免第一卷中的耗费概念可能带来的误解。色情是不可能带有生产性的人类活动，也是与理性截然不同的生命活动。通过对色情的研究，巴塔耶揭示了人类精神中纯粹非生产性的活动形式和理性所不能涵盖的存在领域。此外，巴塔耶还发表了诸如《法西斯主义的心理结构》等重要文章。这些文章以弗洛伊德主义为思想背景，但却不是从个人心理，而是从宏观的社会层面，对"二战"前后诸多社会心理问题进行了研究和探讨，并提出了"异质学"等重要概念。异质学不仅强调了耗费与物性的差别，同时也强调了作为其思维表现的色情与理性的差别，并揭示了异质性与同质性的交错环绕在社会层面所产生的结构性的张力。

在此之前，巴塔耶还曾于1943年出版了《内在经验》（*L'Expérience intérieure*，也译作《内在体验》）一书，在这部书中，巴塔耶重点探讨了他的方法论。这种方法论对语言、理性等传统强势元素的统治进行了犀利的批判和猛烈的反抗。可以认为，从《内在经验》到《色情史》，巴塔耶在这一时期所关注的问题基本上是一致的。他所提出的思想都可以被看作是基于"异质学"而展开和生发的内容；而他所要致力完成的，则是对不同的思想方法的探索，以及以此为基础的对人的根本存在方式的揭示。

---

① Georges Bataille, *The Accursed Share* Ⅱ *The History of Eroticism* Ⅲ *Sovereignty*, trans. Robert Hurley, New York：Zone Books, 1993, p. 17.

在生前未出版的《被诅咒的部分》第三卷《Ⅲ自主权》中，巴塔耶实现了围绕耗费的讨论所能达到的最高点。这就是关于"自主权"的讨论。自主权所考察的是不能作为物被把握的时刻，也是与不同于古代的主权（统治权）的时刻。它设想了一种与物的世界和所谓的主体性的彻底决裂。① 耗费之所以将人从与物的联结中脱离，将人从物性世界中解放出来，最终就是为了实现人的"自主权"。"自主权"不是与客体相对应、凌驾或征服客体的"主体性"。"自主权"最终实现了的，是人对连续性整体的复归。自主权以耗费思想所包含的存在论意蕴为基础，表明了耗费思想的最终价值归宿，完成了耗费思想的根本性升华。

　　这样，从"耗费"概念本身出发，巴塔耶经由"普遍经济学""异质学""内在经验""自主权"等环节，完成了对耗费这一整体思想的阐发、论证、揭示和提升，使耗费成为一个丰满、深刻并且有着诸多层次的思想整体。初看起来，"耗费"一词本身较为简单，然而，借助于"耗费"，巴塔耶却打开了一个颇有纵深的思考问题的方向，并由此衍生出一系列触角宽广、异彩纷呈的讨论空间，引发我们从各种不同维度对其进行解读。

---

① Georges Bataille, *The Accursed Share* Ⅱ *The History of Eroticism* Ⅲ *Sovereignty*, trans. Robert Hurley, New York: Zone Books, 1993, p. 428.

第二章 巴塔耶耗费思想的自我表述

首先需要考察的是，耗费概念本身究竟是如何在巴塔耶的著作中得到表述的。这里重点是要梳理巴塔耶有关耗费用词、耗费概念的含义、耗费的现象与原则等内容，并初步揭示耗费思想所蕴含的观念诉求。相对于此后几章的"深层解读"，本章所进行的主要是"直接解读"。这种直接解读，将使我们明确巴塔耶关于耗费思想的自我表述，从而为随后展开的讨论奠定基础。

一 "耗费"的概念

巴塔耶关于耗费的思想在不断深化和发展。在巴塔耶思想探索的进程中，"耗费"并不是一个一成不变的僵死概念，而是在不断地生成和扩展着。我们在此尝试综合巴塔耶有关耗费的论述，对耗费概念作出一个基本界定。这种界定，既包括对巴塔耶的用词的辨析，也包括对其概念含义的概括性阐明。

1. 词语辨析

在巴塔耶的一系列著述中，虽然耗费是一个中心议题，但是，我们也发现，他并没有使用一个专门的词来固定地指称耗费。相反，巴塔耶根据行文的需要和自身思想的发展，先后使用了若干个意思相近的词来表述他的耗费思想。那么，梳理和辨析这些词语，就成为我们必须完成的一项基本工作了。

在 1933 年发表于《社会批评》杂志的《耗费的概念》一文中，巴塔耶第一次明确提出了"耗费"概念。此时，他所使用的法文词是 dépense（字面意义为花费、支出等）。这个词是一个较为普通和常用的词，其常用程度类似于它所对应的中文词汇"开销"和"支出"等，这些词在中文里显然也相当普通和常用。然而，就是 dépense 这个普通的词，却要承载着巴塔耶的"非生产性的消费"这一特殊含义，因此，人们往往需要仔细阅读了他的作品之后，才能明白他的 dépense 所具有的特定意义。这个词被译成英文时常用的是 expenditure，在中文里被提及时常用"滥费""花费"或"耗费"等。

在 1949 年出版的《被诅咒的部分》的《Ⅰ耗费》一书中，巴塔耶继续在使用 dépense，但是，除此之外，在进行社会类型分析时，巴塔耶则开始更多地使用了 consumation 一词。consumation 应是他基于法语中的动词 consumer（意为耗尽、烧光、使衰竭等）而自创的一个词。这个词本身已经具有了一定的特殊性，其词义也能够比较好地表明巴塔耶意指的思想内容。consumation 被译成英文时用的是 consumption。因此，国内外学者在讨论巴塔耶的耗费思想时，通常会比较多地使用 consumation 或 consumption 这个词所揭示的内容。甚至，当罗伯特·赫尔利（Robert Hurley）翻译《被诅咒的部分》第一卷时，就直接加上了 consumption 的副标题以作为对全书思想的概括。consumation 一词在中文里被提及时常译作"消耗""消尽"或"耗费"。此外，在巴塔耶的行文中有时也会出现 consommation 一词，这个法文词有消耗、消费、实现等含义，较为普通，可以认为这个词并不是作为关键词语出现的。它和 gaspillage（浪费）、prodigalité（挥霍）等一样，只是巴塔耶在谈论耗费问题涉及的消费、奢侈、浪费等现象并有所阐述时用到的词汇。

真正值得注意的是 dépense 与 consumation 这两个词。如果一定要说两者有什么区别的话，那么，在我们看来，dépense 侧重于指行为，故常被译作"花费"或"滥费"；而 consumation 则侧重于指社会运行的机制、态势，故常被译作"消耗"或"消尽"。从单纯使用 dépense 到同时出现 consumation，这一变化反映出了巴塔耶自身思想的发展。可以认为，在使用 consumation 的阶段，巴塔耶已经不再像早期那样，只是提出一个非生产性的耗费概念，并对存在于人类活动诸领域中的耗费现象作出尝试性的概括和分析，此时，他还进一步提出了用以支撑耗费概念的普遍经济学理论，并深入到人类历史的宏观发展进程之中，对一系列具体的社会类型作出了深刻的考察。显然，在这个阶段，他有关耗费的思想更加丰富和深化了，也更加理论化了。

在随后的讨论中，我们将从始至终都用"耗费"来指称巴塔耶这一发展变化着的思想。虽然巴塔耶在用词上并未能前后一致，一以贯之，但是，这些词语所传达的基本思想是一致的。通过上述对 dépense 与 consumation 这两个词的比较也可以看出，它们之间虽然有一些微妙差别，其实只是巴塔耶的同一思想在不同侧重点上的表达而已，而在基本含义上两者是相通的。因此，本文将选择以"耗费"来同时涵盖花费的行为和消耗的机制、态势等含义，即"耗费"是对 dépense 和 consumation 的统称及其所要表达的基本含义的共同概括。除在个别需要确指的地方会用"滥费"来译 dépense、用"消耗"来译 consumation 之外，我们将不再专门区分 dépense 和 consumation 之间的细微区别，而一概用"耗费"来进行表述。

2. 耗费的含义

耗费包含两层含义，首先是在巴塔耶的著述中作出集中而明确表述的内容，是就耗费概念本身而作出的字面上的阐述，这一层含义是这里要进行直接解读的内容，可以称之为耗费的"直接含义"；其次是由直接含义出发而必然要引发的相关内容，这些内容不仅作为耗费概念而且作为耗费思想的内容，这一层含义更为丰富，需要我们在后文中进行深层解读，可以称之为耗费的"延伸含义"。

就直接含义而言，耗费就是指对物的非功用性的纯然失去。在《耗费的概念》一文中，巴塔耶曾将与普通的"生产性的消费"相对立的"非生产性的消费"称为耗费。[①]"非生产性的消费"到底是什么呢？这并不像字面看上去那样稀松平常。这是因为，消费看似与生产无关，甚至可以说消费与生产分别居于经济运转链条的两端，彼此相对立，但是，究其实质，现代社会中的许多消费都很难说是"非生产性"的了。通常意义上的消费，从根本上说是生产性的，是为了维持和扩大再生产。甚至当我们说为了满足需要而消费时，这种看似没有直接产出的消费实质上也是生产性的，是用于维持再生产的。而且，进而言之，有些需要本身也是值得审视的。在一定意义上说，现代社会的许多需要都是被制造出来的。对需要的设定，本身也是一种意识形态，可以视为资本和符号运作的世界的自恋式呓语，

---

① Georges Bataille, *La part maudite*, *précédé de La notion de dépense*, Paris：Les Editions de Minuit, 1967，p. 28.

而根据这种需要进行的消费自然也就成了被生产所引导的消费了。耗费显然不同这种消费。它不是作为生产、分配、交换、消费的一个环节的消费。从根本上说，耗费之为"非生产性的"就在于它是与生产无关的，是一种纯粹的消耗。

在《被诅咒的部分》的《Ⅰ耗费》一书中，巴塔耶还赋予了耗费一定程度的宗教神秘主义色彩，使耗费具有了通向圣性维度的内涵。巴塔耶认为，耗费最初主要体现于人类的宗教献祭活动中，指的是"原始人把自己的劳动成果——尤其是初收产品（猎物或稻谷），首先以奉纳给诸神的方式耗费掉或破坏掉"。① 这是一种完全脱离功利性经济循环的行为。这里的论述显示了巴塔耶所受到的莫斯的影响。莫斯的《礼物》一书揭示了在原始部落中占据重要地位的集体性的精神结构和力量，物则是作为体现这种精神结构和力量的载体而出现的，是从属于后者的。因此，如同原始部落的礼物馈赠传递着精神上的义务一样，当人将物销毁并献祭于神的时候，他们也就实现了与神的交流。在这个意义上，当人对物进行耗费时，物也就不再作为物存在，而是脱离了物性，回归到圣性的维度和原初的自然连续性之中。

概括巴塔耶关于耗费的这些直接论述，从根本上说，它所传达的含义，就是指一种纯粹的、不求回报的给予或销毁，是人对于物的纯然失去，而且，在这种纯然的失去中，人从与物的联结中脱离，成为脱离了物性的人，物也不复为人的占有物，而回归到自然的连续性之中。

就延伸含义而言，耗费所揭示的这种人与物的脱离，为我们提供了一个思考的契机和崭新视角，使我们能够重新揭示物的意义，重新理解人的生存。

当人对于物的关系不再是占有和经营时，或者说，当物脱离了作为所有物的存在方式时，那么，随之而来的问题就将是，物以何种方式存在呢？我们发现，人们习以为常的物，那些财产和商品，那些有所归属和功用的物，其实只是物的可能的存在形态之一。在这种形态之外，还有无所归属的物，不具有任何功用性价值的物。事实上，正是后面的这些物，组成了人类生存的基础以至整个宇宙存在的基础。马克思曾经论述了商品的价值和使用价值。相比之下，巴塔耶则认为具有价值的物固然是虚妄的，是人为的设定；

① ［日］汤浅博雄：《巴塔耶：消尽》，赵汉英译，河北教育出版社2001年版，第1页。

作为价值之基础的使用价值也同样是有限的，是被束缚在人的功用性诉求之中的。在所有这些有价值的物和有使用价值的物之外，还有未被人类的价值观念和功用性诉求熏染的物。这是原初的物，是与人们习以为常的物根本不同的物。耗费，就是要突破重重迷障，将已经被熏染的物重新揭露出来，使之复归于原初的物。如此一来，那些人类生活中赖以为基础的所有权、财产权、私有制等观念和形式，都将是值得怀疑的了，人类的整个生活形态也将是需要重新审视和重新建构的了。

　　同样是由人与物的脱离所必然带来的另一个问题，就是当人不再关注和经营物，不再被物所奴役、为物所负累的时候，人的生存方式将是如何的呢？现代社会的人们似乎已经适应了以物为尺度的生存方式。芸芸众生为之殚精竭虑的，大都是对物的占有以及所占有之物的无尽增多。然而，经由耗费，人们却发现，人是可以不再对物孜孜以求的，那种去占有物、经营物的外在趋势和要求只是人类可能的生存方式中的一种，在此之外，人完全可以脱离物的要求，触及异质性的存在，体会内在的经验，最终获得生存的自主权。在耗费中，那种被所有化的物溶解了，这时的自我意识也将不再有一个物作为客体了，它们都复归于存在的整体。在这个意义上，巴塔耶其实在表达着和马克思相近的生存理想。像马克思所描绘的那样：人们可以"今天干这事，明天干那事，上午打猎，下午捕鱼，傍晚从事畜牧，晚饭后从事批判"，但是，却不必成为专门的猎手、渔夫、牧人或批判家。[①] 人们可以自由选择自己喜好的活动，不会因此而受到外在的强制；相反，每个人都将充分享受那充满可能性的生命体验，实现自由而全面的发展。人固然是需要吃饭穿衣，需要依赖于物的，但是，这并不能成为整个人类社会必须借此而构建和运行的理由。正如巴塔耶曾经论证过的，对物质匮乏的焦虑乃是一种虚妄的意识形态，物的丰盈才是真正的常态和本然的趋势。在这个意义上，耗费其实在揭示着人的更为完整的存在，尤其是那物性之外的维度的存在，并主张实现人的生存的自主权。耗费思想的最终归宿，就在于人的生存的完整性和自主权。

---

① 《马克思恩格斯选集》第 1 卷，人民出版社 1995 年版，第 85 页。

二　耗费的现象及其原则

巴塔耶的耗费思想并非凭空提出的，而是以对人类活动的分析、归类和概括为基础。巴塔耶认为，自然界中就已然存在着生命的扩张、吞噬、死亡、进化等奢华的现象，人类生活中同样存在着能量的奢华形式。在阐述理论观点的同时，他从多方面对实际生活进行了细致的观察，并从中梳理出了"非生产性"的部分。这些"非生产性"的部分，就是作为耗费表现的一系列具体现象，它们都体现着耗费的原则。

1. 耗费的现象

巴塔耶对耗费现象的探讨是一个渐进的过程。最初，他在对具体的人类活动的经验观察中梳理出"目的仅限于自身"的活动；进而，他又将目光转向宏观的人类历史，从历史发展中概括出与耗费有关的社会类型；之后，他从最切身的人性角度，探讨了作为人类精神基本机制的耗费现象。

（1）人类活动的经验观察。巴塔耶首先从个人经验的角度出发，认为人类的活动除了生产和保存之外，还有消费活动，而消费又可以分为生产性的消费和非生产性的消费。这种非生产性的消费，即耗费，与其他活动的不同之处在于，它们是以自身为目的的。消费的"第二部分是通过非生产性的耗费表现出来的：奢华、丧事、战争、祭祀、纪念碑的建造、竞赛、奇观、艺术、反常性行为（即偏离了生殖目的的性行为），代表了那些，至少在其原初状况下，目的仅仅限于自身的活动"。[①] 在这段话中，巴塔耶列举了一系列耗费的例子或现象。接下来，巴塔耶还进行了一定的阐发，对他所列举的耗费现象分别做了简短的讨论。

关于奢华，巴塔耶举了首饰的例子。他借助于精神分析指出，"在无意识中，首饰和粪便一样，都是从创伤流出的被诅咒的物质，是自身用于公开献祭的部分（它们事实上服务于那些承载着性爱的奢华礼物）"。[②] 因此，首

---

① Georges Bataille, *La part maudite*, *précédé de La notion de dépense*, Paris：Les Editions de Minuit, 1967, p. 28.

② Ibid. , p. 29.

饰，比如宝石项链，作为一种礼物，其实意味着情感性的冲动和排泄，是不能用经济价值来衡量的，对它们的仿制也根本是毫无意义的。

关于祭祀，巴塔耶认为其中涉及对人和动物鲜血的浪费。献祭，在词源学上就是指圣性事物的产生；而圣性事物，从一开始就是基于缺失功能而构成的。基督教的成功，可以由耶稣受难的主题得到阐释，这一主题包含着人们对于表现缺失和无尽衰落的焦虑。① 圣性事物是世俗世界的缺口，而世俗世界正是围绕这一缺口构建起来的。

关于竞赛，巴塔耶描述的情况较为复杂。在竞赛中，所有钱财和能量的挥霍都是为了引起一种惊愕之感，而且其程度相当强烈，总是比企业生产所能带来的大得多；死亡的危险，甚至也成为无意识的兴趣对象；有时，竞赛还涉及奖金的公开分配，无数人的激情不受节制地兴奋起来，而金钱主要以赌博的形式疯狂流失，少数的赌徒能够获利，大多数赌徒的钱财却丧失了，这种流失可以如此癫狂，以至于赌徒的出路最终只有入狱或者死亡；此外，耗费也可以同竞赛的宏大景观联系起来，比如赛马就总是和奢侈的社会等级以及最新风尚的炫耀性展示联系在一起。② 诸如此类，竞赛体现着各种各样的非生产性的耗费模式。

关于艺术，巴塔耶认为可以分为两大类，第一类是建筑、音乐和舞蹈，是"实在耗费"（dépenses réelles）的艺术；第二类是文学和戏剧，是"象征耗费"（dépense symbolique）的艺术。当然，考虑到雕塑和绘画等象征形式常常包含于建筑中，建筑有时也同样可以归入象征耗费的艺术。在象征耗费的艺术中，巴塔耶尤其对诗歌推崇备至，他甚至认为，"诗"可以被视为耗费的同义词。这是因为，诗歌是按照丧失的原则进行创作的，其意义接近于献祭。③

在上述举例中，巴塔耶通过分别进行简短讨论阐明了这些现象所共同体现的耗费原则，也就是说，人们在这些活动中所做的只是在丧失，而不是在攫取。以这种方式，巴塔耶将耗费的概念初步提出来并加以明晰化了。耗费由此成为了一种具有现实存在感的社会功能（fonction sociale）。此时，巴塔耶还只是对诸如祭祀和艺术这样的具体社会现象进行了探讨，而在后来的著

---

① Georges Bataille, *La part maudite*, *précédé de La notion de dépense*, Paris：Les Editions de Minuit, 1967，p. 29.
② Ibid.，pp. 29 - 30.
③ Ibid.，p. 31.

述中，他则进一步深入到了人类历史的长河中，围绕耗费展开了社会类型的研究。

（2）社会历史的类型分析。巴塔耶从社会历史的角度，以耗费为主线对社会类型进行了讨论。首先进入巴塔耶视野的，是古代墨西哥的阿兹特克（Aztèques）社会和美洲西北部印第安原始部落的"夸富宴"（potlatch）等。通过分析阿兹特克人的献祭与战争、北美印第安原始部落的"夸富宴"，巴塔耶发现它们都属于耗费社会（la société de consumation）。原始的耗费形式构成了这些社会的社会生活和精神生活的核心内容。比如，阿兹特克人以其高度的文明，建筑了金字塔，并用活人在塔顶献祭来供奉他们所崇拜的太阳神。这些献祭和他们的战争都是为了纯粹的耗费。盛行于美洲西北部沿岸的印第安部落的"夸富宴"，则是一种关于耗费的竞赛。他们进行炫耀性的浪费，以此来压倒对手。在莫斯有关夸富宴的人类学考察的基础上，巴塔耶指出，在"夸富宴"上，不仅耗费与声望、社会地位等相联系，而且它还表明了耗费对于交换和攫取的优先性。换言之，后世的经济学家们所关注的交换、攫取等环节，其实都只是耗费的手段，是起源于耗费的。

在揭示了这种古代性质的耗费社会之后，巴塔耶又描述了企业社会（la société d'entreprise）。企业社会不再像耗费社会那样将过剩能量用于纯粹的耗费，而是吸收它们用于一定的用途，以此消耗过剩能量，维持系统平衡。企业社会有两种，即军事企业社会和宗教企业社会，前者以伊斯兰教为代表，后者以喇嘛教为代表。在巴塔耶看来，伊斯兰是对外征服的社会。"伊斯兰"的意思是顺从，"穆斯林"就是顺从的人，他们所顺从的是唯一的真主及其戒律，"伊斯兰是与属于多神教部落的阿拉伯人任性的男子气概和个人主义相对立的纪律"。① 伊斯兰的圣战，既是对异端的讨伐，也是一种自我修行。对外征服阿拉伯部落的过程，也是建立起军事企业的过程。在这个过程中，"穆斯林清教徒的行为就像工厂管理者的行为"。② 军事秩序取代了无政府状态，能量不再被用于挥霍和献祭，而是得到积聚和有节制的使用；而整合了全部资源的军事集团，其占有、征服和计算性的耗费（dépense calculées）又都是以增长为目的的。不同于伊斯兰教致力于追求军事主权，西藏喇嘛教的

---

① Georges Bataille, *La part maudite*, *précédé de La notion de dépense*, Paris: Les Editions de Minuit, 1967, p. 121.

② Ibid. , p. 124.

主权则集中于高僧。喇嘛教社会是一个和平社会，它废黜了武力，追求精神生活，社会的能量大多被消耗于宗教事务，并以这种方式实现了社会系统运行的平衡。巴塔耶认为，社会总是会生产超过生存必需的剩余能量，这是骚动的根源，也是结构变化和整个社会历史形成的根源，问题的关键就在于如何使用剩余能量。使用剩余能量的常见途径是增长，增长有多种形式，也各有其界限，军事的增长导致对外征服，而一旦军事的界限达到了，就会有宗教的出路，其间伴随着游戏、奇观和个人奢华。① 这是巴塔耶从其普遍经济学角度做出的解释。在巴塔耶看来，西藏社会是伊斯兰和现代社会的反面。伊斯兰反对挥霍，走向了军事征服，现代社会批评奢侈，走向了工业发展；伊斯兰很快到达了极限，工业社会也即将到达；伊斯兰已经回复到平静的形态，工业社会却会陷入无序的不安。与军事征服和工业发展不同，作为一种耗费形式的喇嘛教的寺院制度，却使封闭系统的增长得以停止。显然，在巴塔耶的思想中，能量总是要耗费掉的，差别只在于以何种形式耗费掉。军事的形式和宗教的形式尽管对能量有所经营，但最终又都不得不遵循耗费的规则，它们只是耗费在不同社会类型中的具体体现。

工业社会（la société industrielle）明确地追求物的积累与增长，比企业社会更进一步地掩盖了耗费。工业社会是宗教改革后的资本主义社会，它使经济生活不再依附于神权和贵族，获得了自己的独立性，而这开启了一种动态增长的机制。"中世纪的经济与资本主义经济的区别在于，在很大程度上，前者是静态的，对过剩财富进行非生产性的消耗，而后者却进行积累，并导致了生产资料的动态增长。"② 中世纪的社会是非同质的有机体，是有等级秩序的。其中，生产者屈从于军事贵族和神职人员，满足他们的需要，作为回报，他们从前者那里获得保护，从后者那里获得对神圣生活和道德规则的分享。如此一来，中世纪的过剩资源就被数量众多的闲散僧侣和贵族消耗掉了。路德的改革，否定了这个巨大的消耗系统；加尔文主义进一步承认了商业道德。"一方面是对闲散和奢华的谴责，另一方面是对企业价值的肯定。全世界的无限财富的即刻使用，是严格为上帝保留的，人自己则无保留地专注于劳动，专注于以财富——时间、物质和各种自然资源——祝圣，专注于

---

① Georges Bataille, *La part maudite*, *précédé de La notion de dépense*, Paris: Les Editions de Minuit, 1967, p. 143.

② Ibid., p. 153.

生产器具的发展。"① 这样就使财富的意义发生了变化。社会更倾向于财富的增长而不是直接使用，工业社会由此得以兴起。巴塔耶认为，在这样的工业社会，作为商品的物占据了首要的和自主的地位，人也被贬为物。这导致了自我的疏离。因此，巴塔耶对于工业化进程是持批判态度的。但是，他又指出，这种工业化进程事实上一直在延续，20 世纪的苏联社会主义仍然在进行工业化，而且它与资本主义的工业化除了意识形态上的不同之外，并无实质性的区别。值得注意的是美国在战后实施的马歇尔计划，这是能量过剩的美国主动消耗自己的过剩资源的巧妙方式，同时，也是以经济竞争代替战争的高明手段。巴塔耶对此赞赏有加，"从马歇尔将军的事业'以成功的开端得以实现的那天起，它就以其善行使那些最深刻和最不成功的社会革命黯然失色'"。② 马歇尔计划是工业社会主动进行耗费的一个典型案例。事实上，工业化越发展，耗费的作用就越重要。耗费被遗忘或掩盖得越厉害，随着能量积聚而导致的系统崩溃的危险也就越猛烈。那些高度工业化的发达资本主义国家，只有像马歇尔计划那样主动地从事耗费，对其他国家和地区进行无偿的援助，改善全球的生活质量，其社会自身的能量系统才能不断地保持平衡。按照巴塔耶的思想，工业化进程所带来的这种后果其实是从反面体现了耗费的客观性，而在能量加速积聚的现代社会，认识和理解耗费就显得更加必要和紧迫了。

（3）人类精神的机制分析。前述对人类生活和社会历史两个方面的观察分析，都是在与生产相对立的意义上展开的对耗费的讨论，巴塔耶对此并不满意。他认为这两个方面的讨论仍然有可能引起人们的误解，即把耗费视为归根结底是有利于生产发展或系统平衡的。于是，巴塔耶进而讨论了在人类生存中作为基础性事实的能量消耗的问题，这就是色情（L'erotisme）。

巴塔耶对色情的讨论是从如何解释禁忌开始的。首先是关于乱伦禁忌，学者们的解释有的着眼于血亲关系，即血亲关系决定了婚嫁问题；有的着眼于个体特性，即个体的处境、关系和道德感决定了禁忌；列维－斯特劳斯则提出了分配性交换系统（distributive system of exchange）的观点，即妇女是作为一种神圣的礼物被馈赠而流通的，这就像宴会上的酒应该供客人宴饮而

---

① Georges Bataille, *La part maudite, précédé de La notion de dépense*, Paris: Les Editions de Minuit, 1967, p. 161.
② Ibid., pp. 207 - 208.

不能主人独自享用一样。巴塔耶认为，前两种观点都不足解释乱伦禁忌，只有列维－斯特劳斯的观点提供了较好的解释，而后者所描述的那种作为礼物的给予本身就有着耗费的意义。进而，在此基础上，巴塔耶还提出了禁忌的双重运动机制，即"正是禁止本身使被禁止的东西成为了令人贪求的"①。此后，巴塔耶还更全面地描述了禁忌的自然对象，这些自然对象包括性、污秽和死亡。所有这些禁忌，都是人否定自然而确立自身的过程。但是，当禁忌被确立，人类文明被建设起来之后，人类又会对禁忌本身进行违犯。在这里，巴塔耶赋予了人类精神一种永恒否定的特质：起初是否定自然，建立禁忌和文明，随后又否定禁忌，向那被否定过的自然回复。巴塔耶认为，正是在这种永恒否定中，人类才始终保持了生命的热度与活力。

对于巴塔耶的这种永恒否定思想，加拿大学者莎蒂亚·德鲁里（Shadia B. Drury）曾提出这样的疑问："一旦世界被颠倒过来，一旦上帝被撒旦取代，超越被内在性取代，禁忌被越轨取代，秩序被无序取代，理性被疯狂取代，话语被无法言说之物取代，克制被过度取代，冷静被迷醉取代，清教徒主义被爱欲主义取代，有用性被自主性的耗费所取代，人还要做什么？"② 这个问题实际上触及了巴塔耶思维方式的核心内容。这一内容，我们可以称之为异质学，或被彻底改造过的辩证法。对于巴塔耶来说，黑格尔的辩证法，在经过科耶夫解读之后，其重点已经在于二元性、矛盾和冲突，在于保持运动防止停滞，简言之，在于对立，而不是对立面的统一。即使在对色情问题的研究中，巴塔耶所关注的也是无尽的颠覆，"这样的努力要求无法被调和的二元性——它要求正题和反题在永恒的张力中结合，这种张力强调的是它的二元性"。③ 在德鲁里看来，巴塔耶所坚持的是对立力量之间的张力，并把这一点作为生存之富有诗意的动态运动的秘密。

无疑，巴塔耶是把色情问题当作了揭示人类生存秘密的一个入口。色情是人类生存的最基本方面，这个方面能够充分体现人类精神的结构与特质。从耗费的角度来说，色情活动是其在人类生命经验中最切身的体现。"色情活动可以是令人厌恶的，也可以是高贵的、优美的、没有性接触的，但是它

---

① Georges Bataille. *The Accursed Share* Ⅱ *The History of Eroticism* Ⅲ *Sovereignty.* trans. Robert Hurley, New York：Zone Book，1993，p. 48.
② ［加］莎蒂亚·德鲁里：《亚历山大·科耶夫：后现代政治的根源》，赵琦译，新星出版社2007年版，第191页。
③ 同上书，第193页。

以最清晰的方式表明了人类行为的一个准则：我们想要的是用尽我们的力量和资源，必要时让我们的生命处于危险中的东西。"① 从根本上说，色情就是生命的耗费。这样，巴塔耶就把耗费转换到了内在的视角。耗费不仅是外在经验观察的对象，也不仅是人类历史中的社会类型，而更是人类精神的内在结构和人类生命活动的内在准则。在这样的精神状态中，生命不再是要固守的僵硬的东西，而是以自我消解的形式始终敞开着的无限的可能性。

2. 耗费的原则

通过对耗费现象的列举与分析，巴塔耶使耗费概念变得充实、丰满而有根据了。在这一过程中，他也使耗费的原则得到了说明。概括巴塔耶对耗费原则的理论阐述，可以认为，它主要包括失去原则、异质性原则和自主性原则等。

（1）失去原则。耗费是对物的非功用性的纯然失去，"失去"（perte，又译作"丧失"）自然是理解耗费的关键，是耗费的根本原则。在《耗费的概念》一文中，巴塔耶指出了以"有用"（utile）作为基本价值的古典功利性原则的不足，与之相反，在提出"非生产性的消费"即耗费并简要列举了一些耗费现象之后，巴塔耶指出了耗费原则的重点就在于"失去"。"尽管所列举的各种形式总会有彼此对立的可能，它们仍然组成了一个特征明显的整体，在每一种情况下它们都强调失去，这种失去应当是最大程度的，以使其活动具有它们真正的意义。"② 失去，就是要绝对地、无条件地支出，它必须是纯然的，没有盈利的企图，也没有对回报的预期。

巴塔耶认为，"失去"是人类活动的根本目的。通过论述耗费与生产、摄取、交换等活动的关系，巴塔耶具体阐明了失去的地位。在巴塔耶看来，生产、攫取与耗费的关系，是手段与目的的关系，也就是说，作为耗费的失去才是目的，生产和攫取只有手段。此外，当回溯到原始的经济体制时，我们就会发现，交换的源头也在于失去。"交换这样的攫取方式，它可能的根源不是其如今要满足的获取的欲求，而是相反的破坏和失去的欲求。"③ 人们是基于失去的欲求，才进行交换，交换其实是对那些可出让对象的奢侈性失

① Georges Bataille, *The Accursed Share* Ⅱ *The History of Erocticism* Ⅲ *Sovereignty*, trans. Robert Hurley, New York：Zone Book, 1993, p. 104.

② Georges Bataille, *La part maudite*, *précédé de La notion de dépense*, Paris：Les Editions de Minuit, 1967, p. 28.

③ Ibid., p. 32.

去。结合莫斯的夸富宴研究，巴塔耶指出，礼物所表现的其实就是"失去"，而礼物的交换是比商品交换更为根本的人类活动。概言之，表现为耗费的失去，才是生产、攫取、交换等活动的最终目的。这在社会结构中的体现，就是权力与耗费的一致。穷困的人无法主宰社会，因此也无法从事耗费，而那些能够进行耗费的阶层，也是所谓掌握权力的阶层。同样，正是"失去"才给等级制中的高贵、荣誉和地位赋予了意义。"古代财富的意义是明显的，一点也没有因为后来出现的吝啬而减弱：作为攫取的财富出现了，以至于权力被富人所获得，但是在权力乃是有权力失去的意义上，财富仍完全地被引向了失去。只有通过失去，荣耀和名誉才与之相结合。"① 显而易见，巴塔耶认定，财富的功能就在于听凭"失去"的支配，失去是与财富、与物有关的人类活动的根本目的，而且，无度的失去欲求是在社会群体中经常性地存在着的，社会等级中的权力、荣誉、地位等都是基于失去才有可能，或者说，都是建立在失去的基础之上的。

耗费作为一种纯然失去的人类活动，既存在于社会和经济的层面，也存在于个人精神的层面。如果说侧重于社会和经济的层面时它主要表现物质财富的失去的话，那么，当侧重于个人精神的层面时，它则主要表现为个体生命能量的失去。巴塔耶对于后者的讨论，集中在有关色情问题的论述中。色情是一种通常被视为低级活动的能量耗费，事实上，它是一种双重运动的产物。具体说来，一是人类精神否定自然，建立禁忌和文明；二是对既定禁忌的违犯，向被神圣化的自然性复归，而在这种违犯和复归中，就包含着"失去和失去自我的可怕欲望"②。

失去原则不仅涉及社会的和精神的价值，而且包含着客观的必然性。巴塔耶从普遍经济学的角度论证了这种必然性。他从整个宇宙间能量循环的宏观视角出发，认为现代人的经济活动立足于独立的系统或个体，关注的只是局部的能量运行，目的是实现经济增长和财富积聚，但是，事实上，这种经济活动是依赖于大自然的能量循环的，最终必须顺应普遍经济的要求。有限的系统或个体，吸收能量以维持和扩张自身，而这种扩张总是有限度的，当达到一定限度时，就必然要面临"失去"。"如果系统不再增长，或者过剩

① Georges Bataille, *La part maudite*, *précédé de La notion de dépense*, Paris: Les Editions de Minuit, 1967, pp. 34–35.
② Georges Bataille, *The Accursed Share* II *The History of Eroticism* III *Sovereignty*, trans. Robert Hurley, New York: Zone Book, 1993, p. 103.

能量不能在其增长中被完全地吸收，那它就必然要毫无益处地被失去，被耗费，不管情愿与否，不管是光荣的或者是灾难性的"。① 基于这种必然性，巴塔耶提倡对于失去的自觉意识。就自然而言，我们要认识到空间环境的限制；就社会而言，我们应当认识到技术发展的限制。前者较容易理解，生命毕竟不能无止境地膨胀，只能进化和代谢；后者需要特别注意，人类依靠劳动和技术既维持了社会系统的增长，也创造了更加巨大的能量，而这些能量时常会超出社会系统的容纳限度。近代以来，特别是工业革命以来，人类过于依赖技术，一味追求工业的发展，然而其结果却是表现为能量灾难性失去的两次世界大战。事实上，技术进步所维系的增长是难以持续的。因为，即使系统仍可增长，能量的过剩程度仍会超过系统增长的程度。只有自觉失去，释放过度积聚的庞大能量，才能维持系统的微妙平衡。或许，在巴塔耶看来，面对着今天人类技术进步和经济增长的日益加速，自觉地失去才是最明智的选择。

失去原则，简明扼要地标示和确定了耗费的基本意义。要理解耗费，首先要抓住失去原则。唯有通过失去，人才能从与物的关系中得以解脱；唯有通过失去，人才能获得在群体中的承认和尊重。说到底，人对于物的失去，就是人对于自身物性的摒弃；人正是在失去物的过程中，才破除了身为物役的卑贱与奴性，才可能超脱于物外，进而打开有尊严的、自主性的生存境界。

（2）异质性原则。异质性（hétérogénéité）原则是对耗费性质的要求。事实上，失去是有很多种的。比如市场交换中的暂时失去，就是以重新获得的预期为基础的。尤其是在资本主义经济中，这种暂时的失去还有攫取的含义，包含着盈利的企图。这种失去，仍然从属于物性、从属于经济利益的要求。巴塔耶所说的失去，显然与此不同，而确保失去之为纯然失去，并与合乎理性的经济原则迥然相异的，就是异质性原则。

异质性是相对于同质性（homogénéité）而提出的。同质性指的是性质的一致以及与之相应的追求一致的观念。按照巴塔耶的说法，它表示"诸要素的共通性以及对这种共通性的意识"。② 相对于耗费而言，这种同质性就表现

---

① Georges Bataille, *La part maudite*, *précédé de La notion de dépense*, Paris：Les Editions de Minuit, 1967，p. 60.

② Fred Botting and Scott Wilson eds.，*The Bataille Reader*, Oxford：Blackwell Publishers, 1997，p. 122.

在以"有用性"的标准衡量一切，所为之而有用的则是占有和生产。人对物的占有，意味着作为占有者的人与被占有的物之间的一致和同质化，而生产则在不断地扩展着整个社会的同质性基础。与同质性相反，异质性可以定义为是非同一性，它是不可共通、不可同化的。① 异质性原则强调了对同质性的一种彻底的否定和拒斥，并从根本上抵制了被同质化的可能。

异质性原则要求的是人类社会的价值体系的转换。人们究竟如果看待物，这是由整个社会的价值体系决定的。价值体系不改变，人与物的关系也就不会发生真正的、整体的改变，人对物的失去也就无法彻底从现行经济原则的束缚中脱离出来。反过来说，只有转换了整个社会的价值体系，物的意义才可能发生根本性的变化，对物的失去也才能不复为有用性的失去，而成为纯然的失去。从异质性原则出发，耗费思想所要求的社会改变，就不再是简单的物质财富的再分配，而是社会的价值准则和运作体系的根本性颠覆，简言之，就是要使全社会从物性维度挣脱出来，走向彻底的解放。

（3）自主性原则。自主性（souverain）原则的含义，主要是指目的仅限于自身，或不为任何目的而服务。巴塔耶在最初提出耗费概念时就是曾指出，作为非生产性消费的耗费，是那些"目的仅仅限于自身的活动"。② 在《被诅咒的部分》第二卷《色情史》的序言中，巴塔耶又指出，色情具有自主的形式，而这种自主即"不为任何目的服务"。③ 在《被诅咒的部分》第三卷《自主权》（La Souveraineté）的序言中，巴塔耶更明确指出，耗费所通向的自主权，并不是国际法规定的那种国家主权，而是指奴性的反面，是任何形式的奴役的对立面。④ 这三处论述，层层递进地为我们揭示了自主性原则的基本内涵。

自主性原则是更为彻底的耗费的原则。它超越了"有用性"，避免了耗费被视为终有回报的暂时性失去，或可以换来社会地位和名望的财富的失去，或有利于维持系统稳定而最终有利于生产发展的自觉支出等误解。它强

① Fred Botting and Scott Wilson eds. , *The Bataille Reader*, Oxford：Blackwell Publishers, 1997, p. 125.

② Georges Bataille, *La part maudite*, *précédé de La notion de dépense*, Paris：Les Editions de Minuit, 1967, p. 28.

③ Georges Bataille, *The Accursed Share* Ⅱ *The History of Eroticism* Ⅲ *Sovereignty*, trans. Robert Hurley, New York：Zone Book, 1993, p. 16.

④ Ibid. , p. 197.

调了时间维度中"此刻"自身的价值，破除了对未来有所预期、以将要到来的成果衡量此刻的劳作的谋划观念；它依靠"非知"，关注"空无"，否定了对于鲜活的生命而言显得如此贫乏和无助的"知识"的作用；它通向圣性和奇迹，揭示了人类对奇迹的渴望，超出了对人类生活的世俗理解和理性界定。从巴塔耶对自主性原则的这些方面的论述可以看出，这一原则涵盖了对耗费的思想方法、本体意义、理论归宿等多方面的要求。

自主性原则所力图达成的，不仅是与物的关系的解除和社会价值体系的转换，更是对人类自我的重新理解和阐释。这就涉及自主性原则的存在论前提。具体说来，它是对近代以来的"自我"的确定性的消解。作为近代主体的自我是理性之人、生产之人，近代以来的世界是以人的功利生活为核心的世俗的物性世界，然而，前者不过是人类本真存在的某种并不成功的表达，后者则又在恣肆汪洋的连续性整体中显得相当有限。与此相反，人通过耗费实现的却是"自我"意识的消融。按照自主性原则，知识、理性、谋划、功用等一系列近代人类生活方式的核心要件都要被摒弃，人将复归于比理论上的"理性人"和现实中的"物化人"更为丰满的人类自我的形象。这里的"人"，不再是抽象的设定，也不再是我们惯常所理解的"作为主体的人类"，而是"作为整体的人类"。① 只有这种"作为整体的人类"，才能不再征服和占有物、又被物所同化，才能把自己从物性和奴性中解脱出来，从而真正拥有"自主权"。事实上，自主性作为耗费的原则是如此重要，它不仅是耗费的特征和对耗费的要求，同时也是耗费的最终旨归。可以说，巴塔耶的思想最终指向了自主权，以至于《被诅咒的部分》的第三卷就直接以《自主权》作为标题了。

当然，应当看到，失去原则、异质性原则与自主权原则是有重叠的，如上文所述，自主权是以自身为目的，而失去作为人类活动的根本目的，就是以自身为目的的活动，它与理性的经济原则从根本上是异质的。显然，它们也有着虽然细微但是并非不重要的区别。概括来讲，失去原则突出了耗费作为一种人类活动的特征，是耗费的起点；异质性原则强调耗费的性质，是耗费的自我界定；自主权原则侧重于耗费的内在追求和最终归宿，是耗费的顶点。

---

① ［日］汤浅博雄：《巴塔耶：消尽》，赵汉英译，河北教育出版社2001年版，第71页。

三 耗费思想内蕴的观念诉求

思想从来不是孤立的事件。巴塔耶耗费思想的提出，必然冲击人们习以为常的观念，带来新的思考和启发。耗费思想内在包含着的观念诉求，就体现在这些思考和启发上。这些观念诉求主要体现在功利原则批判、功能性挥霍批判、社会历史的重新解读以及物质性事实的自觉意识等方面。

1. 功利性原则批判

批判功利性原则，是耗费思想的首要观念诉求。在提出耗费概念之初，巴塔耶就指出了古典功利性原则的不足，在此后的论述中，随处可见对功利性原则的抨击。功利性原则关注的是有用性，它的目标是适度的快感，它局限于对物质的获取与保存、对自身生命的保护与繁衍。① 凡是对这一目标有用的，都被纳入功利性循环链条中；凡是对这一目标无用的，都视而不见，排除出去，受到忽略甚至压制。需要指明，在巴塔耶看来，这种功利性原则的理论体现的是西方传统哲学和经济学思想中的功利主义，现实体现则是资本主义社会，因此，对功利性原则的批判，同时就是对资本主义的思想观念和社会运行机制的直接批判。

巴塔耶对功利性原则的批判，首先是与对"人性"形成过程的阐述联系起来的，这一过程其实是人类生存样式片面化发展的过程。巴塔耶认为，人是面死而生的。人在面向死亡时意识到自身的界限，同时也就意识到自己的存在。觉醒后的自我意识，开始从自然状态中脱身而出，超越动物式的存在。动物与自然一体，服从于即时的欲望和本能，人则能否定这种即时性的生存方式，进行谋划。当人类开始制造工具时，他们其实是将此物的价值指向于他物，将此时此刻的价值让渡于未来了，由此，此时此刻的生存被延迟并被寄托于未来将要产生的结果。这就导致了谋划观念和理性思维的产生，这种思维"以科学的名义建立了一个模仿世俗世界事物的抽象事物世界，一

---

① Georges Bataille, *La part maudite*, *précédé de La notion de dépense*, Paris: Les Editions de Minuit, 1967, p. 25.

个功利性统治的片面世界"。① 从此，人开始从自然中把物抽离出来，加以占有和操持，物则以世俗的功用价值被衡量。任何物都被视作目的或手段，手段为之有用的目的，又对下一个目的有用，如此周而复始，形成了物的无尽循环与繁衍；此外，人与物变成了占有的关系，人类在占有物的同时，也被这种"所有物"所同化，接纳了物性，不得不按照物的逻辑进行思考和行动。人类由此走上了占有和征服外在世界，不断追求物之繁衍的历史进程。这样就形成了由功利性原则统治的物性的世界，而这一世界，相对人类生命样式的无尽可能性而言，显得相当的贫乏和有限。

其次，巴塔耶认为，在实际历史过程中，功利性原则也是导致资本主义社会阶级分化和斗争的根源。功利性原则在社会生活中发挥作用，与基督教有一定的联系。异教的衰落导致了由富裕的罗马人支付的竞技游戏和祭祀等耗费活动的衰落，"这就是为什么人们会说，基督教使所有权个体化了，使其所有者完全地支配产品并废除了这种支配的社会功能"。② 进入近代社会之后，财富的意义更是发生了明显的变化。财富不再用于耗费，而成为占有的对象，"作为拥有财富的阶级，在获得财富的同时也会获得功能性耗费的义务，现代资产阶级的特征却在于拒绝这一原则，拒绝耗费的义务"。③ 拥有财富的资产阶级不再像封建时代的贵族那样进行非生产性的献祭，或在节日庆典、宏大场面、竞技游戏等活动中进行浪费和挥霍，而是养成了一种消沉和苦恼的习惯，他们倡导节俭与勤奋，宁愿忍受生活的压抑和生命的不自由。为了维持这种状态，资产阶级用算计取代耗费，在全社会培育了一种普遍性的吝啬。慷慨和高贵消失了，剩下的只有富人与穷人的强烈对比，社会成员于是按照财富占有标准被划分。资产阶级虽然从理论上宣传着平等，但是，工人只能屈从于为了活命而生产的奴性状态，资产阶级自身却可以凌驾于这种奴性状态之上，享受着衡量别人的贫困时所产生的快感。这种区分，是对人性的贬损和毁灭。这终将导致阶级斗争，其结果是"那些致力于丧失'人类本性'的人的丧失"。④

最后，对功利性原则的批判，也是将耗费与经济学意义上的消费区分开

---

① ［法］巴塔耶：《色情史》，刘晖译，商务印书馆 2003 年版，第 93 页。

② Georges Bataille, *La part maudite*, *précédé de La notion de dépense*, Paris: Les Editions de Minuit, 1967, p. 36.

③ Ibid., p. 38.

④ Ibid., p. 43.

来的关键。耗费与消费，在外在表现上都是对物的支出或对财富的花费，但是，在本质上，它们却是截然不同的。消费从本质上说是生产性的，是服从于功利性原则的。在当代资本主义的社会条件下，消费已经在社会经济生活中占据了主导地位，消费主义在很大程度上成为了主宰社会普遍生活方式的态度和观念。然而，消费主义所主张的对物的充分消耗和享用，并不是耗费意义上的纯粹的失去，而是从根本上服务于资本主义的运作机制的诱导行为。倡导消费，是为了消化现代社会日益强大的生产能力所创造出来的大量产品，保证生产和资本运转的持续进行。伴随着产品包装的扑面来袭、广告诱惑的无孔不入和时尚潮流的频繁更迭，资本主义的消费机制实现了对社会大众文化心理的渗透和日常生活的捆绑。在这种情况下，消费实际上充当了庞大资本运转机器的开路先锋。简言之，消费主义是更深刻地陷入了物性。与此相反，耗费则是与生产无涉的对物的纯粹失去，是从物性中脱离。如果没有对功利性原则的批判，耗费就将沦为消费。遵循功利性原则还是批判功利性原则，正是消费与耗费的分界线所在。可以说，耗费之澄清自身，唯有通过对功利性原则进行鲜明的批判才可实现，批判功利性原则也就自然成为了耗费原则的内在诉求。

2. 功能性挥霍批判

耗费不仅要求与生产性的消费划清界限，批判包含在消费中的功利性原则，同时，也要求对功能性挥霍进行批判。功能性挥霍不是像功利性原则那样将消费最终引向为生产和资本的运行服务，引向物质财富的持续创造，相反，它会一味地摧毁或支出财富，这一点也让它看上去似乎更接近耗费，但是，与耗费不同的是，功能性挥霍是一种获取社会性地位与荣誉的奢侈或浪费活动。

这种功能性挥霍，最初见于原始部落的活动中。莫斯在《礼物》一书中曾分析了流传于美洲西北部印第安部落的夸富宴现象，在这种夸富宴中，宴席的主人或首领有意毁坏个人财富并向客人赠送大量礼物，客人则会在随后进行回赠。在这种财富摧毁或礼物馈赠的活动中，物不是获得利润的手段，相反，物是被摧毁、被支出的对象，而这些以物为载体的活动所反映的，实际上是部落整体的精神性交流。巴塔耶肯定了莫斯对于夸富宴的人类学分析，同时，他还进一步指出，在这种夸富宴中包含着人类生存的模棱两可与自相矛盾之处。关键在于，对资源的挥霍或花费，是能让人获得社会地位和声望的；资源被消耗了，地位和声望却被消耗者获得了。于是，对资源的挥霍本身，也就成为了人们要去占有的对象。"他反向地运用了对他所浪费的资源的否定。这样他不仅使他自己而且使整个人类的生存都陷入了矛盾的境地。后者于是变得模棱两可：它把价值、声望和生命的真理置于对财富的奴性使用的否定中，但是同时它却对这种否定本身进行了奴性的运用。"① 功能性挥霍的重要特点，或者说它与耗费的重要差异，就体现在这种对否定本身的"奴性的运用"中。这种奴性的运用，无疑是与耗费的自主性原则背道而驰的。

　　功能性挥霍不仅存在人类生活的古代形式，在现代人类生活中也时有所见。比如，在很短时间内迅速发家的富豪可以一掷千金，为社会公益事业或慈善事业慷慨解囊；在宴会的举办过程中，主人对宾客可以不计成本地盛情款待；在朋友之间宴饮聚会上，会有人主动做东，替大家付账，等等。他们都在一定程度上付出了物质性财富，又在有意无意间获得了社会性的地位与名望，或人们的尊重与好感。当然，这些活动，在发达的现代商品社会中，并不具有主导性的作用，或者说不是人类生活的主流模式，但是，它们毫无疑问是存在的。而且，根据桑巴特的研究，作为功能性挥霍的奢侈甚至与资本主义的发端有着莫大的关系。在前资本主义和早期资本主义时代的文化中都存在这样一个观念："体面只适合于花钱而不适合于挣钱。"② 资产阶级的胜利不过是物质主义的胜利，而成为社会上层人士的标志却最终并不是表现在拥有大量财富，而是表现在赋予奢侈以独特贵族特征的那种"只是为了炫耀和壮观而进行的消费"。③ 概言之，在现代社会，奢侈仍然保存了夸富宴中的那种功能性价值，它"仍然决定着展示者的地位，而没有展示，就没有地位的上升"。④ 就整个社会而言，它就体现为对于社会分层的功能性作用，富人和穷人、有产者和无产者的划分，正是依此展开。

　　对于这种功能性挥霍，巴塔耶在与功利性的占有和攫取相对应的意义上给予了认可，但是，这种认可是有保留的。从根本上说，巴塔耶对功能性挥霍仍然持批判性的态度。在功能性挥霍中，财富的奢侈使用总是会被赋予一

① Georges Bataille, *La part maudite, précédé de La notion de dépense*, Paris: Les Editions de Minuit, 1967, pp. 110 – 111.

② ［德］桑巴特：《奢侈与资本主义》，王燕平、侯小河译，上海人民出版社 2005 年版，第 18 页。

③ 同上书，第 116 页。

④ Georges Bataille, *La part maudite, précédé de La notion de dépense*, Paris: Les Editions de Minuit, 1967, p. 114.

种价值，在生产领域所失去的，将在其他领域重新获得。这并不是彻底的耗费。功能性挥霍显然是半途而废了，因为它虽然对物性进行了否定，但它最终并没有彻底摆脱自身活动的物性，也就没能把人从物的奴役中解放出来。

3. 社会历史的重新解读

耗费对物的意义的重新解读，转换了人类存在的根基。它为我们提供了一种重新看待人与物的关系，进而重新看待社会关系和社会历史的眼光。从耗费思想出发，必然涉及要对社会历史进行重新解读的问题。事实上，巴塔耶也的确建构了一套与以往不同的社会历史，对社会形态进行了崭新的类型分析。

巴塔耶并没有从生产的角度或者技术的角度对社会历史形态进行划分，而是依据其耗费思想另辟蹊径，从能量消耗的角度对不同的社会类型进行了分析和阐述。正如前文已指出的，在巴塔耶的划分中，社会历史主要经历和表现出了"耗费社会""企业社会"和"工业社会"等社会类型。"耗费社会"的代表，是古代墨西哥的阿兹特克社会和美洲西北部印第安原始部落的"夸富宴"现象。在这些社会中，献祭与战争、财富的摧毁与礼物的馈赠，都是为了纯粹的耗费。从总体上说，它们是人类社会的能量处于原始的无目的消耗状态的表现。"企业社会"的代表，是阿拉伯伊斯兰教的军事企业社会和西藏喇嘛教的宗教企业社会。在企业社会，人类社会的能量或资源不再像之前耗费社会那样处于无目的状态，而是建立了秩序，并依据这些秩序将能量消耗于一定的目的。伊斯兰教是将社会能量积聚和组织起来，运用于军事征伐；喇嘛教社会的运转方式则主要围绕宗教事业展开，将社会能量用于供养大量的僧侣。这两种企业社会，都对社会能量进行了积聚和经营，但其最终目的却是以军事或宗教的方式消耗这些能量。"工业社会"是宗教改革后的资本主义社会。它与天主教时期的中世纪欧洲社会相比有着很大的不同，这种不同主要表现在它不再消耗，而是一味从事积聚。经过宗教改革，僧侣和贵族不再居于社会中心而耗费社会能量，社会运转开始围绕工业化展开，占据中心地位的不是消耗而是生产资料的积聚。这种工业化，一直影响到1917年后新生的苏联。在巴塔耶看来，苏联社会与资本主义社会一样醉心于工业化的积聚；而在苏联的出现所造成的威胁之下，强大的美国却能通过马歇尔计划，主动消耗自身的过剩能量。可以认为，以战争与援助等形式主动消耗自身资源，正是美国强大起来的原因所在。

从耗费思想出发，巴塔耶在分析社会历史时所关注的不再是某一种起决定作用的社会因素，而是社会的整体性的能量运行，特别是能量的积聚与消耗以及消耗的具体方式。巴塔耶正是由此出发划分和阐述了具有各自能量运行方式的一系列社会类型。可以认为，他以这种方式"形成了政治经济学意义上的'普遍历史'"，令人耳目一新。① 实际上，这也是耗费概念在澄清自身内涵之后，必然对人们惯常熟悉的社会历史观念将会产生的影响。具体到关于社会历史的观念诉求，那就是要从以生产为根基的遵循辩证发展逻辑的线性历史观转换到以耗费为基础在类型学意义上被陈列的普遍历史观。

4. 物质性事实的自觉意识

巴塔耶耗费思想给人们的观念带来了多方面的冲击，这些冲击最终要落脚到对人的实际行为的影响上，因此，它必然要求一种有关耗费的自觉意识。

对于巴塔耶而言，耗费思想所涉及的是一种物质性事实。不管是在大自然能量循环的意义上，还是在人类社会内部的社会能量运行的意义上，能量的失去都具有其自身的必然性，这种必然性是不以人的意志为转移的。人类生命存在于宇宙间一个孤独的星球之上，会受到大自然的影响，却不会受人类的理性所制定的概念系统的限制。就人类自身的活动而言，耗费活动也总是会从人类建立的秩序，从人类所做出的保存努力的边缘显露出来。"组成人类生活的大量放任、流溢和暴乱的活动，能通过所谓的仅仅是始于系统的缺陷而表现出来；至少，它对于秩序和保存的认可，只有在这样的时刻才有意义，即被秩序化和保存了的力量以绝不屈从于人们可能作出说明的目的而释放和失去。"② 显然，相对于人类建立秩序和进行保存的努力来说，耗费所依据的是更为普遍的能量运行。这种层次上的差别，使耗费不可能受制于人类的限制，相反，人类的有限世界却必须服从于耗费的普遍规则。

耗费不仅具有必然性，不受人的意志左右，而且具有普遍性，人的生存总是要身处其中。"事实上，在最普遍的意义上说，不管孤立的，还是在群体中的，人类的生存总是处于耗费的过程之中。"③ 根据前文所概括的巴塔耶对于耗费现象的描述，显然，无论是对人类具体活动的经验观察，还是对社

① 张生：《从普遍经济到普遍历史——论巴塔耶普遍经济学视野中的世界历史形态》，《江苏社会科学》2009 年第 4 期，第 96 页。

② Georges Bataille, *La part maudite, précédé de La notion de dépense*, Paris：Les Editions de Minuit, 1967, p. 43.

③ Ibid. , p. 44.

会历史类型和人类精神机制的分析，都呈现了耗费在人类生存过程中的普遍存在。而且，与人的生存紧密相连的耗费状态，具有非逻辑性和难以抵制的冲动性，人们无法以理性的方式去利用它或驾驭它。如果人类对自身的理性始终持盲目的自信和骄傲，如果人类一味追求自身的有限目的，追求所谓财富的积聚，而无视耗费所具有必然性与普遍性，那么耗费仍然会以战争、革命、经济危机等方式进行。这些耗费的方式对于人类而言将是灾难性的。"不理解丝毫不能改变最终的结果。……它尤其给人类和他们的工作以灾难性的毁灭。"① 如果不能自觉地认识耗费、理解耗费，那么，最终不可避免地付出代价、承受灾难性后果的，只可能是人类自身。

在巴塔耶看来，面对耗费问题，虽然理论是可以阐述清楚的，解决问题的方案是可以被明确界定的，但是，真正要解决问题，要把基于理论阐明而制订的方案实施起来，却是困难的，让人难免泄气的。巴塔耶说："必须毫不犹豫地提出一个原则，依靠人，也只能依靠人，才把不幸解除。但是，如果导致不幸的运动不能清楚地呈现在意识中的话，这是不可能做到的。"② 巴塔耶认为，只有当人们意识到耗费时，人们才能够避免由能量过剩所导致的灾难性后果。但是，目前人们一般所能想到的，却只是诸如"提高生活标准"这种不着边际的回答。这种对真相的不自觉的回避，反过来确证了他们对真相的无知。人们习惯了严格的思维，而在巴塔耶看来，也只好依靠这种思维才能使人类慢慢地接近真相。对巴塔耶来说，最根本和最深刻之处还是在于对意识的关注，因此，他从一开始关注的就是"自我意识"，而人类最终会通过清晰的历史视野形成这种自我意识。

至此，我们看到，巴塔耶耗费思想的提出归根到底是针对着意识的。耗费思想的目的，是使人觉醒。巴塔耶通过提出耗费思想，为现代世界提供了一副精神上的"解毒剂"。这是巴塔耶的理论贡献，但同时也是他的理论缺陷。当我们将巴塔耶与马克思的思想进行比较时就会发现，后者立足于现实，作为"革命的观念"为实际发生着的实践运动提供了具体可行的指导思想；前者却事实上还是停留在意识层面进行所谓"观念的革命"，而其理论思考看起来并不具有实际的可行性和可操作性。

---

① Georges Bataille, *La part maudite*, *précédé de La notion de dépense*, Paris: Les Editions de Minuit, 1967, p. 62.

② Ibid., p. 79.

第三章　巴塔耶耗费思想蕴含的
经济哲学维度

耗费思想与经济哲学问题直接相关，一方面，耗费对物的意义的重新解读，是对传统经济学理论根基的彻底颠覆；另一方面，巴塔耶对耗费必然性的论证，也是从经济哲学的层面进行的。这主要体现在他有关普遍经济学的理论阐述中。借助于普遍经济学，巴塔耶对西方传统经济学完成了一系列重要的修改，特别是对其资源匮乏预设、理性经济人假定等前提进行了犀利而有力的解构。

一　普遍经济学：耗费的经济哲学论证

从经济哲学维度解读耗费思想，必须把握它与"普遍经济学"的紧密联系。事实上，回顾巴塔耶耗费思想发展的历程可以发现，巴塔耶早期提出耗费时，只强调它是一种"物质性事实"，希望人们认识到它并自觉顺应它，但是却缺乏充分的理论论证，因而更像是一种断言。直到后来，随着"普遍经济学"的提出，如何进行理论论证的问题，才在很大程度上得到解决。普遍经济学的提出，为耗费提供了一个较为有力的理论支撑。这也是为什么他的《被诅咒的部分》在英译本中都被冠以"普遍经济学"的副标题。

普遍经济学并非通常意义上的一种经济学学说，而是一种独特的经济哲学。就普遍经济学而言，它其实并不是一套严密细致的理论体系，我们从中几乎看不到经济学一般会有的那些概念推理、运算公式和理论模型等内容。事实上，在全部有关普遍经济学的笼统而简要的阐述中，巴塔耶只是在努力表达他的一种独特的视角、观点以及由此发现的能量运行的规律。因此，严格来说，普遍经济学不是经济学，而是一种哲学。概言之，普遍经济学的重点，在于"普遍"二字，即旨在倡导一种宏观的视角，从宇宙整体或大自然的能量运行整体出发来考察人类的生命活动。

普遍经济学最重要的作用，对于耗费而言，就在于实现了从个体到整体、从个别到普遍的视角转换。试想，耗费究竟如何可能呢？耗费主张不要积累、占有，不要执迷于生产，但是，现代资本主义社会却恰恰是以资本增殖为核心、竭力追求财富和利益最大化的社会。这样的情况如何逆转，人们又如何能"免俗"呢？在巴塔耶的思想中，解决问题的第一步，就是要让人们摆脱从个体出发去追求私利的思维定式。然而，这一步无法凭空迈出，只有通过普遍经济学的经济哲学论证才有可能完成。从巴塔耶的理论阐述来看，普遍经济学也确实能完成这一论证。一旦我们能够接受了普遍经济学的理论观点，不从孤立的个体而从普遍的整体出发，不从资源稀缺的妄念而从物我齐一的超然出发，那么，人也就没有必要对物进行充满紧迫感的攫取和占有了，人与物的关系也自然就会失去生产性和功用性，而只剩下自由随性的"耗费"了。

耗费需要以普遍经济学作为重要的理论支撑，普遍经济学也在很大程度上实现了对耗费必然性的一种理论阐释与逻辑论证，并且，在这个过程中，普遍经济学事实上不仅完成了对耗费的论证，同时也展开了对资本主义经济理论与经济运行机制的深刻批判。普遍经济学所传达的这种"普遍"的观点，既是对作为有限经济学的西方主流经济学的批判，或者说是对西方经济思想自产生以来就带有的有限性的批判；同时，它也是对现实的资本主义经济的批判，特别是批判其以工业为基础的对自然的攫取、对他人的压榨和对生产的执迷。普遍经济学所包含的这些批判，是思想正面阐述自身时必然涉及的对反面障碍的克服，因此，只有完成了这些批判，耗费思想才能应对现实情况带来的困惑，才能具有现实性并真正成立。对耗费必然性进行逻辑论证的合理性维度与对资本主义经济理论和经济制度进行颠覆的批判性维度，两者同时并存，构成了巴塔耶经济哲学思想的复调式旋律，也使普遍经济学呈现出内在思路的不够自洽和理论意旨的不彻底性。

二　普遍经济学的主要内容

1. 普遍经济的含义

在日常的经济活动中，我们关注的是更换一个汽车轮胎、耕种一个葡萄园等十分有限的实践，但是，这种有限行为的诸多要素其实是与世界上的其他要素相互影响的。人们似乎无须考虑整体就能完成某项有限的实践，而当我们考虑诸如国家的汽车产业这样的宏观经济行为时，情况就会有所不同。进而言之，当我们考虑整个生态系统，甚至整个宇宙的能量循环时，情况又会有所不同。不同于关注具体生产活动的微观经济学，巴塔耶提醒我们应该关注一种超宏观的经济，这就是普遍经济学要研究的普遍经济，也就是整个地球上的能量循环，而不是某一项具体的财富生产。

人类不能坚持从自身的有限经济出发控制世界，而应该自觉体察普遍经济的存在。简言之，巴塔耶试图完成的，是彻底颠覆以往的全部经济原则，他要实现经济学领域的"哥白尼式的革命"，实现从有限经济学到普遍经济学的范式转变。普遍经济学所关注的是最宏观意义上的宇宙能量循环，而随着工业的发展和生产的社会化、全球化，人们将越来越清晰地意识到这一能量循环的存在。人们依赖于这一能量循环，就应该自觉地顺应这一能量循环。如果一味坚持那种狭隘的更换轮胎式的技工心态，并从这种狭隘的心态出发企图控制宏观世界的能量循环，人类将只能迎来悲剧性的结局。

从宏观层面的能量循环出发，巴塔耶强调了一个基本事实，即自然的奢华和生命的浪费。在地球表面的能量活动中，有机体所摄入的能量通常超出了维持生命之所需，如果它不再能够成长，或能量不能在成长中被吸收，那么不管愿意与否，不管是以何种方式，这些过剩能量都必定要丧失。与此类似，在社会经济层面，经济体同样总是会尽可能地将过剩能量用于自身的扩张和增长，但是，任何增长都是有限制的，在增长触及此限制而达到极限时，它就不得不将过剩的能量消耗掉。这种消耗，可以是自觉的给予，比如无偿援助，也可以是灾难性的毁坏，比如战争，但无论如何，它都必须是不求回报的非生产性的耗费。

基于普遍经济理论，人们应当自觉树立耗费的观念，不从局部的特殊利益出发殚精竭虑地谋求攫取和占有，而从宏观视角出发顺应天地万物的整体运行，并在必要的时候，即增长达到一定界限的时候，主动散失过度积聚的能量或财富。这时的主动消耗，属于积极的选择；而如果执迷不悟，等待着的将是危机，是毋庸置疑的消极结果。巴塔耶以普遍经济理论为基础，形成了对于社会危机和经济危机的独特解释。他以有机体的能量过剩为基本理论模型，将小至一头牛，大到一个国家进而整个世界，都作为这样一种自足封闭的系统来看待，而每当达到能量过剩状态，危机也就随之来临了。巴塔耶认为，20 世纪上半叶充满战争与动乱的历史，其实是工业活动剧增的结果，他说："过量的工业是最近的战争特别是'一战'的起源，这个观点有时遭到否定。然而，这两次战争流出的，正是这种过量；这种过量的规模赋予战争以非凡的强度。"① 在他看来，两次世界大战的爆发，就是与 19 世纪以来的长期和平和工业化发展有关，那一百多年的和平与工业化积累了巨大能量，无法及时消耗，而可用以缓解能量压力的增长的速度又不能与之相称，于是，系统便采用了战争这种最为奢华、最为便捷，同时也能最大限度消耗过剩能量的形式来寻求新的平衡。对于任何个体和群体来说，增长总是一种本能的和必然的趋势，巴塔耶认为，限制总是会到来的，能量的消耗问题也必然要面临，而由此带来的系统失衡总是会经常性地发生，所以，系统总是要处于一种平衡与不平衡的交互运动的动态过程之中。

2. 普遍经济的法则

在提示了普遍经济的基本含义，界定一种独特的宏观视野之后，巴塔耶进一步阐述了普遍经济的基本法则。这些法则，是对生命能量运行过程的全景式呈现，它包括两个方面：

（1）增长的限制。巴塔耶首先观察了能量在有机体身上的体现。他从有机体的生长规律着手，发现它们可支配的能量，不限于维持生存，还用于生长和繁殖。动物总是要求过剩的能量，这样就不仅能保证其生存，以及一般生命活动，还能确保其生长。如果它不做过多的运动，能量的积累就会逐渐使它的体重增加，使其生长。到达一定阶段时，生长会减缓，过剩的能量就会转化为性成熟的骚动，而生殖活动则意味着有机体从个体生长到集体生长的一种转换。

---

① Georges Bataille, *La part maudite*, *précédé de La notion de dépense*, Paris: Les Editions de Minuit, 1967, p. 63.

焦距进一步拉伸，视野进一步变大。巴塔耶接下来关注的，是整个地球表面的能量状况。他认为，太阳是生命蓬勃发展的源泉，"太阳辐射使地球表面产生过多的能量"。[①] 地球表面的生物接受了这些能量，依前所述，不断生长，并在达到增长极限时，出现能量的过剩与浪费。对于个体或某一群体而言，这个限制来自其他个体或群体；对于整个地球表面而言，地球空间的规模，则是对全部生物自然总量的限制。能量在有机体间的运行，如气体或水流般，随形就势，随处扩展，然而，地球空间却像一个既定的容器，源自太阳的生命能量不断增长和积聚，最终结果，只会不断增加容器内的压力。

　　空间是生命的基本界限，生命占据所有可能的空间，空间条件决定了生命能量的压力强度。生命增长的压力将会产生两种效应：一是扩展；二是浪费或奢华。扩展是生命能量所占据的空间随着压力增强而变大，它是生命压力的形象化表现；作为生命压力的结果，它也是人们对生命压力的最初感知途径。巴塔耶举了"斗牛赛"的例子：如果很多人想来看斗牛，斗牛场就会显得太小，座位不够用，就会有人爬到外面的树上和路灯柱上。生命能量所占据空间的扩展，就如同观赛者从斗牛场向外面的树上和路灯柱上的蔓延。这是比较常见的情况。但是，也有可能发生另外一种情况，那就是由于空间位置的缺乏，发生了一场战斗，有人丧生了，那么，相对于座位而言，人数的压力就减小了。这是压力产生的第二种效应：浪费或奢华。巴塔耶对这种效应更为关注，因为它包含着最为多样的形式。在这些形式中，最特别的就是死亡，正是死亡使生命的更新和生长获得了空间。死亡所留下的空间，不是扩展了的空间，而是旧有的空间，其总量是维持不变的。巴塔耶说："我坚持这样一个事实，不存在普遍的增长，只存在各种形式的能量的奢华浪费！大地上的生命的历史主要是某种狂野的茂盛的结果：决定性的事件是奢华的发展和日益昂贵的生命形式的产生。"[②] 显然，地球表面的自然生命历程，不是以一味地增长，而是以经由死亡完成的新陈代谢为主要形式的。

　　（2）奢华的类型。生命能量在达到增长的限制后，就会以各种形式进行奢华的浪费。在自然界，这种奢华主要有三种形式：吃、死和性。首先是"吃"。一个物种吃掉另一个物种，是最简单的奢华形式。在自然界的食物链

――――――――――

① Georges Bataille, *La part maudite*, *précédé de La notion de dépense*, Paris：Les Editions de Minuit, 1967, p. 67.

② Ibid. , p. 71.

中，越简单的生命形式，比如绿色微生物，作为生命能量需要占据的空间越大，而动物作为生命能量则密度更高，进化更为缓慢，同时，动物开始对其他生命形式进行劫掠吞食，这无疑是能量的巨大浪费的表现。巴塔耶谈到英国诗人威廉·布莱克（William Blake）的诗作《虎》，其中写道："是遥远的天穹中的熊熊的烈火/点燃你的眼睛？"巴塔耶认为，那"遥远的天穹中的熊熊的烈火"指的就是太阳，太阳是地球表面的能量之源，它的炽热燃烧，使地球表面呈现出生命的繁荣。老虎则代表了地球表面生命能量逐阶进化的高端，它处在可能性的极限处，体现了消耗生命的巨大力量，"在生命的普遍欢腾洋溢中，老虎处在激昂的极点"。① 正是这一点，给了诗人强烈印象。其次是"死"。死亡是所有生命的奢华中最为昂贵的。上述劫掠吞食有时也会导致死，但是，更为根本的是，死无论如何都是注定的和无法避免的。"它不断腾出必要的空间以备新生儿的降临，而我们却诅咒它，没有它，我们就不能存在。"② 最后是"性"。性，是对个体生长的超越，经性生殖产生的是与原有个体明显不同的个体，同时，高级动物的性活动又总会表现为超出繁殖需要的能量的肆意浪费。性的奢华和死的奢华一样，都是对自我的否定。这也是我们诅咒或逃避它们的原因。总之，吃、死和性，都是重要的奢华，它们确保了能量的剧烈浪费，同时，它们都意味着个体生长中止，而转换为非人格化的生命的生长。

人的奢华，也受上述生命的普遍活动的调节，但它发展出了不同的手段：劳动和技术。劳动和技术打开了人的生命的新空间。技术可以扩展生命的限度，保障人口的增长，这在 19 世纪的欧洲得到了最好的表现。虽然技术的发展和工业增长为剩余能量提供了更大的空间，但是与此同时，这种状况反过来又会造成更大幅度的增长和积聚。到达一定程度，扩展将会被奢华抵消，巨大的浪费必然发生，两次世界大战就是例子。结合这些论述，巴塔耶指出，以和平和工业为基础的发展遇到了极限，于是，"两次世界大战将有史以来的最大的放纵式的财富献祭和人的献祭组织起来"。③ 此后，社会发展开始更多地呈现出消费社会的特点，生活标准普遍提高，越来越多的人受益于非生产性服务。这样一来，人不仅依靠劳动和技术将增长扩大到既定界

---

① Georges Bataille, *La part maudite*, *précédé de La notion de dépense*, Paris：Les Editions de Minuit, 1967, p. 72.

② Ibid.

③ Ibid. , p. 75.

限之外，而且，从根本上说，"人在所有生物中最适于强烈地、奢华地消耗生命压力为在其运动中与太阳之源一致的燃烧而提供的过剩能量"。①

　　基于从自然界到人的奢华表现，巴塔耶强调无须回报的耗费的重要性，强调应该从"特殊"的观点转换到"普遍"的观点。这种认识，与我们所习惯的常识相反。在我们习以为常的观念中，人们总是从自我出发、从对有资源的审慎考虑出发看待周围的事情，战争只是异己的、与人类意志相悖的东西，生活标准的提高也不具有奢华的性质。巴塔耶却认为，人们之所以担心、害怕并且拒绝挥霍活动，是因为人们坚持着特殊的观点。特殊存在由于感到资源匮乏，总是甘于屈从，从而带有奴性；普遍存在却是资源过剩的，由此出发首先会想到的是增长的极限以及由剩余而引发的耗费。巴塔耶举了印度的例子，他认为，印度的贫困与美国的富庶之间会形式一种不平衡的压力，按普遍经济学的观点，美国的财富应当不求回报地向印度转移，在目前的道德状况下，这当然不可能，但是，至少还可以通过提高全球生活标准来吸收美国的剩余能量。巴塔耶希望，人类的自我意识能够领会普遍经济学，按普遍的观点规划人类社会的生活，自觉而主动地从事财富转移或能量耗费。

　　巴塔耶没有让"普遍经济学"停留于抽象的理论思辨层面，而是用诸多历史事实进行了阐明，从历史角度分析了奢华的各种社会类型及其运行机制。在《被诅咒的部分》的《Ⅰ耗费》中，巴塔耶先后讲述了阿兹特克部落的献祭与战争以及北美太平洋沿岸原始部落的夸富宴、伊斯兰教和喇嘛教、资本主义的起源和宗教改革以及资本主义世界、苏联的工业化和美国的马歇尔计划等。在这一系列标题之下，巴塔耶考察了占据人类活动大部分领域的宗教、军事等非生产性的活动，而这些活动，也都是奢华的具体体现。无论是直接进行献祭或财富摧毁的阿兹特克部落和北美太平洋沿岸的原始部落，还是以军事征伐消耗社会能量的阿拉伯伊斯兰教社会，或者以宗教供奉消耗社会能量的西藏喇嘛教社会，它们的社会运行机制都可以从普遍经济学的角度得到理解，特别是古代部落代表的耗费社会和喇嘛教代表的宗教企业社会，更直接顺应了普遍经济学法则的要求。只是随着资本主义社会的诞生，人类社会才以工业发展的方式容纳了越来越多的能量，但是，这种对能

---

①　Georges Bataille, *La part maudite*, *précédé de La notion de dépense*, Paris: Les Editions de Minuit, 1967, p.76.

量的积聚并非没有极限，适时而主动地以奢华的方式释放过剩能量是维持社会平衡和持续发展的明智选择，马歇尔计划就是这种选择的代表。在他的其他相关作品中，巴塔耶更是关注了色情、诗歌、文学艺术等一系列不能用经济价值计量的人类经验，这些经验是在个人身上消耗能量的奢华表现。对于这些经验，我们不应该用资本主义的价值观和思维方式去判断和衡量，而应该从普遍经济学的角度看到其作为生命能量释放渠道的必然性，看到其作为奢华类型的重要意义。

总之，巴塔耶阐述了各种奢华的类型，这些奢华的类型是耗费的具体体现，而从普遍经济的法则看来，它们又是自然界和人类社会能量运行的必然结果。以这种方式，巴塔耶将耗费与普遍经济学理论紧密地结合在了一起，同时也实现了对耗费必然性的有力论证。

三　普遍经济学包含的四个转换

巴塔耶的普遍经济学彻底颠覆了传统经济学的基本观念。用他自己的话说，这是一次"哥白尼式的变革"。① 然而，这一"哥白尼式的变革"究竟是如何实现的？巴塔耶的经济哲学思想从中又暴露出了什么样的特点呢？我们将追根溯源地探究其思想发生的内在逻辑，发掘构成这一变革的核心要件，并在此基础上揭示巴塔耶经济哲学思想的缺陷与价值。相对于传统经济学，普遍经济学意味着一系列重要的理论转换。通过对比和概括两者思想内容的差别，我们可以将这些转换集中提炼为四点：

1. 从物质财富到生命能量

巴塔耶的普遍经济学包含着一种看待世界万物的独特视角，即透过事物具体形态的多样性而将其一概视为能量的体现。正如丹麦学者阿斯格·索文森指出的："从一开始，巴塔耶的视角就意味着一种置换，因为这样的一种理论视野不仅意味着物质资源乃是有用的事物或商品，也是可以被获得的能

① Georges Bataille, *La part maudite, précédé de La notion de dépense*, Paris: Les Editions de Minuit, 1967, p. 64.

量的基本形式：'从本质上说，财富就是能量，而能量是生产的基础和度量。'"① 与传统经济学着眼于具体的有用之物或物质财富不同，巴塔耶是从"能量"或"能量流"的视角来看待世界万物的运行的。这一点实现了相对于传统经济学理论视野的重要转换，因此也是普遍经济学不同于传统经济学的根本起点。

需要说明的是，巴塔耶的普遍经济学由此出发的"能量"，并不是数学的和物理的能量，而是生物的和生态的能量。它涵盖了从太阳到植物、动物以至人类的全部领域；无论是阳光的照射还是人类内心的情欲冲动，都是这种能量的体现。显然，它不是单纯地以"牛顿"为度量的力量，或以"瓦特"为度量的电量，而毋宁说是一种生命能量。在这种生命能量的视角之下，世界万物都具有了共通性和流动性，并结合成了一个有机的、运动着的整体。

从物质财富转换到生命能量，意味着横贯了具体的物质形态，这是将经济学"普遍"化的前提。正是从这个前提出发，巴塔耶才得以进一步阐述普遍经济的基本法则。这些法则包括"增长的限制"与"奢华的类型"两个方面，前者涉及从局部的、有限的视角向整体视角的转换，后者涉及从匮乏预设到过剩事实的转换。它们共同组成了对生命能量运行进程的全景式呈现。

2. 从局部视角到整体视角

巴塔耶提醒我们关注的是一种超宏观的经济，这就是地球上全部的能量循环。在日常经济生活中，我们关注的通常是某一项具体的财富生产或围绕某一具体目标的有限实践，而无须考虑整体的背景，尽管这种有限的实践其实是与世界上的其他要素相互影响的。只有当我们考虑宏观经济，进而考虑整个生态系统甚至整个宇宙的能量循环时，我们才会发现自身的狭隘。着眼于最宏观意义上的、整体的能量循环，这正是巴塔耶普遍经济学的另一个重要特点。

这种宏观的整体性视角与传统经济理论的局部性视角显然不同。在传统经济理论指导下，人们进行的往往是一系列攫取利益和增长财富的操作性实践。这些实践从特殊立场出发，为特定目的服务，只关注有限范围内的经济

---

① ［丹］阿斯格·索文森：《论巴塔耶的普遍经济学》，李剑译，《国外理论动态》2012 年第 2 期，第 17 页。

运行，而忽略其对于宏观能量循环的依赖性。然而，这种依赖性毕竟是客观事实，对它的忽视可能带来灾难性后果，这些后果又只能由忽视它的人类来承担。巴塔耶对人类的未来充满警觉和危机意识，他多次指出，必须自觉认识到整体能量循环的趋势和要求，特别是要与传统经济理论相对立而强调增长的限制和丧失的必要。

3. 从匮乏预设到过剩事实

正是基于整体的能量循环，巴塔耶指出了奢华的必然性和多样性。这些奢华归根结底是能量过剩的表现，它们强调的其实就是能量过剩的事实。

众所周知，资源的稀缺性以及以最少消耗取得最大效果的愿望，是经济学作为一门独立科学产生和发展的原因。然而，巴塔耶却针锋相对地指出，传统经济学的匮乏预设隐瞒了一个基本事实，那就是"大地上的生命"是茂盛的，人类总会创出不仅满足需要而且过剩的财富。至于总量过剩之下的个体匮乏，则往往是剥削和不公的结果。"人们认为，至今愈甚的是，世界是贫乏的，我们必须劳动。……有相反的观点坚持认为，处境的不平等使我们不能察觉到在皮特这里缺乏的正是在保罗那里多余的。"① 社会发展史也表明，造成匮乏从而让人们产生忧虑的，几乎都是社会性的根源。尽管维持生存是基本需要，但社会结构却不是因此而被构建的，相反，为了获得声望挥霍过剩产品的需要才更值得关注。从整体上看，耗费，而不是生产，才在人类生存方式的塑造中占有最主要的地位。作为一种观念预设，匮乏其实是错觉，它像"地心说"一样服从于狭隘的、直接性的认识，服务于一种被设计出来的、充满危机的社会运行机制。

4. 从普遍经济到普遍历史

巴塔耶没有止步于作为整体能量循环的"普遍经济"，而是推而广之，考察了整个人类历史。他认为，正是对过剩能量的不同耗费方式塑造了不同的社会结构，进而形成了人类文明的历史。

巴塔耶主要用"耗费社会""企业社会"与"工业社会"三种社会类型概括了以往的历史。对于这三种社会类型，我们在第二章梳理"耗费的现象"和"耗费思想内蕴的观念诉求"时已经有所讨论，这里我们将侧重于揭示巴塔耶考察社会历史时的普遍经济学视角而进行补充性的概述，从中我们可以看出，人类历史其实也可以被理解为耗费不断被遮蔽的历史。

---

① Michael Richardson, *Georges Bataille*, London and New York, Routledge, 2005, p. 96.

在耗费社会，如古墨西哥的阿兹特克人和美洲西北部的印第安部落，耗费之重要犹如当今的生产，他们在宗教性的献祭和战争的牺牲中实现向太阳神的回归，形成使太阳持续发光发热的能量回路。

　　在企业社会，如伊斯兰教和喇嘛教，人们不再以原始的耗费直接向普遍性的存在回归，而是被组织起来朝某个固定的方向运作并以此达成结构性的稳定。伊斯兰教是军事企业社会，"它从一开始就走上了占有、征服和计算性花费的道路，这些是以增长为目的的。"① 社会内部的能量被整合起来用于对外扩张，扩张获得的新能量又被整合，由此形成越来越庞大和快速的增长，整个社会变成了秩序井然又令人生畏的军事机器。与伊斯兰教不同，喇嘛教形成的是宗教企业社会。它将社会的过剩能量用于供奉僧侣，根据1917 年的财政数据，"寺庙的开支基本上是政府开支的两倍，是军队开支的八倍"。② 这种寺院制度在社会无法扩张的情况下维持了系统的稳定。

　　在工业社会，中世纪的静态平衡已经被打破，生产不再服务于神权和王权，经济世界取得了独立性，追求私利的动机推动了经济增长机制的普遍展开。劳动虽然被新教认为是拯救的证明，但它作为对物的追求在很大程度上反而导致了自我疏离与放逐。生产主导阶段的资本主义殚精竭虑地谋划财富的积累，消费主导阶段的资本主义用消费取代了之前的吝啬，但这种消费只是为了维持资本持续运转服务的。概括这两个阶段，财富的积累导致了持续的增长，消费的主导又在一定程度上维持了动态增长的平衡。这种消费从功能上说近似于以往的献祭或奢华，换言之，资产阶级在对物无保留地投降中所错失的不是耗费，而是超越自身局限性的自觉。

　　巴塔耶特别关注了"苏联的工业化"和"美国的马歇尔计划"，并指出："马歇尔计划成功地赋予当代冲突一种面貌：原则上不是两种军事力量的霸权之争，而是两种经济方式之争。马歇尔计划以一种过剩结构反对斯大林计划的积累结构……"③ 但是，如果没有苏联的威胁也不会有马歇尔计划，是苏联迫使世界作出了改变。巴塔耶由此认为，只有战争的"威胁"能改变世界，促使资本主义和平进化。如果战争威胁能敦促美国提高全球生活标准，以经济活动而不是战争本身作为过剩能量的出路，那么人类就能和平解

---

① Georges Bataille, *La part maudite*, *précédé de La notion de dépense*, Paris：Les Editions de Minuit，1967，p. 128.

② Ibid.，p. 142.

③ Ibid.，pp. 206 – 207.

决面临的普遍性问题。巴塔耶进而描绘了一个"动态和平"的人类未来图景。

至此,普遍经济学不仅横贯了物质形态,确立了甚为宽广的视域,指明了能量过剩的事实和耗费的必然性,而且还从不同能量运行方式的角度提供了看待整个人类社会历史的崭新视角。

四 巴塔耶经济哲学思想的批判性维度与合理性维度

普遍经济学作为一种新理论的提出,必然伴随着对旧有理论观点的克服,以及对现存经济制度的重释,这使它表现出强烈的批判性;但从理论建构的角度说,这种批判性又是不彻底的,它仍然包含着对合理性的追求。我们要透彻理解普遍经济学,就必须同时对这两个方面作出完整的把握。

1. 批判性维度:理论颠覆与制度反思

巴塔耶通过普遍经济学实现的理论转换,其实就包含着对作为"有限经济学"的西方传统经济理论的颠覆。他指出:"经济活动,从整体上看,是以个体运行的方式被设计的,这种个体的运行只具有有限的目的。……经济科学只是满足于将这种孤立情境推而广之,……却未考虑到没有任何特定目的限制的能量活动。"① 无疑,专注于物质财富、受限于局部视角、以匮乏为预设以及将经济领域孤立看待,这些都是对有限经济学的指认。而普遍经济学的四个转换,就是在这些指认的基础上作出的。当完成了转换而从普遍经济学反观时,人们就会意识到视野和目的的有限其实包含着深刻的危机。有限经济学还把生产摆在突出位置,似乎只有通过生产,才能不断增加财富,满足欲求。然而,巴塔耶提出的质疑是,生产活动真的发挥作用了吗?即使在生产活动中,资源又是怎么被创造出来的呢?事实上,这只是一种"生产主义"意识形态的虚妄观念。生产无非是能量从自然界向人类社会的转移以及在人类社会中的积累,而过度的能量积累却正是现代社会日益严峻的危机

---

① Georges Bataille, *La part maudite*, *précédé de La notion de dépense*, Paris: Les Editions de Minuit, 1967, p.61.

的根源。

相对于西方传统经济学而言，普遍经济学显然是一种异质的观念。传统经济学不考虑普遍经济，普遍经济学也无法将能量过剩问题纳入有限的计算中。这就使普遍经济学所要求的观念更新带有了激进色彩，人们无法向普遍经济学"过渡"，而只能"跳跃"。这一方面反映了普遍经济学的革命性；另一方面也让人为其现实性担忧。当然，作为一种经济哲学，与现实的可行性相比，意识的觉醒和观念的转变或许才是普遍经济学的根本目的。

普遍经济学还包含着对资本主义经济制度的反思。资本主义取消了西方中世纪那种以奢华为主要表现的非生产性耗费，资本即"能生钱的钱"开始起决定作用。《新教伦理与资本主义精神》中曾引用了富兰克林的话说："金钱天生具有孳生繁衍性。钱能生钱，钱子还能生钱孙，如此生而又生。……手头的钱越多，翻转孳生出来的钱就越多，所以获利也就节节高升，越来越快"。① 这段话被巴塔耶看作资本主义经济的实际指南。资本主义经济的发展大体分为两个阶段："生产—消费社会"与"消费—生产社会"。前者是生产起决定作用；后者则由于生产能力过剩，社会发展转而需要依靠消费来引导，整个社会都鼓励和诱导人们消费以维持资本持续运转和经济持续增长，然而从根本上说，这种消费主义社会只是生产主义的高级形态，人们在其中的消费活动并未脱离功利性原则和生产主义机制的束缚。②

从巴塔耶的观点看来，不管是生产主导还是消费主导，资本主义都没有改变有限经济的性质。它从特殊观点出发对资源进行充满紧迫感的占有，塑造出日益物化的人性，最终呈现出重大的价值偏失。其一，资本主义生产在将自然界的能量迅速注入人类社会后，给人类社会带来了严峻挑战。人类社会必须继续发展科学、革新技术，以扩大承纳这些巨大能量的空间，使压力得到缓解，然而一旦技术维系的增长无法持续，这些能量就必然丧失，并且往往是以灾难性的方式丧失。巴塔耶曾明确指出，技术维系的增长是无法永续的，能量的制度化过剩及其灾难性爆发在所难免。其二，资本主义经济制度还造成了人为物役的状况。早期阶段，人们为了生产而克勤克俭，在资本

---

① ［德］马克斯·韦伯：《新教伦理与资本主义精神》，康乐、简惠美译，广西师范大学出版社2010年版，第25页。

② 何怀远：《发展观的价值维度："生产主义"的批判与超越》，社会科学文献出版社2005年版，第5—17页。

面前卑躬屈膝，直接表现为对物的奴性；晚期阶段，在对商品的肆意消费和快乐享用中，人貌似凌驾于物之上了，然而，事实上各种虚假消费、超前消费主宰了人生乐趣，消费主义的意识形态借助发达的文化工业渗入人们意识深处，完成了对日常生活世界的深度殖民，人被资本运行的庞大机器全面绑架了。巴塔耶继马克思之后对此提出了一针见血的批评："资本主义在一定意义上说是毫无保留地自暴自弃于物，而不在乎后果，也不考虑物之外的东西。"① 换言之，资本主义只是解放了物，它确立了物的独立性，让物自行运转，发动了物的狂欢，最终形成一个由无限繁衍的物主导的世界。这就是资本主义经济制度所造成的全部现实。

可以认为，普遍经济学的提出是一种对现存秩序的挑战。巴塔耶在构思一种新型经济，它不以物质占有为目的，而与大自然相协调、与天地万物相顺应。尽管这并不具有实际可操作性，但却能够为人们提供一种全新的视野，并引导人们在力所能及的范围内作出改变。

2. 合理性维度：理论缺陷与务实启发

普遍经济学既有理论上的贡献，诸如综合或贯通了经济学、生物学和人类学等学科的分野，颠覆了人们根深蒂固的传统观念等，也存在着内在的理论缺陷。这种缺陷主要并不在于它显而易见的空想特点。已经有学者指出：巴塔耶与傅立叶的空想社会主义，而非传统马克思主义，有着更多的一致性。② 但是，空想理论也具有批判性价值。普遍经济学的真正缺陷在于它对合理性的不自觉遵循甚至追求，因为这在理论建构上造成了难以遮掩的瑕疵；当然，从另一方面来说，这使它能从务实角度为我们思考当代社会生活提供启发。

其一，普遍经济学的合理性追求与巴塔耶的整体思想并不相融。从总体的思想倾向与内容来看，巴塔耶并不是一个追求合理性的思想家。不仅他自己一贯以锤炼"反哲学"为己任、矢志探索"非知"的内容，而且也常常被后人称作"法国后结构主义的先驱"。综观他的大量作品，其中大部分都是诉诸感性体验而非理性思辨。然而，普遍经济学却由于包含着合理性维度而与这种整体风格呈现出了不一致性。

---

① Georges Bataille, *La part maudite*, *précédé de La notion de dépense*, Paris：Les Editions de Minuit, 1967, p. 172.
② Shannon Winnubst ed. , *Reading Bataille Now*, Bloomington and Indianapolis：Indiana University Press, 2007, p. 36.

这在理论要点之间的关系上，体现为手段与目的的背离。作为对耗费的经济哲学论证，普遍经济学是应当与谋划、理性的思虑相对立的，这样才能主张纯粹的给予或失去、主张人从物性之中的解脱、主张人的有限自我的消融和最终达到"物我两忘"的境界。然而，事实上，普遍经济学为了实现这一论证，进行的却是以缜密的方式展开的理性的思考。它所完成的四个转换，虽然具有颠覆性，静观之下却呈现为一种要求法则和因果必然性、总之是要求合理性的宇宙图景。也就是说，它为了论证个体或局部的耗费这一非理性的现象，而在宏观层面勾画出了一个具有合理性的宇宙图景。归根结底，普遍经济学并没有与理性决裂，它只不过是将局部的合理性要求转换成要求宏观层面的整体的合理性罢了。简言之，是将"有限"理性转换成了"普遍"理性。

　　就理论论证本身而言，也出现了局部层面与整体层面之间的偏差。在将合理性的要求从局部转换或提升到整体之后，普遍经济学以整体层面的合理性反观了个体或局部层面的不合理性。然而，这种整体主义的论证逻辑只具有智识上的指示性，却无法真正说服个体或局部去服从整体的要求，承担整体的责任。现实生活中并不缺少专注于一己私利而罔顾整体责任的人与事，它们就像在践行法国国王路易十五的那句名言：我死后，哪怕洪水滔天。对于这样的例子，普遍经济学所提出的关于灾难性后果的警示，恐怕是相当无力的。

　　遵循合理性的最终效应，是将批判理论转化成了危机理论。作为普遍经济学社会历史考察的结论，巴塔耶提出了关于资本主义"和平进化"和人类社会"动态和平"的观点，这在一定程度上弱化了批判性而引入了务实的考虑。由于其空想的特点，这些务实考虑还不足以形成针对现实社会发展的建设性意见，然而，相比于马克思主义的批判理论，这毕竟是转向提醒资本主义自我更新的危机理论。这种思想取向，应当与20世纪上半叶西方主流经济学界强调政府作用和宏观调控的转变是一致的。它们都在帮助资本主义认识并化解危机，而资本主义虽然也作出了相应的调整，但是却没有从根本上改变其社会运行的原则。

　　其二，尽管普遍经济学存在一些弱点，但它的视角转换以及对现实经济和历史过程的深刻分析，无疑有助于我们重新认识社会经济生活中的一些基本问题。

　　普遍经济学警示我们不要执迷于经济增长和财富积聚。在普遍经济学看来，无限的生产、增长和积聚是无法想象的，一方面，有机体自身所需的能量原本是有限的，超出所需的能量只能耗费掉；另一方面，既定空间对增长构成了限制，即使人类借助劳动和技术拓展空间，这种由技术所维系的增长也是有限度的。此外，人类社会的能量积聚会导致与自然关系的失衡，并引发灾难性后果。这其实提醒了人们，要转换视角，避免由盲目增长引发的被动耗费，要主动调节自身的能量运行，关注系统与外部环境的协调与匹配，通过及时释放积聚的能量适应整体的、长期的能量循环，最终达到"天人合一"和"动态和平"的状态。

普遍经济学从能量运行的角度看待问题，也有助于我们分析世界经济的宏观态势。按照巴塔耶的观点，对于经济上占有支配地位的美国来说，它面临的是如何把发达工业所产生的巨大能量消耗掉的问题，因此，马歇尔计划不仅是回应苏联威胁、转变斗争方式的尝试，也是主动释放自身能量的具体行动。如今，美国依然是世界上最强大的国家，它仍然需要不时地释放能量。只是，它没有再像马歇尔计划那样把财富分发出来，而是多次卷入局部战争以直接释放能量。近几年，从华尔街引发的金融危机又席卷全球，然而，似乎也可以认为，这一巨大的经济危机并不是美国的衰退，而是它庞大的过剩能量的又一次巧妙"放电"。[①] 可以肯定的是，财富不是在积累中而是在运转中增长的，力量也不是在保存中而是在使用中变强的。这对于我们寻求一个更加强大的未来，显然是有启发意义的。

从普遍经济学出发，经济活动还应当"以人为本"。当代资本运行已经转入消费主义主导的阶段。如果说在早期阶段资本逻辑以生产管理等显性方式控制了人本逻辑，那么到了当代的资本主义晚期，这种控制就通过消费文化转变为了更加深入的隐性控制。正是日本学者堤清二所言："消费不知不觉地被认为是对资本有用的消费，而作为人类生活过程的消费则不得不隐蔽起来。"[②] 这使人在经济生活中日益被商品化和符号化，失去了自主的生活状态。而在巴塔耶的论述中，人类早期的经济行为其实是具备满足自主精神需求的特征的，相比之下，现代生活却由于人对物的追求而产生了自我疏离。因此，他着力强调人从物性中解脱出来并向"完整的人类"的回归。在他的

---

① 张生：《积聚与消耗：苏联的工业化与美国的马歇尔计划——试析巴塔耶的普遍经济学的理论特征》，《浙江学刊》2009 年第 2 期，第 162 页。

② ［日］堤清二：《消费社会批判》，朱绍文译，经济科学出版社 1998 年版，第 151 页。

观念中，经济其实是对于社会所有因素的回应；只有把心理的、社会的等因素也考虑进来，我们才能真正理解经济。这些见解，无疑有助于我们深思人类经济发展的未来。

第四章 巴塔耶耗费思想蕴含的 社会哲学维度

人从物性的解放，需要社会从物性的解放。个人的觉醒只是微弱的起点，对社会的重新认识和重新安排则更为关键。在巴塔耶看来，现实中的现代资本主义社会是一个以对物的占有、谋划和生产为基础的社会，在这样一个高度同质化的社会里，凭空地倡导耗费无疑是痴人说梦。与此相对应，巴塔耶极力推崇一种"异质学"（hétérologie）。

一 异质学：物性世界之否定

异质学在巴塔耶的思想中占有重要地位，它从根本上赋予了巴塔耶哲学一种具有范式转换意义的颠覆性色彩。如果这里不是侧重于或受限于考察人与物之间的直接关系的话，那么我们也可以说，异质学在思想发展上的价值和重要性甚至可能是超过耗费的。异质学与耗费的不同在于，耗费关注人与物的直接关系，异质学则提供了一种崭新的思维范式。这种思维范式，对于理性、科学甚至对于辩证法等现代性思想的核心内容，都具有一定的解构作用，并因此而对后现代主义、后马克思主义等"后"派思潮产生了深远影响。然而，如果只是围绕我们所要讨论的耗费主题而从这个特定视角出发的话，那么，异质学的主要价值就体现在对业已形成的物性世界的思想观念和社会运行机制的深刻批判上，并且，这种批判特别地体现在社会哲学层面的讨论上。

社会哲学是耗费思想必然涉及的，甚至可以说是内在包含着的内容。曾与巴塔耶有过直接接触的法国学者让·皮埃尔（Jean Piel，1902—1996）就认为："《被诅咒的部分》是巴塔耶唯一的一部试图系统表达其世界观——自然哲学、人的哲学、经济哲学、历史哲学——的著作。在这部著作中，他也试图为萦绕着他那些四十年代末的同代人的政治和社会问题的可能演变提出一种问题式。"① 《被诅咒的部分》是集中阐述耗费思想的著作。显然，这段话既表明了耗费思想对于巴塔耶全部思想的基座性地位，也表明了耗费思想本身对于"政治和社会问题"的关切。正如巴塔耶的历史考察所揭示的那样，耗费社会存在于古代墨西哥的阿兹特克社会和近代美洲西北部的印第安部落，而按照巴塔耶的叙述，在这些地方，耗费之所以可能，耗费社会之所以形成，乃是源于它们有着截然不同的社会价值体系。耗费，终究意味着耗费的社会；耗费思想，必然需要围绕耗费而阐明其独特的社会哲学观念。

耗费思想所蕴含的社会哲学维度体现于巴塔耶有关异质学思想的阐述中。这里的"异质学"，不再是像"普遍经济学"那样单纯地就物来展开，而是着眼于人类社会自身的价值体系。"异质性关注怎样重新考虑物，这是从一个价值体系（把它们贬低为粗俗、卑贱或放荡的体系）转换到另一个相反或颠倒的价值体系。"② 事实上，只有完成了对整个社会的价值体系的认识和转换，这个社会中的物的意义才有可能真正地被重新解读和改变。在耗费社会，物传递着社会的精神联系和价值结构，对于物的失去而非占有才是人们活动的主要目的，整个社会都是围绕着耗费而建构和运转起来的。这与以生产为基础组织起来的现代资本主义社会形成了很大的不同，在后者这样一个结构严密、高效运行的同质性社会中，物只能以商品和资本的形式出现。分析和批判资本主义社会的价值尺度，关注这一价值尺度以外的事物即异质性的事物以及它们的社会作用，就构成了《萨德的使用价值》（1925—1930）、《低级唯物主义与诺斯替主义》（1930）、《法西斯主义的心理结构》（1933）、《阿塞法尔章程》（1936）等一系列重要文本的思想主线。

异质学所揭示的内容，是对耗费的另一种表达。巴塔耶的异质学，分析和批判同质性，关注和揭示异质性，其中，同质性是占有的特征，异质性则是排泄的特征。"占有主体和作为最后结果的对象之间的一种同质性（统计学平衡状态）刻画了占有过程的基本特征；反之，排泄活动本身就呈现为一

---

① Leslie Anne Boldt - Irons ed. & trans. , *On Bataille*：*Critical Essays*，Albany：State University of New York Press，1995，pp. 101 - 102.

② Michele H. Richman, *Reading Georges Bataille*：*Beyond the Gift*，Baltimore and London：The Johns Hopkins UniversityPress，1982，p. 57.

种异质性的结果，并可能沿着一种更大异质性的方向运动，同时释放出越来越明显地表现出自相矛盾的情感脉动。"[1] 所谓的排泄，是巴塔耶与耗费有关的一种早期的表述。在研究萨德时，巴塔耶指出了排泄的意义。排泄实质上就是耗费。占有原则统治着人们习以为常的功用性观念，而排泄却指涉了无法被这种占有原则同化的异质性事实，它以其强力喷发的特征，宣示了占有原则的缺陷和无效。在这里，巴塔耶已经表明了由异质性着手而将要完成的价值颠覆。

二　异质学概念的特点与内涵

深入探讨巴塔耶异质学概念的内涵，首先需要在巴塔耶的异质学概念与以往的异质学概念之间作出区分，并在这种区分中把握巴塔耶异质学概念的基本特点。这是准确、清晰地探讨巴塔耶异质学思想的前提，做到这一点，才能在探讨中不混淆、不迷失。在此之后，对于巴塔耶异质学概念的具体探讨，则将主要是围绕对"同质性"与"异质性"的论述来展开。

1. "完全的他者"、辩证法与巴塔耶的异质学

纽约州立大学布法罗分校的鲁道夫 · 加谢教授（Rodolphe Gasché，1938—　）曾梳理了异质学的历史。他认为，异质学是关于异质性的话语，而异质性的希腊文 ἕτ́ζroz 有两种含义：第一种含义是指在一个其构成项已知的二元结构中，与这一项对立的那个项，是二中之异；第二种含义是指在一个已知的群组中，与其他项格格不入的那个项，是多中之异。[2] 在这两种含义中，异质性虽然都是指"完全的他者"（entirely other），但是其背后的二分结构或者群组却都是已知的，因此，在对立项之间建立联系、对"他者"本身进行把握也就毫无困难了。简单说来，在这种异质性的含义中，异质性是基于同一性观念的，或者说，是具有共同空间、共同背景的。

对应于这种词源学含义，巴塔耶之前的很多学者都是在科学的和理性的

① 汪民安编：《色情、耗费与普遍经济：乔治·巴塔耶文选》，吉林人民出版社 2003 年版，第 7 页。
② Leslie Anne Boldt – Irons ed. & trans., On Bataille: Critical Essays, Albany: State University of New York Press, 1995, p. 158.

范围内、在传统逻各斯的范围内谈论异质性的。对迈尔森（E. Myerson）来说，作为异质性的这种"完全的他者"又可被称作非理性，是科学和理性话语的对立面，但这种对立面同时也是以理论的方式得到表达的。"完全的他者"的观念，在浪漫主义和德国观念论中也有所出现，因此也曾经被鲁道夫·奥托（Rudolph Otto）和沃尔特·奥托（Walter Otto）采用过。对他们来说，"完全的他者"是指一种超出人类的高等存在，它从无中产生，世界又从它产生。这种"完全的他者"尽管不能被彻底认识，却如同它在希腊文中的含义那样，是可以被把握的对立的一方；如果说他们的理解与经典的理解有什么不同的话，这种不同也只在于那作为"他者"的被排斥部分以一定的方式被限定了，赋予了具体内容。然而，归根到底，传统的二元论并没有被打破，传统的逻各斯依然被因循。逻各斯先是在话语的自我编织中略过了事物本身，而后又重新占有了话语之外的事物，以此完成自身的抽象建构。上述"完全的他者"不过是这种逻各斯运演模式的结果。以这样的方式谈论异质性的，还有黑格尔。黑格尔甚至可以说是其中最典型的代表。鲁道夫·加谢就认为，对于黑格尔来说，他者总是具有共性的他者。他者的出现隶属于同一性的外化和异化运动，而这种运动最终又会经历各种环节复归于同一性，因此，这种对立及其运动是同一性内部的运动。①

　　但是，对巴塔耶来说，其异质学概念与以往的异质学概念是根本不同的。如果我们要探讨巴塔耶的异质学概念，上述的异质学含义及其所引发的运动必须得到澄清和划界。换言之，我们必须把巴塔耶的异质学概念与上述的异质学概念区别开来，特别是要与黑格尔的辩证法区别开来。黑格尔的辩证法，是要在理性思维的范围内囊括千差万别的万物的总体，这同时也是将"矛盾"引入到了理性的领域之中，这样一来，辩证法就不再是一个静态的公式，而最终体现为精神自身运动的展开。然而，在黑格尔这里，精神尽管已经运动了起来，但它仍然是同质性的精神；同一性（作为观念的）尽管包括了差异自身，但是它仍然是一种以"同质性"为前提的同一性。② 巴塔耶的异质学概念与这种基于同一性观念的、以同质性为前提的辩证法的差别，主要体现在前者对于其"异质性"的揭示上：

① Leslie Anne Boldt – Irons ed. & trans. , *On Bataille*：*Critical Essays*，Albany：State University of New York Press，1995，p. 159.

② 参阅俞吾金《思维与存在：同质性 VS 异质性》，《实践与自由》，武汉大学出版社 2010 年版，第 132 页。

第一，异质性因素是完全外在的，无法被包含在一个既定的体系之内。在这个意义上，异质性不是"不同"（different）。我们要把异质性与"不同"区别开来，正如当代学者、后马克思主义的代表人物恩斯特·拉克劳（Ernesto Laclau）在讨论异质性问题时所说的："社会异质性不是不同，不同意味着有共同的空间使不同得以呈现，异质性则预设了并无此空间。"① 这种绝然的差异，恰如中文成语"不共戴天"的字面意思。异质要素与同质要素在其现实性上并不属于同一秩序，因此也并不具有沟通的可能性。简言之，异质性是对同质性的一种彻底的否定和拒斥，并从根本上抵制了被同质化的可能。

第二，异质性意味着真正的对抗，不会趋向最终的和解。在以往的"完全的他者"观念中，"他者"之为"他者"的共同基础是已知的，它之所以作为"他者"被提出，也是以应当获得认识或尊重为预期。而在辩证法中，对立的双方紧密联系，我们要了解一方，就要同时了解另一方，并要了解它们之间的辩证关系，不能"只知其一，不知其二"。在这里，否定或对立尽管出现了，但是它的存在只是为了被一个更高级的肯定或统一所取代。也就是说，在辩证法中，对立因素是可以并且有待被超越和转化的。辩证法唯有依赖于这种有待被超越或转化的否定，才能呈现为一个过程；而在异质学中，异质性因素是根本无法并且也不需要被超越或转化的，它们之间不存在最终将要和解的预期，并将导致真正的对抗。换言之，异质性的实践意味着真正的否定或对立，它是具有自身独立性的，而不是一种有待被"肯定""统一"取代的环节。

第三，异质性因素之间即使可以外在地连接，也不会具有内在的统一性。在"完全的他者"观念中，"他者"可以在话语中得到表述，在理论体系之中得到把握。在辩证法中，各个具体事物之间具有内在的逻辑统一性，就如同特殊的个体中包含着普遍性一样，逻辑也内在于各个事物或现象之中。换言之，各个事物内部蕴含着共通的逻辑，并借由这种逻辑的连接而形成统一性。异质性因素之间，能够建立起来的只是外在的等同链条，而不是内在的统一性。它们只是相对于一个外在的对象或在共同反对某一事物的意义上，建立起了外在的、暂时性的联合。质言之，异质性因素之间是无法通约的，它们的统一性事实上是不具有统一性的统一性。

---

① Ernesto Laclau, *On Populist Reason*, London and New York：Verso, 2005, p. 140.

通过与以往的"完全的他者"的观念，特别是与黑格尔的辩证法的比较，我们可以发现，巴塔耶的异质学作为一种哲学思维范式具有其自身的独特性。这种独特性，也使它可以被视为是现代思想与后现代思想的一个分界线，并对后世的思想发展产生了深远影响。不难发现，在福柯的外部思想、德勒兹的外边逻辑、恩斯特·拉克劳的后马克思主义等思想中，都或隐或显地出现了巴塔耶异质学的影子。

　　需要补充的是，尽管巴塔耶的异质学影响深远、意义重大，但是它也存在着一些欠缺，后来的学者对此不乏批评。根据巴塔耶自己的表述，他是希望异质学能够具有科学的特点的。在《萨德的使用价值》一文的一个注释中，巴塔耶明确地说："异质学是关于完全的他者的科学。"① 在这篇文章的"异质学的知识论"部分中，巴塔耶又说："异质学是对异质性问题的科学的思考。"② 虽然在这句话之后巴塔耶又作了解释，指出这并不意味着它是科学或关于异质性事物的科学——事实上，异质性事物是在科学知识之外的，因为科学作为对世界的同质性描述，总是导致奴性，异质学则是在科学失败的地方重新把握那不再是作为占有的而是作为排泄的过程——但是，无论如何，异质学虽然以异质性问题为对象，却仍然沿袭了科学的思考与表述方式。因此，后人认为，在他的写作行为中，他的文学写作方式与他的理论陈述方式是不一致的。而这一点，也招致了后世学者的不满。鲁道夫·加谢就说："比起巴塔耶在写作中的异质学实践，他的理论陈述是相当令人失望的。"③ 这种理论陈述本身之所以"令人失望"，就在于他有一种以完全理论化和科学化的方式表达自己的愿望；在这方面，他的理论化和科学化的陈述方式与他有关异质性的陈述内容以及文学写作的实践显然是不一致的。

　　2. 异质学的内涵：同质性与异质性

　　巴塔耶的异质学有两重含义：狭义的异质学只关注异质性，是"对异质性问题的科学思考"；④ 广义的异质学不仅关注异质性，也关注同质性以及两者之间的关系。这里讨论的主要是广义的异质学。其中，同质性是异质学思

① Fred Botting and Scott Wilson eds, *The Bataille Reader*, Oxford：Blackwell Publishers, 1997, p. 159.

② Ibid., p. 153.

③ Leslie Anne Boldt – Irons ed. & trans., *On Bataille：Critical Essays*, Albany：State University of New York Press, 1995, p. 157.

④ Fred Botting and Scott Wilson eds., *The Bataille Reader*, Oxford：Blackwell Publishers, 1997, p. 153.

想主要的批判对象，对异质学思想的探究，要从对同质性的了解和把握入手；在批判同质性的同时，巴塔耶的异质学思想又提出并讨论了不能被同质性所掩盖的异质性要素；最后，巴塔耶也通过有关异质学思想的论述，阐明了异质性要素在同质性体系形成过程中的建构性作用。

巴塔耶的异质学思想是针对着同质性（homogénéité）而提出的，它旨在分析和批评同质性。所谓同质性，是指性质的一致以及与之相应的追求一致的观念。按照巴塔耶的说法，它表示"诸要素的共通性以及对这种共通性的意识"。①

同质性的形成与占有、生产及其观念有紧密联系。同质性始于占有，"这种占有通过或多或少具有协定性的同质性（同一性）发生，这一同质性是在占有者和占有物之间被确立的"。② 人在占有物的同时，也建立了与物的同质性。特别是，当这种与物的同质性成为社会通行的准则时，人事实上就接纳了物性，而被物所同化了。同质性也可由生产和出售造成，它们隶属于占有进程的排泄阶段。生产是占有过程的繁衍和扩展，使占有过程在整个社会的层面不断展开，并扩大它所涉及的容量与范围。同质性还包含了追求同质性的"观念"，而这种同质性观念，在巴塔耶看来，是最根本的。"在城市中实现的人与围绕他的物之间的那种同质性，只是一种更加一致的同质性的附属形式，这种同质性是人们通过到处把先天无法把握的对象，用分过类的概念和观念系列来进行代替，而在整个外部世界建立起来的。"③ 人们固执地追求世界全部构成要素的同质性，科学观念和通俗观念都倾向于为原本截然不同的事物寻找一种共同的代表。这种观念上的同一化或观念性的占有，其目的和最终的结果都是建立整个世界的同质性。

在批评同质性的同时，巴塔耶的异质学思想也积极关注异质性（hétérogénéité）因素。与同质性相反，异质性可以定义为是非同一性，它是不可共通、不可同化的。④ 同时，需要注意的是，异质性并不只是不同于同质性，或者说是非同质性。如果仅是在这个意义上讲异质性，那么它将变成作为原初同质性之对立面的新的同质性，正如非理性之于理性。然而，事实

---

① Fred Botting and Scott Wilson eds., *The Bataille Reader*, Oxford: Blackwell Publishers, 1997, p. 122.
② Ibid., p. 151.
③ Ibid., p. 152.
④ Ibid., p. 125.

上，异质性拒绝一切被重新同质化的可能。

如果说同质性对应于人类的占有活动，那么异质性则对应于排泄活动。巴塔耶是在《萨德的使用价值》一文中讨论排泄问题的，巴塔耶认为，萨德（D. A. F. de Sade）的生平和著作是排泄价值的体现。排泄活动是人类活动中固有的部分，但是只有到了萨德它才以最粗暴的形式得到了揭示。排泄是非自愿的、无法控制的失去，是对占有活动的消解和对自我同一性的冲击。它实质上就是耗费。这种排泄，不仅是"低俗唯物主义"所关注的登不得大雅之堂的卑贱事实，而且，在社会层面，它也涉及圣性的宗教事实。在人类生活层面，性行为、大小便、禁忌对象、宗教迷狂、赌博、挥霍等等排泄活动，其对象都是"完全的他者"。这种"完全的他者"使我们能注意到，排泄与圣性、奇迹之间基本的一致性，换言之，排泄物与圣性事物都是异质性的。

异质性的观念层面就是狭义上的异质学。它不再是追求自我同一性的哲学、科学和常识。它关注的是不能成为语言和思考的对象、超出了自我之外并无法与"我"相结合或通约的部分。比如，与异质学相关的哲学、宗教和诗歌，关注的是理智占有活动所产生的废弃物：哲学是关于总体的抽象形式的体现，它不关心实证的内容，因而可以自由地沉思，并在沉思中寻求无限世界与有限世界、未知（本体）世界与已知（现象）世界的统一；宗教却能够真正将理智占有的废弃物作为异质性（神性的）的沉思对象提出来，但是，需要注意的是，宗教也把神圣世界分裂为上等天国和下等魔界，这种区分导致了上等天国的同质性，上帝迅速失去了骇人的特征，变成普遍同质的单纯象征（天父），实际的宗教因此不同于异质学；诗歌乍一看也是一种精神喷发的方式，使人能进入异质性世界，但是它和宗教一样受到了贬抑，在历史上处于巨大的占有系统的支配之下，它起始于对世界的诗意构想，终止于一种审美同质性。巴塔耶认为："投入运动的异质性因素在实际上的非实在性，其实是异质性延续的不可缺少的条件：一旦这种非实在性把自己构建成一种旨在消除（或贬低）下等粗俗实在的高等实在，诗歌就沦落为作为物的标准发挥作用了，与此相反，最恶劣的粗俗却承担了更强大的排泄价值。"① 承载或表现异质性的哲学、宗教和诗歌，都是微妙易逝的。在巴塔耶

① Fred Botting and Scott Wilson eds.，*The Bataille Reader*，Oxford：Blackwell Publishers，1997，p. 153.

看来，异质性事实上是无法言说而勉强言说、无法被"我"把握而勉强得到把握的对象。这种言说和把握，虽然是由异质学来完成的，然而，构成"异质学"（hétérologie）的"异质"（hétéro）和"学"（-logie）这两个字词，从根本上说却是不相容的。巴塔耶强行把这不相容的两者结合了起来，目的就是要突破人类既成的同质性界限，突破思维、语言和自我等桎梏的束缚。这种异质学不同于传统意义上的科学，科学发展奴性，使人屈从于物的逻辑，异质学则试图把握那些被视为人类思想的失败和耻辱的东西。异质性因素是不可定义的，只能通过否定的方式来把握，而且，它们不能作为所谓的客体来把握，因为这会导致把它们与一种同质性的理智体系相结合。可以说，异质要素的客观性，只属于纯粹的理论旨趣。"客观异质性的缺陷在于，它只能在抽象的形式中被设想，而只有关于特殊要素的主观异质性，实际上，才是具体的。"① 这种主观异质性，是异质学的最终归宿，它将导致异质学的实践，也就是革命或对既定秩序的颠覆。

在批判同质性和关注异质性的基础上，异质学也揭示了两者之间的关系。这种关系体现在以下三点：

第一，同质性被包含于异质性之中。"简单的占有过程，通常被呈现在复杂的排泄过程之中。"② 巴塔耶以圣餐仪式为例，分析了其中涉及的各种可能情形。他指出，作为一种宗教仪式，饮食这种最基本的耗费所实现的其实是一种沟通，即与不可通约的异质性因素相结合，以此获得神性的增长或自我的救赎。这与食物的异质性被增强还是被常规性地消除无关，换言之，与我们把它当作基督的血肉或普通的食物无关。如果是后者，即表现为通常意义上的吃掉食物的过程，那么对食物的准备以及以保养生命为目的的吞食就是一种占有过程，其中，或许节制和理性会占据主导地位；但是，从圣餐仪式的总体过程和最终意义来看，这种占有过程不过是一段"插曲"或一种"曲折"，作为耗费的活动、作为与异质性相结合的活动才是它的实质所在。事实上，同质性之被包含中异质性之中，不是仅仅体现在圣餐仪式中，而是体现在人类社会生活的方方面面。同质性过程或同质性领域，如同在人类刻意努力下经营出来的一块僵硬、冰冷的土地，而异质性却是这块地壳之下炽

---

① Fred Botting and Scott Wilson eds., *The Bataille Reader*, Oxford: Blackwell Publishers, 1997, p. 154.
② Ibid., p. 151.

热流淌、汹涌激荡的地底熔岩，同质性终究是漂浮于恣肆汪洋的异质性之上，同时又被包围和衬托在宽广无际的异质性之中的。

第二，异质性是同质性的终点。同质性的占有，无论是物质上还是观念上的，最终只能导致异质性的排泄或丧失。所有的同质性活动，都是在异质性的基础上强行营造出一片同质性的空间，这一过程实则是逆流而动。它会产生无用的副产品或废弃物，当这些无用的副产品或废弃物堆积到一定程度甚至开始起决定作用时，同质性过程就必然要终结了。这种终结的表现，就是要通过诸如排泄之类的异质性活动复归于异质性之中。同质性的终结不仅具有外在的必然性，就其自身而言，同质性的自我重复也无法确证自身。它无止境的占有、生产及其扩张，只能陷入"恶的无限"，而只有当它以异质性作为自身的终点时，才能完成自身。在观念层面，同质性观念同样要以异质性为其终结。人们总是希望获得关于存在的同质性观念，黑格尔就是其中的代表。在黑格尔的辩证法中，关于自然与人类的同质性观念，可以以辩证的形式、在对立面的统一中重复获得，那些对动物、植物、事件、自然和存在的考察只是印证了观念中的同质性模式，而不会使之遇到任何阻碍。然而，这事实上是将一种外在的逻辑秩序强加于一系列对象之上。只有异质学的实践，才可以反对这种对于同质性的归顺。巴塔耶说："一旦理性理解的努力以自相矛盾告终，理智粪石学（intellectual scatology）的实践就会要求那些无法同化的因素的排泄，这是以另一种方式在粗俗地陈述：突发的大笑是哲学沉思唯一可以想象的和终极的结果，而不是手段。"[1] 显然，同质性观念无法永久延续自身，异质性的实践是同质性观念的必然终点。

第三，异质性是同质性的目的。同质性本身不能构成其自身的目的，无论是人类经济活动中的交换和攫取，还是在整个社会领域占统治地位的生产和科学活动，它们的最终目的，其实都在于耗费。正如巴塔耶在讨论异质学实践时指出的：占有活动只是排泄活动的手段，一个工人辛苦劳作是为了获得交媾的强烈快感，换言之，他积累是为了花费，而那种认为性繁殖是为了给未来的劳动提供必要条件的观点，则是将工人与奴隶不自觉地等同起来了。[2] 以往，奴隶必须积累产品，供奉武士和神父，后者则以道德重轭约束

① Fred Botting and Scott Wilson eds., *The Bataille Reader*, Oxford: Blackwell Publishers, 1997, p. 155.

② Ibid.

前者。奴隶耗费的权利，以社会分工的形式让渡出去并交付于特定的贵族和僧侣阶层了。可见，局限于同质性领域内的自身循环与繁衍，只是社会分化、生存片面化及其强制的结果。而当这种道德统治被打破，人们就有可能将他的存在理由与排泄、与异质性因素重新联系起来。这事实上是将异质性的排泄即耗费的权利复归于个人。在分析传统社会中社会分工体系的基础上，巴塔耶指出，社会群体中同质性因素组织化的最终目的也都是指向异质性因素的。同质性社会没有能力在自身中找到存在和行动的理由，因此必须求助于外在于它的异质性存在，依赖于那种作为异质性的绝对力量来确认、构建自身。这突出表现在施虐狂（sadism）的心理结构中，而且，巴塔耶揭示了，这种施虐狂的心理结构广泛存在于历史上许多社会群体的组织形式中。"许多奴隶像懦夫一样劳动着，去准备绚丽而狂暴的爆发。"① 在这样的组织形式中，同质性意味着奴性，意味着对物的服从，由广大生产者、奴隶或民众来体现；异质性意味着自主权，意味着对物的超越，由统治者或领袖来体现；而广大生产者、奴隶或民众则在统治者或领袖所体现的自主权中获得安慰和认同，形成社会的凝聚力和对既定结构的默然顺从。巴塔耶所建构的这种关于社会心理的理论模型，也成为他分析法西斯主义心理结构等社会关系案例的理论利器。

三　人类社会的异质学分析

巴塔耶的异质学不仅是一种抽象的思维范式，而且包含着对于社会历史的深刻分析。通过这种分析，巴塔耶也对生产和占有进行了更深刻的批判，对耗费进行了更多样的揭示。在这里，巴塔耶不再只是借助普遍经济学从外在能量运行论证耗费的必然性，而开始进一步从社会自身的结构与逻辑出发，阐释社会运行的基本特性。这具体体现在巴塔耶的"圣社会学"（sacred sociology）② 思想中。它结合宗教研究和心理分析，揭示出我们习以

① Fred Botting and Scott Wilson eds. , *The Bataille Reader*, Oxford: Blackwell Publishers, 1997, p. 149.

② 在巴塔耶的著述中，神性（divine）与圣性（sacred）是两个不同的词。虽然国内已有"神圣社会学"的译法，但是为了词义上的准确起见，这里似译为"圣社会学"更为合适。

为常的社会只是显露出来的"冰山一角"，在此之下，还有更加庞大和神秘的部分。

1. "圣社会学"与异质性的现实

"圣社会学"不是社会学的一个门类或分支，而是一种特殊的、总体性的社会学观点。在这个意义上，它和我们所熟悉的宗教社会学有着重要的区别。巴塔耶说："神圣社会学不像宗教社会学（religious sociology）那样仅仅是社会学的一部分，……神圣社会学不只是研究宗教性的机制，而且研究整个的社会一体化机制。"[①] 巴塔耶深受法国社会学传统影响，强调社会不等于构成它的各种因素的叠加，并认为社会既不是群体（mass），也不是涂尔干意义上的有机体（organism），而是一种复合存在（compound being）。这种关于社会的"复合存在"观点，强调了从微观原子直至人类生活共同体都贯穿期间发生作用的一体化运动（communifying movement）。由此出发，巴塔耶没有从社会要素着手对社会进行分析，而是从总体上把握了社会的分离与整合的交织，探讨了异质性与同质性在社会组织层面所展开的运动机制。

巴塔耶对异质性的探讨，突出表现在关于"圣性事物"的研究上。巴塔耶所谓的圣性，不是指近代以来宗教崇拜中纯洁、高贵的神圣，而是指相对于稳定、自我封闭、同质化的世俗世界而言的异质性力量。它实质上是经过世俗世界中介了的动物性，是一种"圣性的"动物性。[②] 这种"圣性"的形成，源自人类精神中禁忌与侵犯的交互运动，这种运动最终形成了世界组成的三个层次或精神发展的三个阶段：动物性、人性、圣性。

在动物性阶段，真正意义上的人类还未形成。他们作为一种动物性存在与自然浑然一体，内在于原初的自然之中，完全顺从于自然的法则。动物性的存在方式体现为直接性，即服从于欲求的直接满足。然而，当人类自我觉醒之后，就会对自身依存于自然、服从于本能的状态产生嫌恶和恐惧，进而加以挣脱和拒斥。拒斥的具体方式是禁忌，而正是通过禁忌，人类的自我才从自然中脱身而出，得以形成。

在人性阶段，作为理性主体的人类自我开始占据主导地位。从最初源头来看，对于人类作为理性主体的形成具有决定意义的，就是死亡。巴塔耶对

---

① 汪民安编：《色情、耗费与普遍经济：乔治·巴塔耶文选》，吉林人民出版社 2003 年版，第 75 页。

② ［日］汤浅博雄：《巴塔耶：消尽》，赵汉英译，河北教育出版社 2001 年版，第 187 页。

于死亡的看法，深受黑格尔的《精神现象学》影响。黑格尔曾说："精神的生活不是害怕死亡而幸免于蹂躏的生活，而是敢于承当死亡并在死亡中得以自存的生活。"① 巴塔耶进而认为，死亡意识是自我意识的根基，死亡的闯入或来临，使存在者认识到自身的有限，并由此形成了作为"有限者"的精神的觉醒。一旦成为有限者，它就与自然的无限连续性分割了开来，并由此开始获得了"否定之力"，将自己从自然的连续性中抽离。这种抽离的具体方式，就是设立禁忌，对死亡、性欲等自然力量进行拒斥，对当下的欲望、冲动进行抑制，进而超越现时现地的直接性，将过去与未来的时间纳入此时的考虑，进行超出具体时空场景的谋划。巴塔耶说，这种谋划的观念，这种让"现在此时"服从了"之后理应到来之时"的心理习性，即是理性。② 人们在这种理性的指导下制造工具，发展生产，日渐创造出一个人类化的世界。这时的人类已然是作为"生产者"的人类了。此后，人开始把物从自然中抽离出来，并占有之、操持之，进而以世俗的功用价值来衡量物。这样一来，任何物都被视作目的或是手段，手段为之有用的目的，又对下一个目的有用，如此周而复始，形成了物之间无尽的循环与繁衍；另外，人与物的关系变成了占有的关系，人类在占有物的同时，也因为占有和操持而被这种"所有物"所同化，接纳了"物性"，不得不按照物的逻辑进行思考和行动。③ 这样就形成了一个被巴塔耶称为"俗事物"（le profane）的世界，一个在其中人也被物化了的、由功利性链条重重环绕而成的物性的世界。

"圣性"是对世俗世界的进一步拒斥。基于理性和生产、自我持存并不断繁衍的世俗世界，并未能将动物性消除殆尽，而只是暂时地加以拒斥了。当世俗世界形成以后，人类又会对已然形成的世俗世界进行进一步的拒斥，从而生发向着动物性的更强烈的回归。这时，作为世俗世界之否定的动物性已经不再是原初的动物性，而是"圣性"了。献祭就是这种通向"圣性"的体现，它脱离了理性和生产的规则，将祭品白白地消耗掉，从而实现与神的沟通。这实际上就是一种"耗费"。不仅如此，从社会层面来看，它还具有强化共同体内部的联结纽带的功能，可以增进共同参加献祭的人的一体感。献祭，以及对被禁止的事物的侵犯，是对世俗世界既成

---

① ［德］黑格尔：《精神现象学》（上），贺麟、王玖兴译，商务印书馆1997年版，第21页。

② ［日］汤浅博雄：《巴塔耶：消尽》，赵汉英译，河北教育出版社2001年版，第118页。

③ 同上书，第143页。

规则的违反，是向着原初已经被拒斥的动物性、如今具有了更强魅惑性的圣性的回归。巴塔耶最终揭示了，人类精神中存在着禁止又违犯、拒斥又欲求的持续否定的双重运动。被分解为各个环节的从动物性、人性（理性）到圣性的过程，都可以从这种持续否定的双重运动中得到理解。

按照巴塔耶的论述，经过精神的上述运动，结果呈现出了三重世界。其中，世俗世界是主导性的强势世界，也是同质性的世界，而在此之下的动物性和在此之上圣性都是异质性的。因此，无论是"低俗唯物主义"关注的排泄物这样的下等形式和还是"圣社会学"关注的神圣物这样的上等形式，都构成了是异质性的现实。它们都是外在于世俗世界并且无法被世俗世界所容纳的部分，是"被诅咒的部分"。然而，世俗世界的同质化进程，不仅无法与它们彻底相脱离，事实上还必须依靠它们、围绕它们才能得以展开和进行。

2. 社会的同质性与生产活动

巴塔耶的社会历史分析突出了对于同质性的批判。社会发展的同质性，从直观上很容易理解，因为我们正处于这一倾向之中。在巴塔耶的时代，社会的同质性无疑已经充分展开；时至今日，社会的同质化程度更超出了巴塔耶的时代。无论是标准化的生产流水线、全球一体化的企业经营模式，还是货币化、数字化的日常生活方式，都是这种同质性更加深入、更加全面的体现。然而，不管多么发达的同质性，依据巴塔耶的思想，都仍然只是一种有限的存在，只是处于动物性与圣性中间的夹层部分。

社会同质性的具体内容，就是一切以"有用性"的标准进行衡量，并把无用的要素完全排除在外。这种关于"有用性"的功利主义观念的形成，追根溯源，是从人类自我意识觉醒并从事工具制造的时刻开始的。从那时起，工具就成为人类生活的支撑力量，而工具是以他物为目的的存在，这种以别的事物为目的、为外在目的而存在的状态必然意味着丧失"自主性"，只是被外在的目的所衡量，有用性就是这种受役于他物的外在衡量标准。

有用性是同质性的具体内容，而使这种同质性得以生成和拓展的根源则在于占有和生产。占有，使人接受了物性，因为人占有物的过程，同时也是作为占有者的人与被占有的物之间进行"通约"或同质化的过程；生产，作为不断地创造"所有化的物"的源泉，则进一步扩展了整个社会的同质性。

超然物外

巴塔耶说："生产是社会同质性的基础"。① 尤其是当它与科学技术结合起来的时候，就会使社会的同质性更加完善和成熟。现代资本主义社会，就是一个生产中心主义的典型的同质性社会。我们曾提到，资本主义经济取消了中世纪的静态经济和奢华的非生产性消费，开动了持续的动态增长的生产机制。现在，当我们从异质学视角来看这样一种机制就会发现，财富以资本的形式进入了自我增殖的进程中，整个资本主义社会变成了无限繁衍的物的世界，而物性价值以外的东西却被忽略了、遮蔽了。这样的社会，是货币化生存的社会，是资本家、有产者的社会。在这样的社会中，每个人的价值只不过等同于他所占有或生产的东西，而诗人、流浪汉、疯子，总之，没有被物所同化的人，都成为了被排斥在社会之外的异质性因素。

在意识层面，一切也都围绕着对物的认识和谋划而展开。理性、效率占据了至高无上的统治地位，人的瞬间感性经验和完整生命体验，要么被纳入理性分析和社会生产的环节之中，要么就被排斥、压抑到无意识的黑暗领域，如若不存在一般。与此相对应，巴塔耶认为，现代社会存在着一种概念式理性对神话思想的暴政。事实上，失落的神话式思想，不能简单地被当作蒙昧时代的迷信。它不是理性的欠缺，而是和概念式理性一样自有其价值，两者只是思考世界的不同方式，但同样都是合法、有效的。此外，神话也不同于意识形态。意识形态是同质社会的特征，神话则是异质社会的特征。同质社会里没有违犯（transgression），取而代之的只有多样化（diversity），这种多样化只是对抽象化逻辑的顺从与外在丰富。意识形态化的观念，从基督教到理性，是对真实生命经验的远离，观念越抽象化经验就越贫乏，从中我们只能衡量出生命的空洞，然而，最终说来，"生命基于对世界的体验，而非抽象的概念"。② 这种理性及其霸权，在资本主义社会经济生活中表现，就是"经济理性"。高兹（André Gorz）在《经济理性批判》一书中曾对"经济理性"进行了深刻揭示。简言之，它以计算和核算为基础，不断改进工具和流程，使用计算机和机器人等高科技手段，并把节约下来的劳动时间尽可能地加以利用，以生产出更多的产品和额外价值。经济理性包含三个原则：计算和核算、效率至上、越多越好。它其实就是将一切同质化和量化，然后

① Fred Botting and Scott Wilson eds. , *The Bataille Reader*, Oxford：Blackwell Publishers, 1997, p. 122.
② Michael Richardson, *Georges Bataille*, London and New York：Routledge, 2005, p. 130.

一味地追求量的增长，不管其他。在经济理性宰制下，利润的尺度成为衡量一切工作的标准，成功不再关乎生活品质，而只关乎所挣取、积累的财富的多少，"量化的方法确立了一种确信无疑的标准和等级森严的尺度，这种标准和尺度现在已用不到任何权威、任何规范、任何价值观念来确认。效率就是标准，并且通过这一标准来衡量一个人的水平和效能：更多比更少好，钱挣得多的人要比挣得少的人好"。① 这种经济理性是一种极端的同质性观念，它形成了资本主义生产和功利主义经济的根本性桎梏，使全部人类活动只关注无止境的量的增长，忽略和无视真实存在着的质的差异。巴塔耶指出，所谓理性和科学，只是主体武断地划分客体，并运用语言显像化地表达事物的过程。它以有用性的标准、可量化的手段来界划外物，然而，这样所形成的世界，在科学的名义下所建立的世界，却并不是一个完整的世界，而是一个"摹仿世俗世界事物的抽象事物世界，一个功利性统治的片面世界"。② 这样一个片面化的世界，禁锢了人类生命活动的形态与空间，束缚了对生存方式的更多可能性的探索，在其表面繁荣之下，终究是包含着危机的。

3. 同质性的危机与异质性要素的重组

巴塔耶关于社会发展的观点在一定程度接受并改写了马克思对社会基本矛盾的看法。巴塔耶同样认为生产和经济对于社会具有决定性影响，但是，他与马克思的差别在于：如果说马克思对于生产在社会发展中的功能持积极的观点，认为生产作为历史进步的因素推动或迫使社会作出了改变的话，那么，巴塔耶对于生产在社会发展中的功能则持消极的观点，认为生产的发展意味着蕴含于生产之中的同质性与异质性矛盾的发展。这种发展将导致社会的分裂，分裂达到一定程度，就会改变同质性形式或使同质性形式瓦解。

基于生产的同质性体系包含着分裂的危机。同质性体系是在异质性的环绕中开辟领地并建立起来的，始终受到外在冲击和内在反对的威胁。为了维系这种同质性体系，必须采取持续的自我保护措施。"在这种情况下，对同质性的保护求助于它的强制性因素，这种强制性因素能消除各种难驾驭的力

---

① André Gorz, *Critique of Economic Reason*, trans. Gillian Handyside and Chris Turner, London and New York: Verso, 1989, p. 113.

② 汪民安编：《色情、耗费与普遍经济：乔治·巴塔耶文选》，吉林人民出版社 2003 年版，第 204 页。

量并把它们置于秩序的控制之下。"① 其中，国家就发挥着强制性因素的作用，它受到同质性支配，运用权威削弱那些不可同化的力量。然而，即使国家能驯化异质性力量，使其中立或者将其纳入同质性秩序中，但是，作为一种约束性的社会结构，其内在的分裂以至坍塌的危险却是始终存在的。

至于社会危机在什么条件、什么时机下会爆发，巴塔耶并没有明确指出来。可以认为，巴塔耶的危机理论是比较含糊的。他只是继马克思之后，指出经济生活的矛盾将会导致分裂的倾向，这种分裂将会导致同质性秩序的解体以及异质性因素的释放与重组。在巴塔耶看来，法西斯主义，甚至社会主义运动，都是将资本主义危机时期分裂和释放出来的异质性因素进行重组的结果。

巴塔耶提出异质学，强调异质性，就是要让人们关注在同质性体系之外终究存在着的异质性因素，特别是要让人们重新认识那些在同质性的资本主义价值体系以外的事物。异质性的社会存在，是在资本主义社会建立并扩张的进程中，那些未被资本主义同质性体系完全纳编的东西，比如传统社会中作为精神纽带和文化背景的神圣性因素，或现代社会中遭到理性排斥的丑恶卑贱的存在、无意识的过程等。从实际的历史进程看，资本主义社会的形成过程，也是传统社会的神圣性因素被排挤、遮蔽的过程。这鲜明地体现在资本家与贵族的区别上：贵族以慷慨施舍为特征，并以此确认自身的地位，而资本家则以聚敛为业，放弃了耗费的义务。随着人类社会中借助献祭、战争等非生产性活动维系的"静态体系"被旨在占有和繁衍物的"动态体系"所取代，古代社会的僧侣和军事贵族等阶层也就逐渐丧失了在社会结构中的中心地位而被资本家取代了。然而，贵族传统和卑贱事实并没有因为资本主义的崛起而彻底绝迹。相对于世俗的有限经济而言，异质性特别地意指以献祭、牺牲等为表现的神圣性，"神圣世界在很大程度上就是由异质世界构成的"；在更一般的意义上，异质性则就是指耗费的领域，正如巴塔耶所言："在构成宗教或巫术的共同领域的那些神圣事物之外，异质世界还包括了一切来自于非生产性耗费的事物（神圣事物本身就来自于其中的一部分）。"②

异质性因素不仅是存在的，而且在实际地发挥着作用。特别是一旦危机

---

① Fred Botting and Scott Wilson eds., *The Bataille Reader*, Oxford：Blackwell Publishers, 1997, p. 124.

② Ibid., p. 127.

爆发，这些异质性因素就会又重新活跃起来。这种作用的发挥有两种类型：一种是消极的类型，即社会的解体；另一种是积极的类型，即动乱或革命，以及由此而来的社会的彻底改造。异质性因素发挥作用的具体方式是，当异质性因素重新活跃起来之后，就会被重新组合，形成新的结构，而这一重组过程会释放出巨大的社会能量。

　　巴塔耶通过对异质性问题的讨论，从另一种角度阐述了马克思的异化与解放思想。他把异化与同质性进行了绑定，以批判同质性的方式对异化进行了批判。巴塔耶没有从人本逻辑的主观设定出发，批判现实资本主义社会对预设的"人的本质"的背离，而是从异质学着手展开讨论，并强调同质化地建构社会的意识形态是一种错误的观念，同质化地建构起来的社会同样是一个错误的历史事件。或许确实应该换个视角来看：社会结构得以构建起来，主要不是围绕着同质性内部的量的增长，不是围绕着对生存的维持，相反，它是出于一种异质性的力量，比如出于为了获得声望而积累可用于挥霍的过剩产品的需要。因而，要克服异化或改变这种同质性状况，就只有通过诉诸异质性才可能实现。在这个意义上，巴塔耶不仅在一定程度上充实、发展了异化理论，而且也改写了马克思关于解放的思想。在作为典型而极端的同质性社会的资本主义社会，无产阶级要获得解放，不能像传统马克思主义所说的那样在劳动中成长壮大，结合成为一个阶级，而要拒绝劳动，成为异质性因素，从事异质性活动。事实上，巴塔耶所倡导的，是作为异质学实践的革命。他不仅看到了无法被资本同化的工业无产阶级的作用，而且似乎更看重一贯遭到传统马克思主义者批评的"流氓无产者"，这是因为，后者对于资本主义社会来说是更彻底的异质性的社会存在。

四　社会关系的具体考察

　　通过阐明异质学，巴塔耶立足于同质性与异质性之间的张力关系对社会精神结构进行了分析，从人类精神的内在机制出发对社会运动的趋势进行了描述。在这一过程中，他也具体分析了历史上从封建王权、法西斯主义、资本主义、社会主义以至共产主义等一系列社会关系。虽然巴塔耶无意于构建一种线性连续的历史观，但是通过对社会关系的分析，巴塔耶仍然使异质学思想得到了印证和操演，也使之能够深入到历史深处，在一定程度上具备了把握现实的思想力量。

1. 宗教献祭与封建王权

宗教献祭是对世俗世界的否定。如前文所述，世俗世界产生于意识的觉醒及其对自然和自身动物性的拒斥。这种拒斥的结果，就是使人类从自然的连续性中断裂出来，最终形成了一个人操持物、接纳物性、最终由物性主宰的同质性世俗世界，而宗教献祭则是对这种世俗世界的再次拒斥，是向着无法彻底消除而只是暂时脱离的连续性的回溯。这种宗教献祭，作为非生产性的耗费，打开了圣性的维度。换言之，它以对物的纯粹赠予的方式实现了与神灵的沟通。需要注意的是，这种沟通不是我们习惯性地理解的那种烧香求保佑、祭祀盼丰收的活动，而是完全脱离了功利性和实用性循环的、对世俗世界进行否定的行为。在献祭中，通过奉献给神灵，祭品的物性被消解了，正如汤浅博雄指出的："那并不是破坏掉'作为生物的羊'，而是破坏掉'所有物化的羊'。"[①] 物性的消解，意味着使物得以恢复，恢复一度丧失了的圣性光辉和本来状态。巴塔耶认为，宗教献祭中包含着人类的隐秘目的，这一目的就是要超越有用性的锁链，达到将物消尽乃至自己也丧失的辉煌，最终通向人自身物性的消除和自主权的恢复。

在历史发展中，原始的宗教献祭逐渐被制度化，并导致了宗教权力的形成。原始的宗教献祭对于世俗世界而言是一种威胁，为了减弱并控制这种威胁，人们使献祭发生了两点变化：一是在动机上，祈祷丰收开始变成献祭的本质；二是在体验上，模拟的耗费取代了无保留的真实的耗费。[②] 于是，宗教献祭被作为定期的宗教礼仪确定了下来，原始的圣性事物也变成了人格化的神，制度化的宗教开始逐渐形成了。在这种制度化的宗教中，为了更加可靠地体验神的存在与显现，人类又设立了保证自己与神交流的媒介，这就是祭祀王。祭祀王兼具神性与人性，他作为客观对象体现了不可对象化的至高性或自主权。他起初像祭品一样，在牺牲中实现人类与神明的沟通，但是，随后，登上祭坛的就只是他的代理了。这个代理往往是一个俘虏、一个异族。尽管发生了这些蜕变，祭祀王仍然是宗教权力的拥有者。在很长一段时期，这种宗教权力自上而下地主宰着人类的共同体。

---

① ［日］汤浅博雄：《巴塔耶：消尽》，赵汉英译，河北教育出版社 2001 年版，第 201 页。
② 同上书，第 216 页。

封建时期以王权为代表的权力建构，在很大程度上就是源自这种以宗教献祭为精神一体化源泉和社会性纽带的组织化过程。君王作为一种异质性存在，实际上是同质社会的存在的理由，他使同质社会为他而存在。[①] 王权正是从这样一种情境中派生出来的。它排斥同质社会，高居于生产性和奴性的臣民之上，同时，它又使整个共同体得到统一；王权之下的生产性和奴性的同质性存在，内在地投射于作为纯粹耗费的王权之上，由此而成为完整、自为的存在。这种结构，好比一盏燃烧着的油灯，灯盏里的油脂，向着有着绚烂火焰的灯芯集中，最终燃烧自己。其中，油脂就像生产性和奴性的同质性因素，灯芯就像君王，它是油脂与火焰的中介，而火焰就是纯粹的毁灭，是异质性的耗费。在巴塔耶看来，这才是真正的王权。在这个意义上，耗费，即失去、毁灭物而不是占有、增长物的行为及其能力，才是权力的来源与基础。当然，王权同时包括宗教权力与军事权力。这两种权力在基本结构是一致的，王权将两者结合了起来。情感一体化是军队凝聚和运行的必要条件，士兵以将领的荣耀为自己的荣耀；而宗教权力不仅具有这种情感一体化的内在纽带，还有异质性的存在即圣性事物为终端。在这两种权力中，异质于物性逻辑的自主权始终是决定性的，它规定着社会结构的重组或发展方向。在经过了王朝崩溃和资产阶级革命之后，王权的结构仍然作为心理机制发挥着作用。事实上，对于文化特别是权力的这种分析在当代也有回响。以美国为例，"现代政治学起源于契约思想，即社会契约。美国政治想象则起源于牺牲（sacrifice）。整个共同体都是从牺牲中产生，并以此维持。"[②] 在牺牲政治中，关键在于个体参与到人民主权这个神秘身体中，也就是放弃自我，存活在人民主权这个超然的存在中。当然，作为活跃于20世纪上半叶的法国学者，巴塔耶关注的主要不是美国，而是肆虐欧、亚、非大陆的法西斯主义，并认为它也是王权的再度激活。

2. 法西斯主义的心理结构

结合"二战"前后的社会背景，巴塔耶曾针对法西斯主义作出了一系列深刻剖析。在1933年和1934年，巴塔耶分两部分在《社会批判》杂志第10期和第11期上连续发表了《法西斯主义的心理结构》一文。在这篇文章中，

---

① Fred Botting and Scott Wilson eds. , *The Bataille Reader.* Oxford：Blackwell Publishers，1997，p. 132.
② ［美］保罗·卡恩：《牺牲之国：美国政制的神学基础》，曹宇、徐斌译，《战略与管理》2010年第3期，http：//www. cssm. org. cn/view. php？id＝32591，2012年9月25日。

他详细阐述了异质学思想，并进行具体运用，深刻分析了法西斯主义之所以形成的内在机制。

巴塔耶指出，从词源学上说，法西斯主义是"统一"和"集中"的意思。① 法西斯主义的特征在于，它其实是将资本主义的同质性社会所无法同化的暴民、斗士、疯子等大量"异质的社会存在"进一步统一了起来。它全面挪用和重建了王权的结构，而它之所以有这样的机会，则在于社会的同质性体系因内在矛盾而分裂，或者用马克思主义的语言说，由经济危机而导致了社会革命的爆发。在这种分裂或革命中，异质性力量重新活跃起来并得到充分释放。"法西斯主义上演了一种总体异质性力量的构建过程，这种异质性力量明显起源于当时盛行的社会动荡。"② 法西斯主义具有政教合一的特点，军事权力与宗教权力被糅合在一起。元首的宗教价值成为法西斯主义的基本价值，它赋予国民和军人的活动以独特的情感色彩，并将整个民族提升到圣性的维度，体现在与元首的情感连接之中。此外，法西斯主义还发挥了集中化的作用，它关注的不是不同阶级的处境、利益与斗争，而似乎试图将全社会的各个阶级都统一起来。

可以认为，法西斯主义利用了人们对于社会团结的内在需要，以反动的形式向具有古代性质的社会等级制重新回归，并以此来重新获取曾经因资本主义的胜利而失去的主权（sovereignty）。③ 或许可以说，法西斯主义是一种重建异质性的失败的尝试。这种尝试的目的，在于恢复能够表达耗费需要的社会稳定性。它依据一定的心理结构，相应地赋予社会以等级价值，这样就以一种新的形式对古代王权社会的有机模式进行了复制。然而，这种建立在虚假前提上的提制终究是一个赝品。在现代社会，要复辟一种已经成为梦幻泡影的主权形式已经不可能了。

法西斯主义只有利用了关于圣性经验的内在渴望，并没有真正回应这种渴望。巴塔耶认为，法西斯主义之所以一时产生影响，能够从内部推翻了一个发达的资本主义政权，在于它抓住了资本主义的"阿基里斯之踵"。具体说来，对资本主义的反抗，必须在其社会形式方面而非在其经济不足方面进行。因此，我们需要做的，就是与右翼的法西斯主义的圣性相对应，发展起

---

① Fred Botting and Scott Wilson eds. , *The Bataille Reader*. Oxford: Blackwell Publishers, 1997, p. 135.
② Ibid. , p. 139.
③ Michael Richardson, *Georges Bataille*, London and New York: Routledge, 2005, p. 94.

左翼的圣性。显然，如果像巴塔耶这样思考问题的话，那么改造资本主义的关键就不在于同质性内部的因素，如经济问题，而在于异质性因素。巴塔耶这些侧重于社会心理机制的分析，尽管未必科学，但也可以被看作是对传统马克思主义强调经济因素的一种补充，具有一定的参考价值。

　　3. 资本主义与苏联模式的社会主义

　　法西斯主义是对资本主义的一种怀旧形式的反动，而对法西斯主义的批判并不意味着对资本主义的赞同。事实上，巴塔耶对资本主义社会是持尖锐的批判态度的。资本主义经济的基础在于其动态循环的性质，它通过刺激消费者的欲望来推动生产的不断发展，并以这种方式形成了经济积累的机制。这种欲望其实很可能是虚假的，是资本主义为了维持再生产而借助大众传媒、时尚审美和消费文化等制造出来的。资本主义体系所能容纳的只是同质性事物的量的增长，不断创出的能量只能向外扩张，这正是帝国主义战争和各种破坏性暴力的根源。不同于在原始宗教生活中圣性事物旨在恢复生命的圆满，或者在封建王权结构中君王以荣耀的方式消耗掉臣民创造的财富，资本主义完全以占有、积聚和增长为宗旨，带来的是利益争夺、全球战争、大屠杀、核爆炸、环境污染等极端事件，呈现出一种走向灾难性后果的趋势。资本主义终究无法脱离耗费的趋势，但它却不承认自己需要耗费，而将耗费视为"被诅咒的部分"。

　　巴塔耶也认为，苏联模式的社会主义并没能对资本主义形成真正的挑战。资本主义经济是动态循环的，苏联社会主义的底座仍然是这样一种经济循环系统，区别只在于后者置换了资本积累的具体方式，并努力以更人性化的方式满足物质欲望。因此，它没有能够全面终结资本主义；相反的情况却是，一旦脱离作为经济底座的动态循环过程，它就会陷入停滞。① 此外，巴塔耶还发现，苏联模式的社会主义在实践中并没有能够充分有效地沟通个人与社会。社会概念被视为具体化的东西并凌驾于个人之上了，这导致个人生活受到了轻视甚至忽略。那些超越于个人日常生活之上的实体，既要求个人承担繁重的义务，又无法提供足够的福利，最终使个人对社会的归属感逐渐淡化了。

　　然而，尽管存在这些实践中出现的问题，巴塔耶仍然认为，社会主义的使命是要面向全球回答整个时代提出的问题。它最后的价值归宿不是止步于

----

① Michael Richardson, *Georges Bataille*, London and New York：Routledge, 2005, p. 95.

国家（nation），而是要关注如何终结资本主义，并最终走向人类新的未来。

4. 共产主义与新型共同体

共产主义是现存资本主义的真正对立面。当然，巴塔耶认为，共产主义并不是未来某个时段才出现的理想社会图景；它不是一个"具体"的未来，而是具有必然性的未来。所谓"必然"，就是它作为资本主义意识形态规则的对立面而出现的不可避免性。巴塔耶之所以被共产主义吸引，主要是因为共产主义是不可避免的，它是资本主义并不成立的意识形态规则的对立面。共产主义是什么？这不是一个可以用构思回答的问题，而要在对资本主义社会的思想和实践批判中才能生成、呈现出来。

同样，巴塔耶不再认为革命的关键在于掌握政权，而强调异质性对同质性的造反。他认为，即使在狱中，共产主义者也能继续改变世界。[①] 巴塔耶所理解的革命已经不是传统意义上的武装起义，而是要彻底打破资本主义物化的同质性体系的统治，恢复异质性的存在和以"否定"为定义的人的活力；革命的成功也不在于无产阶级在同一层次上反对资产阶级，并通过道德批判和强力镇压重建新的统治体系，而是要求一种完全异质性的实践，以及对资本主义社会的价值准则和运行体系的根本颠覆。

从这种带着空想和浪漫色彩的思想出发，巴塔耶甚至不再认同物质生产和所有制问题的重要性，而开始强调人之物性的消除。生产力高度发达和物质财富极大丰富是实现共产主义的前提，但是，在巴塔耶看来，生产本质上也是造成人与物之间同质性的根源，只有超越和摒弃生产，人才能恢复与物的异质性，才能获得至上的自主权。更深刻地理解共产主义，就要重视人相对于物性束缚的超越性，追求从物的统治之下解放出来。因此，如同"耗费"之于物的逻辑和秩序一样，在终结资本主义和实现共产主义的运动中，关键也不在于重新划分所有权、分配社会财富，而在于要彻底地从物性维度挣脱出来，走向一种新型的人际关系。

巴塔耶关于这种新型人际关系的思想，体现在他起草的"阿塞法尔"（acéphale）章程以及创建"阿塞法尔"共同体的实践中。在物性世界中，人群大众由于同质于生产而是奴性的，只有那些进行慷慨挥霍或纯粹耗费的人，才拥有超然于物的自主权。这样就借由对物及其生产的凌驾或从属关

---

① Georges Bataille, *The Accursed Share* I *consumption*, trans. Robert Hurley, New York: Zone Book, 1991, p. 185.

系，而形成了一种等级集权式的共同体结构。与此不同，在"耗费"所开辟的新境界中，人们不再是在至高性存在之下从属于物的人，不再是以理想化先验存在或共同理念为前提预设而统合在一起的人，而是彼此互为"他者"的人。他们相互吸引、倾向于接近对方却又始终不可到达，只是期待着和对方共同坠入一场神秘的体验，共同经历一段未知的命运。这是一种"对一面"的关系。① 基于这种关系，人们将形成一种"新的共同体"，这就是"阿塞法尔"。所谓"阿塞法尔"，就是"没有头部"和"缺少头脑"之意。没有头部，是指没有集权者、统治者；缺少头脑，是指不受理智思虑的单维辖制。巴塔耶认为，"阿塞法尔"共同体是"不具有共同性者们的共同体"，它不是同质化的、有至上事物君临的等级体系，不是依赖于知性的、对象化地通约了整个社会的共同体。② 它为最终超越既定的共同体和现存的资本主义社会提供了可能性。可以发现，巴塔耶这种对人际关系和社会形态的新构想，与马克思的"自由人的联合体"思想颇为接近。与对共产主义的僵化理解和对未来图景的生硬描绘相比，巴塔耶的共同体构想或许更接近马克思的本意。

---

① ［日］汤浅博雄：《巴塔耶：消尽》，赵汉英译，河北教育出版社 2001 年版，第 300 页。
② 同上书，第 317 页。

第五章 巴塔耶耗费思想蕴含的
存在论维度

人从物的脱离，同时要求人自身的改变。耗费所要求的人对于物的失去与人从物性的解放，从根本上说，是要求人自身存在方式的重塑。当然，作为前提，它首先需要一种对存在的追问方式的逆转；在此之后，则又涉及对自我观念的消解，以及向着存在方式的新的可能性的迈进。至此，可以发现，"耗费"对物性的消解，其实也是对人性自身的开拓。

一 存在的追问方式

耗费思想包含着对于存在的追问，但是，这种追问不同于以往在外围徘徊的关注"存在者何以存在"的追问，而是直接进入和把握存在者的存在本身；它也不是诉诸知识和语言，而是依靠"内在体验"，获得一种被称作"非知"（non‒savoir）的收获。或许可以说，在瞄准存在本身并切身地体悟存在的意义上，巴塔耶对于存在的追问毋宁说是一种"生存论"。①

1. 存在的理由与存在本身

许多哲学家追问存在者何以存在，或者追问生存的理由与根据何在，并陷入这一问题没有再做进一步的前行。然而，他们似乎忽略了一个更重要的问题，那就是存在是既成的，比追问"存在者何以存在"更重要的是存在者

① 关于"存在论"与"生存论"关系的详细阐述，可参阅邹诗鹏《生存论研究》，上海人民出版社 2005 年版，特别是第一章《存在论及"生存"词义考辨》，第 18—77 页。鉴于中文表达习惯，本书仍旧沿用"存在"（存在者的存在）作为与 existence 对应的词，而只在需要明确表达生存论意蕴处选用"生存"。

已然存在着，我们应该思考的不是存在的理由，而是存在本身；更进一步说，我们不仅应该思考存在，还应该切身地体悟存在。

巴塔耶避开了概念体系的演绎，而直接关注生生不息的生命过程本身。伦敦大学的迈克尔·理查德森曾经指出，巴塔耶拒绝任何以超验形式提出的希望。他写道："巴塔耶的著作体现为对存在的理由的一种深刻的拒绝，这种关于存在理由的追问，被他视为理性的一种疾病。"① 认为我们能够理解任何超出我们的存在框架（existential framework）之外的事物，这是徒劳的和幼稚的。换言之，我们不可能从自己的存在框架中跳出来，转而在生存之外来审视和思考存在。或许正是由于这个原因，巴塔耶才断言："没有必要解决存在之谜。甚至，没有必要去问它。"② 可以认为，理查德森的判断总体上是正确的。虽然按照哈贝马斯的说法，巴塔耶与海德格尔都继承了尼采对现代性的深刻批判，但是，不难发现，巴塔耶并没有像海德格尔那样沿着形而上学的方向去构建一种"基础本体论"，没有理会诸如为存在论奠基这样的工作，而是在内在生活的领域直接地阐发和描述了他对于存在的探索与领悟。

然而，理查德森的论述还不够充分，他的判断只把握住了总体的方向，却没有将巴塔耶思想的更深层内涵充分揭示出来。事实上，随后就会看到，巴塔耶恰恰是要突破既定的存在框架。巴塔耶的生存论以至存在论思想的重要内容，就是要消解人类现有的、固化的生存方式，把人类从中解放出来。巴塔耶拒绝纠缠于存在的理由，从根本上说，并不是因为我们无法超出我们的存在框架，或者这种理由处于生存之外我们无法理解，而是因为这种关于理由的追问本身就是一种奴性的思维方式的体现。为生存寻找理由，其实就是把生存置于被审视的和从属性的地位，而这又源于人们从开始制造工具时起就形成的一种观念，这种观念认为物与物之间必然具有功利性的联系，即一个事物的存在必然要对另一个事物有用，各个事物之间必然要形成彼此互为手段或目的的联结，似乎只有在这种具有功用性的与他物的联结中，此物才能确证自身。一直以来，人们浸淫于这种观念而不自知，以至于在追问存在问题时仍然无法摆脱它的束缚。这就导致了将存在遗忘、遮蔽或者干脆沦为存在者，而执着于对存在的理由的追问，正是这种惯性思维定势的具体表

---

① Michael Richardson, *Georges Bataille*, London and New York：Routledge, 2005, p. 27.

② Ibid.

现。巴塔耶却拒斥了这种思维定式，并认为，奴性的生存才需要理由，自主性的生存是根本不需要理由的。

巴塔耶撇开了关于存在理由的思考，自觉集中于关于存在本身的讨论，直接就存在本身来把握存在。这样完成的，不仅仅是思想方法的转换，而且从根本上改变了哲学的内容与领地。在西方学界，巴塔耶总体上被视为一位研究过剩（经济的）和违犯（道德的）的哲学家。他关注的是对生存之本质的审问，他的著作也被用来使极端行为合法化，特别是其中的诗歌、内心独白、零乱的思绪、不成章的呓语，这些都成为了哲学的内容。事实上，他拒斥了传统的哲学定义，哲学不仅是思辨，也更是体验。他以体验的方式，以在其中活着的方式，探索着存在，使存在得到流露和呈现。

巴塔耶的存在论已经是一种生存论。这不仅表现在他以体验的方式探索存在，具有生存论的意味，更表现在他的存在论思想所关注的内容其实就是人的生存问题。事实上，巴塔耶最终取消了存在概念，而用"空无"（néant，英文译为 Nothing）或"黑夜"（nuit）取而代之。这从传统意义上的存在论视角来看，或许可以归属于虚无主义传统；然而，从生存论的角度来看，巴塔耶以空无或黑夜为前提对人的生存意蕴的描绘，又具有丰富的含义。这体现在"机缘"（chance）这一特殊概念中。巴塔耶曾说：黑夜比存在丰富；机缘从黑夜中来，又回到黑夜中去；黑夜不存在，机缘也不存在；机缘是它所不是的东西，而存在只是机缘的沉淀。[①] 黑格尔曾说，存在是最贫乏的概念；与此相应，巴塔耶则说，机缘是最丰富的概念。机缘在有无之间，它面向着未知的黑夜，面向各种未曾有过的可能性，使生命体现为不断延展的开放过程。

应当注意的是，巴塔耶的存在论或生存论，并不属于人们熟知的那种生存实践论。在对于西方哲学发展史的总体理解中，有一条根本性的线索，即从传统知识论到生存论实践的发展。[②] 如果在这样一条线索中来定位巴塔耶，那他所关注的，无疑不是知识论问题，而是生存论问题；但是，作为一个特立独行的思想家，巴塔耶显然又是这条线索中的异类。显而易见，巴塔耶的生存论并不是奠基于"实践"。在《论尼采》中，他说："只有以某种方式

① Fred Botting and Scott Wilson eds.，*The Bataille Reader*. Oxford：Blackwell Publishers，1997，p. 51.

② 俞吾金：《从传统知识论到生存实践论》，《文史哲》2004 年第 2 期，参阅文史哲编辑部编《知识论与后形而上学：西方哲学新趋向》，商务印书馆 2011 年版，第 1 页。

超越了行动的阶段时，我才能完全地（totally）存在。否则，我就成为了士兵、职业革命者、学者——不是'完整的（whole）人'。"[1] 在巴塔耶看来，人的行动总是指向一个外在的目标，在这种行动中，人的生存体现为对时间的经营，每一刻的时间都是有用的，都是向着某个外在的目标迈进，这就使人变成了破碎的存在，无法保持自身完整的本性。其中，即使是反对压迫的斗争，也是消极的，因为这种斗争意味着必须首先异化自身，将自身让渡出去，成为坚定的战士或"一颗革命的螺丝钉"。由此可见，巴塔耶的生存论所侧重的，不是积极有为的社会实践，而是以否定性为内容表达出来的人的整体性。

2. 知识、语言的界限与内在经验

巴塔耶的知识观与他的存在论一脉相承。与拒斥外围思考、直接体悟存在的思想进路一致，他对于知识也持彻底否定的态度。他有限的关于知识问题的论述，也总是以消解知识、提出"非知"为己任。可以说，巴塔耶知识观的要点，就在于从根本上消解知识的价值。

巴塔耶所关注的，并不是知识的无能，而是知识的贫乏与奴性。如果认为我们无法认识那些超出了我们的存在框架之外的东西，或者说借助知识无法在生存之外认识存在，这种观点，其实仍是一种从知识论的立场出发而得出的结论。巴塔耶直接跳过了这种知识论的思路，几乎没有去关注知识到底能否通往存在、处于我们的存在框架之外的东西能否被认识等问题。在他看来，问题根本不在于知识能否到达生存之外，而在于知识无法到达生存自身。生命在思想之外；那些基于概念演绎而得到保存或阐发的凝固的知识，只能把握外在的、客观的对象，却无法把握鲜活的生命过程。这正如巴塔耶所说的那样："我活在感性的经验里，而不是逻辑的解释里。"[2] 不管知识能不能到达存在，能不能把握生存本身，即使把这个问题暂且悬置不论，也应当看到，知识本身是奴性的，因而是不足取的。我们知道，在黑格尔哲学中，知识是在时间中展开、在话语中呈现的。这种知识总是表现为一种为特定目的而进行的有计划的努力，并且总是表现为这种努力的过程，而不是最终的、超越了有用性的结果。巴塔耶认为："去认识就是去努力、去劳作；

① Fred Botting and Scott Wilson eds., *The Bataille Reader*, Oxford: Blackwell Publishers, 1997, p. 336.

② Georges Bataille, *L'expérience intérieure*, Paris: Editions Gallimard, 1954, p. 45.

它总是一种奴性的工作，无尽地重启，无尽地重复。"① 这种持续着的奴性，是巴塔耶摒弃知识的真正原因。巴塔耶所追求的，始终是瞬间发生的自主性，这种自主性只能属于已然消解了知识的领域，即"非知"的领域。

巴塔耶不仅消解了知识，也顺带消解了一切为外在目的而服务的工具或方法。实现自主性的途径既非知识，也非预先设定的方法。方法总是工具性的，因此也同样是奴性的，而通过奴性的中介无法到达自主性。因此，在关于方法的讨论的一开始，巴塔耶就明确指出："我更愿意考察本质性的东西，而不在方法问题上徘徊不前。"② 可以说，巴塔耶舍弃了一切关于中介、过程、工具、方法的讨论，而直接去关注"本质性的东西"了。

更为彻底的是，巴塔耶甚至也消解了语言。在巴塔耶看来，语言并不是传达内容的工具，而只是消灭语言自身的方式；他让语言相互抵消，而这其实也是一种对语言的"耗费"。巴塔耶寻求的是自主性，是作为真正的沟通的狂喜（extase），而这一切都是语言所不能涵盖的。在惯常的语言使用中，我们局限于话语和戏剧性的告诫，无能地进行着纠缠于真理的争辩，然而，真实的生活却是在此之外的。因此，我们应当消解语言，走向静默，走向内在的运动。"静默作为句子，已经不是句子，呼吸作为客体，已经不是客体。"③ 或许是受了印度文化的影响，巴塔耶的思想中颇有归于空寂的意味。美国天主教大学的简－迈克·海姆奈特教授（Jean－Michel Heimonet）在评析萨特对巴塔耶的批评时就曾指出，在巴塔耶与萨特的分歧中，语言观是一个重要的方面。巴塔耶质疑语言，在他的作品中，激情总是挣脱了话语的框架，感情（feeling）在行文中四溢。对巴塔耶来说，语言似乎是应该被憎恨的，它就像思想与生命之间的一道屏障，使人无法进行鲜活、直接和充分的表达。在《内在经验》中，巴塔耶对语言的憎恨就表现为词语的献祭，就是让词语被随意支配，让词语自己毁灭自己，以这种方式让语言说出语言之外的东西。这种对词语的"大屠杀"，是悖谬性地让语言面对他者，即激情和意志，以此来重新激活语言。相比之下，萨特则从始至终都是一位经典作家。对萨特来说，语言只是一种可信赖的工具，因此，萨特的文学作品，只

---

① Georges Bataille, *The Accursed Share* Ⅱ *The History of Eroticism* Ⅲ *Sovereignty*, trans. Robert Hurley, New York：Zone Book, 1993, p. 202.

② Ibid., p. 201.

③ Georges Bataille, *L'expérience intérieure*, Paris：Editions Gallimard, 1954, p. 29.

是他的哲学思想的形象化表现。^① 当然，这种区分只是相对的，事实上，巴塔耶不仅宣泄激情，也进行理智综合。虽然巴塔耶著作的内容是有关"空无"或"黑夜"的，但他的写作态度却是严谨和力求清晰的。在这个意义上，巴塔耶的作品或许可以被视为哲学与诗歌的混合。他是在用哲学的语言叙述精神的冒险。

巴塔耶消解了知识、方法以及语言，之所以如此，根源就在于他对存在的独特的追问方式，即他关注的不是存在的理由，而是存在本身，特别是人的生存本身。就人的生存来说，我们可以从自身的生命体验出发来把握流动着的、活生生的生命，这显然是不需要中介的。因此，虽然巴塔耶拒绝了知识和工具性的方法，但这并不意味着他放弃了对存在的追问，或者失去了任何把握存在的途径。他消解知识，目的并不是拆断通往存在的桥，而为了寻找真正的、更好的路。巴塔耶说："没有知识的溶解，我们就不能达到知识的最终对象。这种知识的目的是要把它的对象降低为被降服和被管理的物的状况。知识的终极困难，就如同耗费的终极困难。没人能既知道又不被破坏，没人能既消耗财富又使它增长。"^② 一旦用知识去把握对象，也就同时破坏了对象。我们所能把握的，只是事物的外表或影子；在稍好一点的情况下，即使用诗歌来把握和表达，即使称为情感的亲密或深刻，这对于生命的本身而言也是徒劳的。真正的对象，是不能用知识和语言把握的，只能依靠生命本身的体验进行直接的沟通。

巴塔耶最后所倚重的，就是生命的自身体验，即"内在经验"（expérience intérieure）。这种内在经验，是巴塔耶消解了知识，甚至消解了理智思维和话语陈述之后所诉诸的途径。日本东京大学的汤浅博雄教授指出："巴塔耶要阐述的最本质的部分，是'我'无论如何无法将其对象化加以捕捉、不可能客观地加以认识的领域，是完全超出'我'能够明确划分、表达的领域的层面。也就是说，因为这是一个'我'不可能通过将其表象化穷尽认识的层面，是惟有通过'在其中深深地活着'才能迫近其真实的层面。"^③ 这里所说的"在其中深深地活着"，指的就是内在经验。简单说来，

① Jean – Michel Heimonet, "Bataille and Sartre: The Modernity of Mysticism", *Diacritics*, 26 (2), 1996, p. 60.

② Georges Bataille, *The Accursed Share* I *consumption*, trans. Robert Hurley, New York: Zone Book, 1991, p. 74.

③ ［日］汤浅博雄：《巴塔耶：消尽》，赵汉英译，河北教育出版社 2001 年版，第 3 页。

它体现为生命体验的深层探索和自我觉解，并借由这种内在的经验向外在的无限连续性扩展与回归。内在经验的路径不同于传统意义上的哲学沉思。在巴塔耶看来，传统哲学只是对生命过程的残存痕迹或生命运动的沉淀物的反思与陈述而已。"内在经验与哲学的原则性区别在于：在体验中没有什么是被陈述的，被陈述的东西如果不止是手段，那也是和手段一样的某种障碍；重要的不再是关于风的陈述，而是风本身。"① 显然，巴塔耶超越了知识、话语等作为手段或障碍的东西，他借助于内在经验想要尝试把握的，正是人的生存本身。

巴塔耶还不断拓展生存的边界，探索存在的可能性。巴塔耶的写作，不仅仅是对存在经验或生存体验的惰性描述，在许多时候，也是对存在经验的一种探索。理查德森指出：巴塔耶想要探寻无意识的黑暗力量，测定生存的极限；他几乎是采取科学试验的方法来达成这一任务的，他让自己进入极端体验，但是，他并没有被这种极限所诱惑。② 在这里，理查德森是想强调巴塔耶写作方式的严肃性，以及作为一位认真对待自己作品的思想家的可信度。值得我们关注的，则是巴塔耶的思想内容。作为学院外的哲学家，巴塔耶的思想活动并没有边界的限制，因此很难用学科或专业划分的方式去理解他，但是，当我们考察他所关注的问题时，则会发现这些问题几乎都是围绕着对于人的生存的探索。这种探索，是向着生存的极限处迈进的。在人们习以为常的生存方式之外，巴塔耶正视着、挖掘着人性中低俗的或圣性的方面。他无视伪装与掩饰，将一切可能的人类活动袒露出来，对于一切被视为恶的、体现原始动物性的东西不但毫不回避，反而甚至乐此不疲。其实，巴塔耶是以这种方式揭示着人的现成存在方式的有限性，并试图释放出更多的、潜在的可能性。

这种对于人的生存的探索，体现了一种切己体察的思想路径。巴塔耶的思想糅合了许多社会学和人类学的因素，但是，把他与社会学家和人类学家区分开来的是，他的论述不是从一个外在的对象而是从其自身的内在体验出发的。这是一种由内而外的生发。或许，对巴塔耶来说，个体和整体有着同等重要的方法论地位，两者之间是互通的；个体是整体的内在化，而整体是个体的外在化。因此，我们就可以通过理解自己来理解他人，就可以通过个

---

① Georges Bataille, *L'expérience intérieure*, Paris：Editions Gallimard, 1954, p. 25.

② Michael Richardson, *Georges Bataille*, London and New York：Routledge, 2005, p. 26.

人的内在经验以及我们与整体之间的关系来把握整体。简言之，我们可以"以己推人"。只是，这不是理性的推测，而是"内在经验"的向外延展。这种独特的思想路径，是对关注语言和逻各斯的"纯思"路径的反叛。相对于西方思想的主流而言，巴塔耶成为了异类；但是，相对于中国传统思想而言，巴塔耶却又有几分似曾相识。中国传统思想的诸多内容，都强调从每个人自身能够感受到的经验直觉开始，然后把这种从经验直觉所得的体悟发扬出来。它从每个人的本心开始，切己领会，又推而广之。这不是一种纯粹之思，而是一种存在之思，是有生命的领悟。它是和生命历程、生命体验融为一体的运思过程。当然，巴塔耶并不像中国传统贤哲那样在追求德性修养和人格成就，而是追求生命可能性的边界，或者说，试探生命的不可能性；同时，巴塔耶又有着基于西方科学传统的自觉性，并因此而努力作出精致入微的描述和具有逻辑力量的论证，这也是与中国传统思想相比具有不同特征的地方。

　　3. 超现实主义与存在主义的批评

　　这种内在经验的思想路径也遭遇了非议与挑战。其中，最值得关注的，是分别来自超现实主义和法国存在主义的批评。

　　巴塔耶的思想与超现实主义其实有许多相近之处，但是，这并不能掩盖两者的严重分歧。超现实主义运动是在巴塔耶早年时期，即 1920—1930 年间，对法国影响较大的一种文学运动。它主张作者可以进行无意识写作，以所谓"超现实""超理智"的梦境和幻觉等作为艺术创作的源泉，认为只有这种超越现实的"无意识"世界才能摆脱一切束缚，最真实地显示客观事实的真面目。巴塔耶的"内在经验"思想显然是与此相近的。但是，他却从一开始就与超现实主义运动保持了距离，在许多朋友都加入了以安德烈·布勒东（André Breton，1896—1966）为首的超现实主义团体的情况下，他仍然不为所动，以至于布勒东在 1929 年的《超现实主义第二宣言》中对巴塔耶进行了猛烈的攻击。这当然也引起了巴塔耶的还击。就思想内容而言，两者之间的最大分歧在于，布勒东批评巴塔耶沉溺于对低俗、下贱、肮脏和充满污秽的事物的关注中；而"在巴塔耶看来，布勒东的主张中潜藏的指向'高贵'和'理想性'（他本人未能意识到）的倾向阻碍了对于'两义性'（ambiguity）和弗洛伊德所阐述的'两价性'（ambivalence）作真正的理解"。[1]

---

① ［日］汤浅博雄：《巴塔耶：消尽》，赵汉英译，河北教育出版社2001年版，第9页。

因此，超现实主义的所谓"梦的解放"和"性的解放"，都被巴塔耶视为"观念论式的东西"，而且，这种"观念论"也导致了超现实主义团体排斥异己的同质性特征，这也是巴塔耶所不能接受的。概言之，两者虽然都强调应当依据内在的生命体验，但是，超现实主义却是向上的、抽象化的，巴塔耶的"内在经验"思想则是全面的、激进的，拒绝了前者那种片面化的特征。

巴塔耶的思想路径在后期所受到的主要批评，则是来自占据学术主流和权威地位的、以萨特为代表的法国存在主义。萨特区分了"自在的存在"与"自为的存在"，前者是不能领会、理解、体验到自身存在意义的那种存在者，即物或"自然的存在"；后者是能意识到、领会到自己存在意义的存在者，即人。而且，萨特指出，"人是虚无由之来到世界上的存在"；① 虚无在存在的内部，"虚无就是存在的洞孔，是自在向着自为由之被确立的自我的堕落"，人的实在是存在内部的虚无的唯一基础。② 可以说，巴塔耶与萨特分别关注了空无（nothing）和虚无（nothingness），并且都从人的存在着手进行了揭示。但是，两者之间的差异也是巨大的，这些差异在萨特对巴塔耶的批评中有明显体现。1943 年，巴塔耶正式出版了《内在经验》一书，这本书与同年出版的萨特的《存在与虚无》相比，显得完全不合时宜。③ 萨特对这本书的评论是尖刻的，他对巴塔耶提出了诸多指责，其中最严重的就是认为巴塔耶盗用了哲学的词汇来为其神秘主义的目的服务，由此创造了一种新的神秘主义。这种评价当然包含着某种误读。美国学者彼得·翠西·康纳（Peter Tracey Connor）指出，两者之间的根本区别在于，巴塔耶想把哲学与神秘主义结合起来，而萨特则倾向于把到达知识的神秘路径与哲学路径分隔开来。④ 简－迈克·海姆奈特教授则进一步指出，作为一位大哲学家，萨特毫不留情地指责巴塔耶在哲学上很幼稚，却忽略了巴塔耶在这本书中试图展示的对概念的献祭，以及对现代人关于这种献祭的怀旧情绪的驱除。⑤ 萨特

① ［法］萨特：《存在与虚无》，陈宣良等译，生活·读书·新知三联书店 2007 年版，第 53 页。
② 同上书，第 114 页。
③ Peter Tracey Connor, *Georges Bataille and The Mysticism of Sin*, Baltimore & London：The Johns Hopkins University Press，2000，p. 16.
④ Ibid.，p. 32.
⑤ Jean－Michel Heimonet，"Bataille and Sartre：The Modernity of Mysticism"，*Diacritics*，26（2），1996，p. 59.

在启蒙传统和马克思主义的影响下，指责巴塔耶复活了上帝，以迂回的、绕开一切教条与仪式的方式建立了一种新的宗教。巴塔耶则明确指出，内在经验与传统的神秘主义是相对立的。"圣性"不是意味着获得相对于世俗生活的超越性，而是要对思想和语言、对自身的存在方式进行无尽质问。如果说传统的神秘主义还是一种积极的、模拟丰富情感的话语，那么，在巴塔耶这里，语言已经不再只是表达内容的工具，而是变成了不及物的符号。巴塔耶的内在经验是在耗尽人类知识和理智资源之后向着"空无"的接近，或者说，是不通向任何实证客体的。萨特显然没有意识到巴塔耶的内在经验与神秘主义这种重要差别。此外，在对黑格尔辩证法的继承上，巴塔耶没有像马克思那样将辩证法引向社会历史观，也没有像萨特那样以辩证法作为处理存在与虚无问题的起点，而是受到科耶夫的影响，彻底拆解了辩证法。巴塔耶关注的不是扬弃，而是不妥协的对立与否定。在异质学思想的基础上，语言和精神的运动所导向的不是矛盾的和解或超越，而是彻底的反抗和自主权。概言之，巴塔耶与萨特代表了寻求圣性或绝对的两种不同路径，巴塔耶不再像萨特那样借助语言的力量去引领行动、创造历史，而是在写作中进行着语言的自我消解与意识的内在批判。

二　出离到"我"之外

巴塔耶的存在论关注的是人的生存，特别是人的生命体验及其边界的逾越，所以，他的论述和创作多是从"我"开始的。第一人称或虚构人物的心理描写，是巴塔耶作品中最常见的内容。但是，这种第一人称的言行心迹，是自我颠覆的，是对传统的"我"进行消解而出离到"我"之外的。

1. "我"的确定性的消解

对于自我确定性的消解，或许是巴塔耶思想中最具冲击力和颠覆性的内容。汤浅博雄在袒露他研究巴塔耶的心迹时说，一直使他最为不解、好奇和关注的，就是巴塔耶对于"我"的确定性的质疑。人们总以为我是本来固有的我，我不会成为我以外的东西，"但是，巴塔耶却重新追问这个'我'，他给主观＝主体的确定性打上了一个问号。他写道：我作为'我'而存在是可靠的吗？这值得怀疑。"① 这种对"我"的确定性的质疑，经由内在经验的探索，而使自我观念发生了深刻改变。它从根本上动摇了人的生存根基，并将要求人的生存方式的解构与重塑。

既成的"我"的观念包含了什么内容，又是如何形成的呢？正如巴塔耶的"圣社会学"曾描述的，人类自我是从自然中脱身而出的，而在精神发展的"人性"阶段，作为理性主体和生产者的人类自我成为了主导形态。正是这种主导形态，深刻地塑造了现代人的自我观念。事实上，当一个成熟的现代人进行人生规划、事业经营和生活安排时，他思考的前提与起点往往就是这种居于意识深处的"我"。正是这个"我"，在进行着理性的思考和财富的运作，在追求着成功和幸福。然而，在作为思想者和生产者的"我"的形象背后，促使"我"形成的更深刻根源，却在于有限性。人生的有限性，是我们从一个偶在的个体出发时要面临的第一个问题。自古以来，所有觉醒了的人，都曾为这个问题而苦恼，并试图寻求解决之道。遍求仙丹的秦始皇如此，甚至初为猴王的孙悟空也是如此。这种超越人生有限性的尝试，又基本上都以失败告终；有限性是生存的宿命，谁都无法挣脱这一点。造就有限性的是死亡；有限性之所以无法挣脱，就是因为死亡横亘在前。正是死亡使浑然一体的连续性发生了断裂，使个体的人的生存成为了一个片断。随之而来的问题则是，我们该如何看待死亡呢？死亡是生命存在的对立面，还是恰恰是死亡使生存得以完成？按照巴塔耶的观点，死亡既是生命的否定，也是生命的完成；生命因为受到死亡的威胁而得到滋养。死亡作为既定的法则，是使生命得以可能的条件。这不仅在于，在新陈代谢的意义上，死亡为新生命的来临提供了空间，更在于死亡使个体生命成为具有明确界限的独立存在，即"我"。从根本上说，关于死亡的讨论所引发的，是有限性与连续性之间的联系问题。活着，意味着一种具有有限性的存在；这种存在，依据限定它的界限而被定义。正是由这种有限性的存在出发，意识才自认为是独立自存的。

这种作为"我"的独立自存的意识，面临着两条可供选择的道路。第一条是黑格尔的"主奴辩证法"所揭示的道路：意识发现只有自己是不够的，为了认定自己，意识还需要与他者发生联系，需要在这种联系中通过另外一个意识来确定自身。比如，相对于那一个奴隶，我是主人；关键是，他承认

---

① ［日］汤浅博雄：《巴塔耶：消尽》，赵汉英译，河北教育出版社 2001 年版，第 369—370 页。

我是他的主人。第二条是巴塔耶要指出的道路。从巴塔耶的思想来看，他显然不会认同黑格尔所揭示的道路，因为在黑格尔这里，意识的他者与意识之间仍是同质性的，它并不能使"我"得到解脱，只会在徒劳的努力中陷入苦恼意识，并将这种苦恼视为生存的基本状况。因此，必须改弦更张，寻求相对于意识的异质性存在，这就是连续性。外在于自身的连续性，是作为有限性的自我意识的唯一的、真正的参照。而且，这种参照不仅意味着静观比对，更包含着一种运动生成。作为有限的、非连续性的存在，意识的真正渴望就是想要达到外在于它的连续性。试图回到失去了的连续性状态，这是在"我"的层面上精神运动的基本方向。

在巴塔耶这里，有限个体的消解意味着向连续性的重新回归。在研究夸富宴时，他曾注意到财富的竞争性摧毁和失去对于参与者的意义："人们从失中有所得。它让人领会到那从他所失去的，把宇宙的无限运动与属己的有限性结合起来。"① 在论述色情（érotisme）与理智的区别时，巴塔耶又指出：和色情比起来，"理智的世界成为一个单调的和从属性的世界，一个充斥着有用的、孤立的事物的世界，在这个世界中，艰苦的劳作是其法则，我们每个人都应该按机械的秩序安排自己的位置"。② 然而，对于人的生存而言，理智的世界相当有限，在理智的世界之外还有更为丰富的感性体验。那些迷人的事物往往诉诸激情而非理智。理智无法确证激情的力量，于是就幼稚地以为自己有责任否定这种力量。"其实，理智失败了，因为它首先的冲动是抽象，把沉思的对象与现实中的具体的总体性分隔开。"③ 当打破了理智的界限之后，"我觉得存在的总体（宇宙）吞噬了我（在肉体上），如果它吞噬了我，或者由于它吞噬了我，我不再能从中分辨出自己；什么都不存在了，除了这与那，比这什么也没有更无意义。在一定意义上，这令人无法承受，我似乎要死去了。无疑，正是以此为代价，我不再是我，而是自失于其中的无限……"④ 就色情而言，"个体的爱"是向连续性回归的集中体现。巴塔耶指出："个体的爱的对象，从一开始就是宇宙的形象，这个宇宙是在站在它

① Georges Bataille, *The Accursed Share* Ⅰ *consumption*, trans. Robert Hurley, New York: Zone Book, 1991, p. 70.

② Georges Bataille, *The Accursed Share* Ⅱ *The History of Eroticism* Ⅲ *Sovereignty*, trans. Robert Hurley, New York: Zone Book, 1993, p. 24.

③ Ibid., p. 112.

④ Ibid., p. 115.

面前的主体对它的无限耗费中呈现出来的。"① 在巴塔耶看来，在爱中被爱的，正是宇宙本身；对于爱者来说，那被爱的对象其实是宇宙的替代品。这种爱本身就是耗费，它让其主体向宇宙敞开，不再与宇宙区分开来。爱，就是个体自我消解自身并回归到整个宇宙的连续性中去的过程。至此，我们像经过一段漫长跋涉，又回到了耗费的主题，而耗费的更深层意蕴也终于呈现出来了。

然而，关于巴塔耶消解自我的理论意义，并没有就此终止。在我们看来，巴塔耶看待这个问题的方式，颇近于中国古人中的庄子。在他们的思想路径中，问题都不在于如何积极有为地超越人生的有限性，实现自我之价值、人生之抱负，而在于人生的有限性本身是成问题的。人生之有限，意味着自我之确定。固执于自我，于是生惶惑。这种惶惑，体现为念念不忘要去有所得，要去占有。然而，越占有，自我之执迷越深。这种恶的循环，如同往而不复的深渊。而在纯然失去的耗费中，却有可能破除这种执迷，将自我溶解于宇宙之无限，与天地同往来。由此看来，巴塔耶也好，庄子也好，都在讲述一种不同现代性的另外的可能，一种精神上、观念上的无我之境。

在西方文化传统中，巴塔耶思想的社会意义又体现为个体的有限性和整体的连续性之间的对比与沟通。换言之，就社会而言，个体对应于有限性，整体则对应于连续性。这使他与其他宣称个体自我消解的哲学家们又有所不同。个体自我的消解，在 20 世纪曾以一个响亮的口号被表达出来，这就是继尼采说"上帝死了"之后，福柯喊出的"人也死了"。福柯说："人消失了，就像在海边沙滩上画的一张脸被潮水冲刷而去。"② 然而，与福柯以语义学等路径实现的自我消解不同，巴塔耶并没有彻底抛弃个人主义，而是承认了个人主义作为一种必要的意识形态构造在西方文化中占有的中心地位。他要做的，只是重新平衡个人与社会之间的关系，削弱过于强势的个人主义文化，重塑社会性价值。具体来说，就是要把个人重新纳入集体生活的经验中去。一方面，可以认为，个体的存在只有在与他人的关系中才能得以形成和确认。正如马克思早已揭示出的："人的本质并不是单个人所固有的抽象物。

① Georges Bataille, *The Accursed Share* II *The History of Eroticism* III *Sovereignty*, trans. Robert Hurley, New York: Zone Book, 1993, p. 161.

② Michel Foucault, *The Order of Things: an Archaeology of the Human Sciences*, New York: Vintage Books, 1973, p. 387.

在其现实性上，它是一切社会关系的总和。"① 另一方面，整体在一定程度上
又是连续性的体现。在耗费中，个体得到了消解，被融入连续性中去或者被
结合为整体。耗费将诸个体最紧密地结合在一起，主体的意义也随之发生了
变化。主客体之间不是互为征服与被征服的他者，而是最佳的耗费组合。巴
塔耶说：爱人之间的耗费是经双方同意的，而爱把爱人们结合起来的目的只
是为了花费，从愉快走向愉快，从高兴走向高兴，"他们的社会是耗费的社
会，与国家相反，后者是获取的社会"。② 这种基于耗费的结合，形成了真正
能够融化个体的整体。这意味着个体在一定程度上实现了向连续性的回归，
而连续性在这里则具体体现为社会的整体性或作为整体的社会。

2. 从"时间"中解放出来

在消解自我并向连续性回归的进程中，最为关键的环节在于重新领会
"时间"。在现代西方哲学中，敏锐地关注存在与时间的关系并予以深刻阐述
的，应当首推海德格尔。按海德格尔的看法，时间是探究存在论的入口。在
对存在的领会和解释中，"此在由之出发的视野就是时间"，"我们须得源源
始始地解说时间性之为领会着存在的此在的存在，并从这一时间性出发解说
时间之为存在之领会的视野。"③ 此在是具有时间性的存在者，时间是此在领
会存在的视野。因此，在海德格尔这里，时间也就成为存在论绕不开的核心
问题，和借以批判流俗观念而建立自身的根本依据，"一切存在论问题的中
心提法都植根于正确看出了的和正确解说了的时间现象以及它如何植根于这
种时间现象。"④ 显而易见，在这个阶段，海德格尔是明确地将存在论问题锚
定于"时间"之上了。

既然海德格尔揭示了"时间"对于存在论问题的根本性意义，那我们接
下来就以海德格尔为参照来探讨存在问题。但是，我们不能亦步亦趋地跟随
着他的思路，而要尝试提出这样两个相互关联的问题：为什么一定要从"时
间"出发通向存在？能否设想取消"时间"或取消此在的"时间性"呢？
关于第一个问题，我们刚才已经提及，海德格尔之所以以时间作为存在论的

① 《马克思恩格斯选集》第 1 卷，人民出版社 1995 年版，第 60 页。
② Georges Bataille, *The Accursed Share* II *The History of Eroticism* III *Sovereignty*, trans. Robert Hurley, New York：Zone Book，1993，p. 162.
③ ［德］海德格尔：《存在与时间》，陈嘉映、王庆节译，生活·读书·新知三联书店 1999 年版，第 21 页。
④ 同上书，第 22 页。

超然物外

入口，在于此在具有时间性，此在经由时间领会存在。换言之，时间是此在的存在样式，从此出发，就必然要从时间入手。在这里，作为此在的存在样式的时间始终是前提。由此我们发现，在海德格尔这里，此在的时间性是既定的，这是他整个思路的逻辑起点。但是，这个前提预设到底能不能被改动呢？此在的时间性，是应该被接纳，还是应该被反思甚至被批判呢？这是我们提出的第二个问题。如果我们从"时间"中跳出来，或者说，批判甚至拒斥此在的时间性，这意味着我们将有可能通往一种不同于"基础本体论"的新的存在论。从巴塔耶的思想来看，这的确是可能的；至少可以说，巴塔耶的思想是具有这一倾向和潜质的。

海德格尔关注此在的时间性，与此类似，巴塔耶也关注时间性对于人类自我形成的构造意义。对于巴塔耶而言，这种时间性主要体现在"谋划"中。什么是谋划呢？汤浅博雄是这样解读的："简单说来，即'现在此时'做某事、进行操作、从事活动，惟有'期待'着到'之后理应到来之时'能将其成果弄到手，能拥有某物，能对自己有益才能实行——所谓'谋划'亦即这样一种行为模式。"[1] 谋划是人类在世界上"行动"时，不管自觉与否都必定遵从的模式。质言之，谋划就是将"现在此时"系于"之后理应到来之时"，就是将实存向更加迟后延期，"此时此地的生"唯有作为彼时到达目标的过程、作为彼时完成事物的手段才有意义。巴塔耶还指认了基督教教义中的"救赎"是造就谋划观念的"元凶"，是它将人类的精神一直向着彼岸悬立，从而在谋划观念的形成过程中发挥了重要的作用。在谋划中，人的行动以至生存都要以"将来"为支撑，人实则是一直活在"期待"中。这种描述，与海德格尔的此在的时间性一样，显示了"将来"在时间中具有的优先地位。海德格尔曾说："源始而本真的时间性的首要现象是将来。非本真时间性本身有其不同的到时样式；将来所拥有的优先地位将与此相应而有所改观，但这种优先地位也还会在衍生的'时间'中浮现出来。"[2] 海德格尔只是依据"衍生"与否，区分了非本真的与本真的时间性的差别，但是，在这两者中，"将来"都是占有优先地位的。巴塔耶以"谋划"所揭示的时间性，作为坐标或框架，或许可以对应于"非本真的"时间性；作为意

---

① ［日］汤浅博雄：《巴塔耶：消尽》，赵汉英译，河北教育出版社2001年版，第37页。
② ［德］海德格尔：《存在与时间》，陈嘉映、王庆节译，生活·读书·新知三联书店1999年版，第375—376页。

·112·

识活动，或许可以对应于"本真的、源始的"时间性。归根到底，在巴塔耶这里，人就是服从于这样的谋划观念的实存。作为人的本质的理性，其实质就是谋划观念；所谓理性地思考，正是脱离了具体时空的对时间的谋划。这一切都奠基在作为人的存在方式的时间性的基础之上。

　　但是，巴塔耶与海德格尔的重要区别在于，他从一开始就对人类自我的时间性构造持鲜明的批判态度。换言之，巴塔耶是从根本上抵触、无视人的时间性结构的。正如瑞贝卡·蔻梅（Rebecca Comay）指出的：巴塔耶关注的是社会经验的领域，并不通向海德格尔式的时间结构。① 在《内在经验》第一部分"内在经验的一个导论的手稿"中，巴塔耶写道："反对谋划观念，占据了这本书的本质性部分"。② 我们看到，这种反对接下来是通过以"痛苦"（supplice，又译为"刑苦"）为主题的各章而展开的。那么，"痛苦"指的是什么呢？巴塔耶说："去面对不可能性——越出的、无可怀疑的——当在我看来再也没有什么是可能产生神性体验的；这就类似于痛苦。"③ 痛苦就是直面"不可能性"的体验，就是在失去了神性（divin）及其信仰之后，在失去了自我的确定性之后，沉入存在的黑夜，成为无法认知的"空无"的体验。它显然不是单纯地指称通常的肉体疼痛或精神上的烦忧苦闷；作为一个生存论意义上的概念，它特别地意指一种使理性无效的人类体验。比较容易理解的是，在"痛苦"中，理性是虚弱无能的，强烈的感性冲击使理性失去了它的支配地位。这种作为内心体验的"痛苦"，是行动、行动所依赖的谋划以及投入谋划的存在方式的话语性思考的对立面。话语性的思考是谋划的基础，而"谋划不仅是行动所暗含、所必需的存在方式——它也是处于荒谬的时间中的存在样式：它将存在交付于更晚的时刻。"④ 质言之，"痛苦"是对于"空无"的感性表达，是对行动、对理性、对话语的取消，更是对谋划及其所包含的时间性的反对。

　　那么，这种"痛苦"是如何对谋划意义上的时间，或者说，对谋划所代表的时间性进行批判的呢？首先，"痛苦"批判了救赎观念。基督教的救赎观念是造成谋划观念的罪魁祸首，它与"谋划"合谋，以禁欲和苦行压制了

① Rebecca Comay, *Gifts without Presents*: *Economies of "Experience" in Bataille and Heidegger*, Yale French studies, 1990, (78), p. 89.

② Georges Bataille, *L'expérience intérieure*, Paris: Editions Gallimard, 1954, p. 18.

③ Ibid., p. 45.

④ Ibid., p. 59.

人类生存中诸如色情之类的即时性活动，"救赎是使色情（身体的酒神式耗费）与对无延迟的生存的怀旧分离开来的唯一手段"。① 而巴塔耶寻求的，却正是无延迟的生存。他指出，自然的兴奋与陶醉体验都具有短暂易逝的性质，不会陷入谋划意义上的时间之中。与这种谋划式的时间相对，巴塔耶的时间是欲望的时间，是孩子气的时间。它没有成年人的深谋远虑，只有欲望的即时满足。其次，"痛苦"也批判了对和谐的关切。巴塔耶认为，和谐是实现谋划的具体形式，它将谋划引向好的结果。处于和谐中的人消除了对欲望的孩子气的不耐心，而获得了平静。和谐，作为谋划的固态表现，抛开了那种流动的、转瞬即逝的时间，将这样的时间抛回到外部；它所倚重的原则就是复制，通过复制将所有的可能性凝固成永恒。显然，复制就是对流动的时间的模仿，把瞬间的片段从时间之流中截取出来，在此基础上创造出凝固的时间，进而创造出可以保存之物。特别是在"美术"（beaux－arts）中，谋划包含的和谐的生存方式被直接变成现实；它基于谋划者、理性人的形象创造一个世界，并以各种艺术形式来反映这一形象。这种凝固的时间在谋划之下又往往是以"将来"为目标的，在这个意义上，这种复制就转变成了对时间的一种稳定的投资。艺术从谋划中借用了这种复制，它复制的是欲望，这使人们能够在艺术中看到欲望，但是，这并非欲望的真实的、活生生的满足，而是欲望的再现，是"画饼充饥"。"在艺术中，欲望回来了，但它首先是消除时间（消除欲望）的欲望，而在谋划中，只有拒斥欲望。"② 谋划是属于奴隶的，他们只是劳动而不能享受成果，对欲望只是简单的拒斥，而在艺术中，人们获得了主权，但这只是可以消除欲望的主权，作为消除欲望的欲望，它很少能达到目标，而更多是重新燃起了欲望。由此看来，艺术作为谋划的呼应和补充，并不能带来真正的解放。最终，对巴塔耶来说，剩下的只有非知以及与之相联的狂喜了。如果能够出离自我，如果自我（ipse）放弃了自我和对自身的知识，转向非知，痛苦就会变成狂喜，而要脱离谋划的牢狱，"出路就是狂喜"。③ 在狂喜中，不再存在客体，主体也不再意识到自己，主体、客体都溶解了，就连这被写作的"话语"，作为巴塔耶用以逃离谋划的谋划，也只是他与分享他的痛苦、渴望他的痛苦的"他者"之间的

---

① Georges Bataille, *L'expérience intérieure*, Paris: Editions Gallimard, 1954, p. 60.

② Ibid., p. 71.

③ Ibid., p. 73.

联系而已，而他最终将作为那"最后的人"，"掐死自己"。① 这种狂喜，作为脱离谋划的出路，最终将通向至高性或自主性的瞬间。

至此，通过批判"救赎"与"和谐"，巴塔耶批判了谋划及其代表的人的生存方式的时间性，也更彻底地消解了既成的关于"我"的观念。需要说明的是，批判时间性并不意味着超越具体的时间而达到所谓的永恒，因为"永恒"从根本上说仍然是一个时间性概念。批判时间性，对巴塔耶来说，就是要从根本上取消人的生存方式中的时间性维度，也是要取消存在论的时间视野。

让我们重新回到以海德格尔的《存在与时间》为参照的起点。在海德格尔这里，时间是此在的存在样式，是此在领会存在的视野；但是，对巴塔耶来说，谋划意义上的时间正是造成与物性同质的人类自我的根源，要通向真正的存在就必须消除人类存在方式的时间性。对比两者，我们发现，"时间"作为一种现成的视野，其实是可以并应该得到省思的；此在现成的"时间性"，似乎并不足以成为我们领会存在的路径或"重建本体论""探索生存论"的地基。海德格尔后来之所以放弃了从此在的时间性出发领会存在的路径，其中或许就有这样的原因。巴塔耶尽管没有在理论上直接地言明，但他却以其运思之"实践"表明了自己并不是从时间性出发的；相反，对于时间性的批判，恰恰构成了他的存在论思想的重要前提。已然显明的是，"耗费"所要求的深层次的存在论变革，就在于消除构筑了人类之"我"的根源，即人的存在方式的时间性；而从"时间"特别是谋划意义上的时间中解放出来之后，我们接下来就将走向对新的生存方式的探索。

三 向"不可能"迈进

巴塔耶的亲密朋友、法国学者米歇尔·莱里斯（Michel Leris，1901—1990）曾回忆说：巴塔耶的一生始终在寻找生存的不可能性，因为他确信只有在不可能性中才能发现人的真正存在。② 诚然，向着新的生存方式探索，

---

① Georges Bataille, *L'expérience intérieure*, Paris：Editions Gallimard, 1954, p. 76.
② 高宣扬：《后现代论》，中国人民大学出版社 2005 年版，第 186 页。

就意味着在以谋划逃离谋划之后，直面"我"的可能性之外的"黑夜"或"空无"。这是在人类可能性的极限处，向着人类现成可能性之外即"不可能性"的无尽开拓；这是出离到"我"之外而面向天地万物的普遍性进行交流，进入"物我齐一"之境；这也是在诠释更加丰满、完整的人类自我，从而对人的存在方式作出新的解读。

1. 人类可能性的极限

出离到"我"之外，其实是人类之"我"的新生，即存在方式的更新转换，而不是彻底脱离和超出人类的存在之域。它不断向外开拓，已经拓展的存在又随即变成新的既成的存在，因此，这一动态过程始终发生在人类存在之域的边缘。这个边缘，用巴塔耶的话来表述，就是人类"可能性的极限"。

可能性的极限，同样是在"痛苦"的主题之下得到讨论的。在《内在经验》一书的"前言"中，巴塔耶写道："我写作'痛苦'，在其中，人类达到可能性的极限"。① 巴塔耶对"痛苦"主题进行了反复讨论，并通过这种讨论而使人类可能性的极限得到呈现。那么，具体来说，这种可能性的极限是指什么呢？巴塔耶说："从定义上说，可能性的极限是这样一个点，在那里，尽管对存在中的他，即人来说，那是一个不明智的位置，但他仍然抛开了自己的诱惑和惧怕，继续向前行进到如此之远，以至于人们想象不出再向前行进的可能性。"② 可见，可能性的极限，就是可能性与不可能性的分界点或交接点；换言之，"不可能性"就是对可能性的极限从另一方面作出的表达，到达了可能性的极限，就是开始直面不可能性。结合前文的梳理，如果说巴塔耶通过"痛苦"勾勒了一条从"我"出发而通达"我"之外的路线，那么，可能性的极限或"不可能性"则意味着从人类之"我"中走出来的临界点。

可能性的极限，首先需要在人类既成的生存方式之内达成。这就是说，我们仍然需要遵循现存人类自我的法则，仍然要借助谋划、理性、语言等，并通过它们来达到它们自身的尽头。不同于在社会生活领域直接给出外在的异质性因素，巴塔耶说："内在经验的原理：就是通过谋划逃出谋划的领

---

① Georges Bataille, *L'expérience intérieure*, Paris：Editions Gallimard, 1954, p. 11.
② Ibid., p. 52.

域";"没有理性的支撑，我们就无法达到'暗夜的炽热'。"① 简言之，这是一条内部突破的路径。因此，我们看到，巴塔耶虽然批判谋划、理性和语言，却仍然在思考，在写作，在讲述他的观点、展示他的思想实验。但是，另一方面，更需要注意的是，内在经验归根结底是与理智对立的。巴塔耶认为，智力的增长会缩小内在经验的领地。知识的无限制增长以切割方法实现，以对内在经验的扼杀为代价。因此，巴塔耶坚持内在经验没有目标，也没有权威，它虽然借助理智来完成自身，但是却不需要依靠理智来对自己进行评判。同样，尽管巴塔耶在写作态度上是严肃的，但是他的写作内容却不能以客观性、科学性的标准来衡量。从根本上说，他的语言，不是传达客观内容的语言，而是消解语言的语言；他的理性，不是进行科学分析的理性，而是逃离理性的理性。巴塔耶就是以这种自我消解的外在形式，在传达着生存探索的内在经验。这正如他所说的："我把经验视为通向人类可能性的尽头的旅行。"②

在人类可能性的极限处，内在经验要求放弃，不再有期待，不再有信仰，不再有意义。巴塔耶不仅批判谋划意义上的时间性，而且要求从这种时间性的存在方式中突破出去。通过分析谋划的构成要件，可以发现，其中最为关键的就是期待，要实现对谋划的突破就要彻底终止期待。这是在"以谋划逃离谋划"的过程中可以得到的第一个结论。此外，与谋划合谋、造成期待的还有宗教信仰，巴塔耶为此而反对信仰。他说："最重要的是可能性的极限，在那里，上帝自己无知、绝望而毁灭。"③ 巴塔耶让上帝自己死去了，附属其上的所谓救赎也就烟消云散了。不仅如此，在可能性的极限处，连意义也已经不再有了。巴塔耶认为，如果非要说有意义，那也只有一个意义在那里，因为祈祷（supplication）而在无意义中出现的一个意义，一个最后的意义：这就是闪光，对无意义的神化。④ 至此，在一切都被放弃之后，留下来的就只有"祈祷"了。这就是巴塔耶所说的"祈祷哲学"。概言之，这些表述颇有佛家"放下"一切、立地成佛的味道；然而，与佛家不同的是，巴塔耶并不认为可以一次性地、纯粹地实现上述"放弃"或"放下"，他所提出的是一种动态反复的过程。

---

① Georges Bataille, *L'expérience intérieure*, Paris：Editions Gallimard, 1954, p. 60.
② Ibid., p. 19.
③ Ibid., p. 48.
④ Ibid., p. 55.

人类可能性的极限，是无法确切地到达的。巴塔耶认为，人只能反复触及极限，并且因此而永远无法确信曾经获得过它。巴塔耶的思想和文本所表达的，就是他对于人类可能性极限反复触及的过程及其体验。"在我自身存在的逐渐消失的极限处，我已经死了，'我'就在这死亡的生成状态中对活着的人述说：述说死亡，述说极限"。① 作为对照，巴塔耶还评论了黑格尔。他认为，黑格尔也曾触及了极限，但是在触及了极限之后黑格尔又逃离了，制定体系就是他逃离的方式。不同于巴塔耶"放弃"一切，黑格尔倒向"救赎"并转而背对极限了。巴塔耶所说的那种立于无意义之境的"祈祷"，也就在黑格尔那里熄灭了。黑格尔终止了祈祷，也毁伤了自己，留给他只有"一把铲柄，一个现代人"。② 黑格尔最终没能走出既成的人类之"我"，而只是通过对曾认识的深渊的回忆来消除它，他所构建的体系就是这种消除的证据。当代的存在主义者也是如此，他们分别以不同的方式将极限凝结起来。其中，克尔凯郭尔是基督教的极限，写作了《地下室手记》的陀思妥耶夫斯基是羞耻的极限。③ 总之，现代人在救赎中获得快乐，而背叛了真正的极限。

到达人类可能性的极限，就是要去直面"不可能"。这种"不可能"，作为生命的敞开状态，是不应该被凝结或掩盖的。它作为人类生存方式向着未知"黑夜"的无畏拓展，其实正意味着生命的饱满、充盈和永不停滞的状态。它在"痛苦"中冲破自身的有限性，而这种有限性一旦被冲破，存在也就无法确定自身，从而不复为存在。在这里，我们能做的，只是去体验绽放在存在边缘的眩晕。

2. 作为存在状态的"机缘"与"交流"

作为一个动态的过程，人的生存状态具体体现为"机缘"（chance）。对于这个词，巴塔耶有这样一段说明："在法语中，chance 与 échéance（'期限'）有共同的词源（拉丁文 cadentia）。chance 到来了，意思就是，它果然是这种情况。或者它就是落下、降临（像好运或霉运，从原本意义上说）。它就是骰子落下时的随机性。"④ 这段话既是词源上的考察，也是对含义的揭示。就这段话看，chance 似乎也有"运气"的含义，但是，在中文里"运

---

① Georges Bataille, *L'expérience intérieure*, Paris：Editions Gallimard, 1954, p. 58.

② Ibid. , p. 56.

③ Ibid.

④ Fred Botting and Scott Wilson eds. , *The Bataille Reader*, Oxford：Blackwell Publishers, 1997, p. 95.

气"多强调与己无关的外在偶然性，又常包含有利之意，过于口语化，似乎不如"机缘"更能传达其中意蕴；另外，常用的"机会"一词往往包含着对于可能性的计算，或者作为一个客体出现而需要我们去把握、抓住的东西，这些也与巴塔耶的机缘思想不尽相容。相比较而言，"机缘"对于因缘际会的偶然性的强调则更加突出一些，其中所蕴含的佛家意味也贴近巴塔耶对印度文化的吸收。因此，对于巴塔耶的 chance 一词，这里选用"机缘"来理解和翻译。

　　对于机缘，巴塔耶常以赌博游戏来加以说明。除了上述以"骰子落下时的随机性"解释机缘之外，巴塔耶还直接说："机缘是赌博的效应。这种效应永不停歇。"① 对巴塔耶而言，掷骰子的赌博成为了真实地反映人的生存状态的原型活动。人的生存，作为意志（will）对于自身的回应，悬于未知黑夜的空无之中，它所面临的对象就是充满未知可能性的、随机发生的机缘。在这种情况下，人的生存状态不是思虑的，而是狂喜的。思虑只能破坏机缘，即使是哲学思虑，所把握的也只是无生命的残渣，无法作为生命本身的过程而行进。狂喜则意味着生命本身的充沛洋溢，它废除了思虑与知识，作为生命本身向着可能性的极限之外突破和展开。它的际遇，或者向它呈现的东西，是疯狂的，也是具有不可能性的。随机性的未来与生命的体验迎面而来，来不及思索就已经消逝，这就像永不停歇的骰子的滚动，这就是生命的真实的过程。显然，对巴塔耶来说，机缘决不是外在的、客观的随机性，而是生命本身不断展开着的、活生生的状态。这一点，也使它与同样关注"掷骰子"但却进行可能性计算的概率论有了根本的不同。在巴塔耶这里，掷骰子的赌博不是遵守既定规则的输赢游戏，而是向着未知黑夜的探索，由此呈现的机缘，使存在不复为存在，而是向着存在之外的展开。

　　"机缘"侧重表达了巴塔耶生存论思想的动态的一面，与此相关的还有联系的一面，即"交流"（communication）。如果说机缘还有可能让人觉得从个体生存出发的话，那么，在交流中，巴塔耶则着重强调了个体、自我的消融，及其与普遍性的联系。

　　交流是机缘的另一种表达。在机缘中，人把自己当作"赌注"，舍弃自己而投入到充满未知的境遇，投入到与他人的共同活动中去，这样所发生的事情本身就是交流。交流也因此是在可能性的极限处的存在方式。它从封闭

---

① Fred Botting and Scott Wilson eds., *The Bataille Reader*, Oxford：Blackwell Publishers, 1997, p. 43.

性中逃出，相对于本体论意义上的完整主体，意味着分隔、孤立和非连续性。在这个意义上，它可以在一种"包含了超出它所能包含的内容"的非连续性中得到理解。① 事实上，传统意义上主体的完整性，是自我孤立的完整性；巴塔耶所说的非连续性，则是相对于自然的连续性而言的。后者揭示出人类世俗世界从自然的连续性中脱身而出，带有片面性、同质性，并因而要求突破这种自我孤立的完整性向着连续性复归。在这一复归过程中，非连续性自身的边界开始崩塌而变得模糊。它要包含异质于自身的、自己所不能包含的内容，即连续性，并因此呈现出非连续性与连续性的交流。

可见，交流的对象，就是普遍性或连续性。关于非连续性的人类之"我"消解之后的去向，巴塔耶使用过多种表述，其中包括此前曾提到的黑夜、空无等，然而，从我们较容易理解的角度来说，这其实就是向着普遍性或连续性的回归。如果借用中国古人的表述，那就是在"吾忘我"之后，达到"物我齐一"之境。在题为《不可能》（L'Impossible）的一段诗里，巴塔耶曾写道："我是棺材的空/和不在的自我/在普遍的整体中"。② 在这里，自我已经消解，自我融于普遍，但此时已经不是普遍经济学意义上的能量运行的普遍，而是存在论意义上的存在的普遍。事实上，对于巴塔耶来说，人的存在状态不是作为简单的粒子固守于自身，甚至也不仅是不受束缚的内在和外在的多重流动的交汇，而且还作为这些流动本身的组成部分存在着。"生活对你来说不仅是汇聚于你的光的易逝的流动或游戏，也是光或热从一个存在过渡到另一个存在，从你到你的同类或从你的同类到你（甚至在你阅读我而被我的狂热的蔓延所感染的瞬间）：话语、书籍、纪念碑、符号、发笑，都一样是感染、过渡的路径。"③ 因此，在事物的洪流中，人不是一个僵硬的石块，激起四溅的浪花；人是洪流本身。世俗世界中的人的自我意识，只是在这种洪流中构筑起了脆弱隔板，只是反映了普遍性的碎片，而其自身却从未停止流动，从未停止失去。

交流的结果是主、客体的消融，并复归于连续性中，与此相应，交流的方式则是"非知"与牺牲。巴塔耶认为，交流的经验最终将达到主体与客体

---

① Leslie Anne Boldt - Ironsed. & trans. , *On Bataille*：*Critical Essays*，Albany：State University of New York Press，1995，p. 213.

② Fred Botting and Scott Wilson eds. , *The Bataille Reader*，Oxford：Blackwell Publishers，1997，p. 106.

③ Georges Bataille，*L'expérience intérieure*，Paris：Editions Gallimard，1954，p. 111.

的融合，这时的主体是并不进行理性认知的主体，这时的客体是无法被认知的客体，这样，传统意义上的主体事实上就回归到了连续性中，不再有"我"与"他者"的分别了。"在经验中，不再有存在的界限。一个人不再将自己从他者中区分出来：他将自我丧失于他者的洪流中。"① 那么，这种融合和复归又是以什么样的方式发生的呢？巴塔耶称之为"非知"，"非知就是袒露"，"袒露了我才能看到知识所掩盖的东西，但是我看到了，我也就知道了。确实，我知道，但是非知又把我知道的袒露了"。② 正如已经阐述过的，生命是流动的、活生生的，是知识所不能把握的，因此，只有非知才能实现静默的、深刻的交流。对于人类自我来说，这种交流中所发生的不仅是心灵的游戏和心灵内部的运动，我们还必须认识到："这已经不再是哲学，而是一种牺牲（交流）"。③ 换言之，这是一种全身心投入的、生命整体性的交流，在交流中实现了自我的解放与超脱。这也就使我们理解了宗教牺牲的本来意义。在牺牲中，被人作为"所有物"的物以及接纳了"物性"人自身，都摆脱了谋划的限制，从世俗世界脱离而回复到无边际的连续性维度，回复到了流俗时间之外的即时性世界。在这个意义上，所有的牺牲都是纯粹的赠予和失去，也就是"耗费"。

3."滑移"与作为人类生存机制的双重运动

然而，在巴塔耶的描述中，经过机缘与交流向着连续性的回归并没能真正实现，而只是成为了对于连续性的不断接近而已。人类世俗世界从原初状态的连续性脱离出来之后，已经不可能再回到原始的混沌状态，而连续性也只有作为对现成人类世俗世界的超越才可能发生。事实上，交流并没有真正实现，而只是以戏剧的方式进行了欺瞒，这就是在交流中所发生的"滑移"（glissement）。

"滑移"使我们在向无边际的连续性回归的同时，也遵循了世俗世界的法则，实现了自我保全。原始的宗教牺牲等"交流"活动，既打开了连续性的维度，也引领世俗世界向连续性的黑夜沉沦消融，这对于人类世俗世界而言无疑是很危险的。于是，人类对它进行了制度化，使它由纯粹的牺牲变成了表演性的献祭。在这种献祭中，参与者并没有真正走入死亡，而只是观摩

① Georges Bataille, *L'expérience intérieure*, Paris：Editions Gallimard, 1954, p. 40.
② Ibid., p. 66.
③ Ibid., p. 65.

了死亡，这种观摩死亡的体验反过来又形成了宗教王权和群体精神的联结纽带。这其实正是《荷马史诗》中奥德修斯在遭遇"塞壬的歌声"时采取的策略。塞壬的歌声是"一种威胁文明的幸福许诺"，对于要保持自我的人而言，它带来的是"丧失自我的恐惧""把自我与其他生命之间的界限连同自我一并取消的恐惧""死亡和毁灭的恐惧"。奥德修斯的策略是用蜡塞住水手们的耳朵，让他们奋力划桨，而自己则被牢牢绑在桅杆上，去听那歌声，如此一来，塞壬的诱惑就毫无作用，成了艺术，而艺术享受与遵令而行的劳动也就此分离并形成了呼应的关系。① 这一过程，也就是"交流"中发生"滑移"的过程。按照汤浅博雄的总结，"滑移"主要发生在两个方面："一方面是祝祭的'动机'发生了横滑，祈祷丰收这一咒术性侧面浮到前面来，逐渐被看作是祝祭的本质；另一方面本来不会完结地被经验着的祝祭，尽管是瞬时的，却以'终结的经验'被接受下来。也就是说，祝祭被感受为不是无保留的滥费与消尽，而是其模拟的实在、是虚构性的了。"② 这两个方面，一个可以概括为"功利化"；一个可以概括为"凝固化"。前者源自一种全能的人格神的观念，这样的人格神必将会施予人类以恩惠；后者源于对献祭的虚构和反复模仿，圣性的时间被世俗的时间所接替并形成循环。它们保障了世俗世界的继续维持，形成了"圣"与"俗"之间的平衡，也形成了基于定期的祭祀礼仪的社会组织形式。

滑移并不是一个纯粹消极的概念，相反，这种戏剧性的欺瞒背后恰恰包含着人类真实的生存机制，这一机制就是"双重运动"。对于滑移，巴塔耶没有一味否定或加以贬低，而是把它视为最深刻的内容："当我表达滑移的原则——作为交流中出现的一个法则——我相信我到达了底部。"③ 这就是说，在滑移中，包含着对人类生存方式的最根本揭示。它表明，人类的生存并没有终止于从世俗世界向圣性世界回复的交流运动。我们知道，人类的生存，起初通过否定自然从普遍性或连续性中截出，然而，在否定自然，形成世俗世界之后，人类又否定世俗世界，笑、爱、迷狂都是这种否定的具体体现，而宗教牺牲及其制度化则又表明，这种回归是向普遍性或自然的连续性的假意回归，它造成了无尽的循环往复。概言之，人类在不断地"否定"，

① ［德］霍克海默、阿道尔诺：《启蒙辩证法——哲学断片》，渠敬东、曹卫东译，上海人民出版社2006年版，第25—27页。
② ［日］汤浅博雄：《巴塔耶：消尽》，赵汉英译，河北教育出版社2001年版，第216页。
③ Georges Bataille, *L'expérience intérieure*, Paris：Editions Gallimard, 1954, p.115.

其中，对自然的否定导致对物的占有，这种占有又进而遭到新的否定，这就形成了一种充满张力的双重运动。"人类的生存就是这样一种双重运动。"①这是巴塔耶对于人的生存机制的揭示。这种机制的一个重要体现，就是色情；巴塔耶对"色情"的研究，从根本上说就是为了揭示这个问题。他认为，虽然理性的禁忌约束了人的动物性，然而，源于自然的生命冲动不仅没有被扼杀，还反而会在经过阻遏之后更汹涌地冲击谋划意识或理性，威胁稳定的自我以及"人性"所建立的世俗世界。这种分析揭示了在人身上原始的动物性与人的理性的共存与激荡，发掘出了一个远比理论上的"理性人"和现实中的"物化人"更为丰满的人类自我的形象。

可以认为，巴塔耶最终要求的，就是向着更完整的人性复归。在巴塔耶所揭示的动物性、人性与圣性的三重世界中，只有人性的世界是有限的、同质的和有时间性的；对于巴塔耶来说，批判经济视野的有限性、社会构成的同质性以及作为人的生存方式的时间性，也就意味着从世俗世界的桎梏下挣脱出来，回归动物性或恢复圣性的维度。在这个意义上，可以说巴塔耶的哲学理念就是"反抗占有性的世俗世界，追求非功用的神圣事物"。②然而，在更根本的意义上，或许应该反过来认为，包含动物性、圣性在内的三重世界只是一个相对于人性世俗世界而言的更完备的坐标系统，其最根本目的则是在于要求人的生存方式的改变，演绎人的永恒否定、充满张力的双重运动。继尼采之后，巴塔耶不仅重新彰显了人的非理性存在，而且更完整解释了理性是怎样排斥非理性而非理性又是如何卷土重来的。值得注意的是，在反抗理性霸权的同时，巴塔耶并没有将人定义为"动物性"，而是描述了一种兼具理性和动物性的、有着充沛内在张力的人类"自我"。这里的"人"，不是抽象的设定，不是我们惯常理解的"作为主体的人类"，而是"作为整体的人类"。③后者的提出，是对近代以来主、客二分的思维方式的超越，它表达着一种更为完整因而也更为本真的人类的存在方式。

① Fred Botting and Scott Wilson eds. , *The Bataille Reader*, Oxford：Blackwell Publishers，1997，p. 56.
② 张一兵：《巴塔耶：没有伪装，没有光与影的游戏》，《社会科学论坛》2004 年第 11 期，第 13 页。
③ ［日］汤浅博雄：《巴塔耶：消尽》，赵汉英译，河北教育出版社 2001 年版，第 75 页。

第六章 巴塔耶耗费思想的 理论旨归

耗费思想从人对于物的纯然失去开始，经过对于能量循环的宏观视角的考察，以及对于社会运行的异质学分析，探索了人的生存方式的新的可能性，最终，这一切又都落脚于人类向着"自主权"（souveraineté）的复归上。自主权是耗费思想的理论旨归。理解自主权的含义及其与耗费的关系，是完整把握耗费思想的重要一环。

一　自主权的思想溯源及其含义

巴塔耶自主权概念的理论起点，是黑格尔、萨德和尼采。他从黑格尔的"主奴辩证法"那里吸收了与奴隶的奴性相对应的主人的"主性"，从萨德那里吸收了孤立的个人对于一切统治的"反叛"或"否定"，从尼采那里吸收了"自由"的精神。这些思想渊源是我们理解巴塔耶自主权思想的重要依据。

巴塔耶对黑格尔的"主奴辩证法"十分重视。黑格尔曾说："精神的生活不是害怕死亡而幸免于蹂躏的生活，而是敢于承当死亡并在死亡中得以自存的生活。"[1] 精神向死而生，对死亡的不同态度，决定了自我意识形成过程中所产生的不同形态。当一个自我意识遭遇另一个自我意识时，它们自己的存在和它们彼此之间的关系都要通过生死斗争来证明，经过生死斗争，他们都拿生命拼了一场，扬弃了自己，到达各自寻求其自为存在的两个极端，把

---

① ［德］黑格尔：《精神现象学》（上），贺麟、王玖兴译，商务印书馆 1979 年版，第 21 页。

对方当作"物"。这时，自我意识不再以自己为绝对的对象，而以另一个外在于它的实体性的独立存在为它的环节。"通过这次经验一个纯粹的自我意识和一个不是纯粹自为的，而是为他物的意识就建立起来了"，前者是独立的意识，是自为存在，是"主人"；后者是依赖的意识，是为对方而生活或为对方而存在，是"奴隶"。①　主人统治奴隶，拥有否定奴隶之存在的权力，奴隶改造自然、从事劳动，而劳动的成果则直接归主人享有。对黑格尔来说，主人经过生死斗争建立了对奴隶的统治，但又必须依赖奴隶以维持生存，奴隶却在劳动中、在对事物的陶冶中发展了自己，并有可能反叛而变成真正的主人；整个"主奴辩证法"的重点，或许就在于这一转化过程，即奴隶可以在劳动中获得发展。但是，对巴塔耶来说，重点却不是奴隶通过劳动得以翻身的过程，而是主人之为主人的特性，这种特性就表现在他具有直面死亡的否定性以及对于物的非生产性的耗费。这一点，构成了巴塔耶自主权思想的一个重要源头。把握这个源头，需要我们准确解析巴塔耶对"主奴辩证法"所做出的修改，而这一修改的关键则在于对待劳动的截然不同的态度。②　黑格尔赞同劳动，因为劳动是奴隶的自我意识得以返回自身的途径；但是，对巴塔耶来说，劳动本身就是奴性的，奴隶要获得自主权就必须拒绝劳动，换言之，要获得自主权，不仅要拒绝权力的统治，也要拒绝一切被当作服务于一定目的的手段的东西。巴塔耶对劳动的质疑曾在一段关于美的讨论中得到了明确表达：劳动从来不能促进美，美的意义在于免除令人压抑的束缚。就美的身体、美的容颜而言，只有当它们没有被有用性改变，只有当它们不令人想到奴性的生存时它们才传达美，否则它们就是难看的。牛马之壮美，也是与它们能战胜而非屈从于艰苦劳动的能量活动联系在一起的，而维纳斯般的美则无论如何都是与劳动相对立的。③　显然，在巴塔耶看来，劳动本身是不可能通向自主权的，因而也不具备作为自主权之特征的美。事实上，不仅劳动，以劳动为轴心的全部奴隶道德都是无法通向自主权的。尼采对近两千年来基督教的道德驯化的批判，就是最好的印证。因此，奴隶要获

---

① ［德］黑格尔：《精神现象学》（上），贺麟、王玖兴译，商务印书馆1979年版，第127页。

② 巴塔耶对黑格尔劳动概念的解读其实很值得商榷。对黑格尔来说，并不是劳动，而是劳动的经验及其与反叛的结合，反抗了劳动的处境。鉴于此问题与行文主线的关系不大，此处暂搁置不论。

③ Georges Bataille, *The Accursed Share* II *The History of Eroticism* III *Sovereignty*, trans. Robert Hurley, New York：Zone Book，1993，p.145.

得自主权，就只有使自己成为主人，归根结底，最为关键的不是劳动或承认，而是主人之为主人的"主性"。换言之，无论奴隶也好，主人也好，最终都只有在对物的耗费中，才能体现出自主权。

　　巴塔耶自主权概念的另一个来源是萨德。在普通人看来，萨德是虐待狂和各种变态行为的代言人；而在巴塔耶看来，萨德却是一个特立独行的孤胆英雄。他坚定地站在奴役的对立面，拒绝和挑战一切形式的奴役，这令巴塔耶相当折服。美国学者艾伦·斯多克勒（Allen Stoekl）甚至认为，巴塔耶其实是重写了萨德，萨德对巴塔耶影响的重要性远远超过了黑格尔和尼采。①这一评价或许有些夸大，但萨德的重要性确实毋庸置疑。萨德思想的特点在于，他是站在个人立场上的。他从个人立场出发主张对现存秩序的激进反叛，尤其是要通过对禁忌的淋漓尽致的否定与违犯来体现个人的自主权。如此一来，个人对任何社会责任、外在规则和他人利益都可以无视，这就使萨德的自主权思想表现出强烈的冷漠特征。这种冷漠的基础，或者说萨德自主权思想的内容，就在于孤立和否定。巴塔耶指出：萨德的伦理体系基于人在世上绝对孤独的原初事实，"道德孤立意味着解除束缚，而且，它自己单独表明了耗费的深刻意义。任何相信他人价值的人，都必然受到限制；他会受到对他人尊重的束缚，这种尊重阻止了他明白唯一的渴望意味着什么，这是在他身上的不屈从于物质或道德资源增长的渴望"。②萨德的思想旨在否定和消除人对人的统治，他以孤立反对那种建立在相互尊重基础上的奴性循环，这种循环最终背叛了尊重，剥夺了人的自主权。对于萨德这种以否定他人为基础的冷漠，巴塔耶并没有直接援引，事实上，他对萨德的概念并不满意。"萨德的错误，无疑在于他设想了我们能够把他人视为外在于我们的存在，因此，对我们来说他们是毫无价值的，除非，很荒谬地，当然是我们害怕他们或我们想从他们那里获得好处。"③巴塔耶认为，"我"的存在既在"我"之内又在"我"之外，尤其是，在"我"与他人之间，既不是黑格尔意义上的主奴关系，也不是萨德所说的如此冷漠的关系，而是兄弟或伙伴的关

①　Allen Stoekl, *Bataille's Peak：Energy, religion, and Postsustainability*, Minneapolis – London：University of Minnesota Press, 2007, p. 18.

②　Georges Bataille, *The Accursed Share* Ⅱ *The History of Eroticism* Ⅲ *Sovereignty*, trans. Robert Hurley, New York：Zone Book, 1993, p. 178.

③　Ibid. , p. 252.

系。他说："我的存在决不只是我自己；它总是我自己和我的伙伴的诸在。"① 萨德只关注了个人，而忽略了个人可以融入其中的一种普遍性，忽略了"我"与他人之间可以具有的友爱关系。巴塔耶则认为，我们可以视路人为兄弟而非客体，可以用兄弟关系取代主客关系。经过这种修正，巴塔耶在继承了萨德对各种规则反叛的同时，也把自主权概念引入了社会关系的领域中。可以说，巴塔耶综合了黑格尔与萨德，把黑格尔的承认观念补充进了萨德的否定思想中，从而使自主权不再是遗世独立的一个个人睥睨一切的孤傲，而是包含了对于物之有用性的超越和对于自主权的与他人的分享。

巴塔耶自主权概念的第三个来源是尼采。尼采对巴塔耶自主权思想的影响至为关键。《自主权》一书共有四个部分，其中第四部分几乎都是围绕尼采而展开的讨论。巴塔耶从自主权角度解读尼采思想，认为自己与尼采有着共同的思想原则："他拒绝物的统治，并且不认为科学是人类的界限和目的，因为那意味着心灵必须向客体臣服。对他来绝对必要的是，要重新发现失落的自主权。"② 巴塔耶认为，尼采赋予了自主权以"自由"的精神。在与苏联僵化模式共产主义的比较中，拒绝服务（成为有用的）成为尼采思想和著作的原则，苏式共产主义把人贬低为客体以排斥来自主观想法的欺骗，而尼采则使主体自由；③ 在与基督教的比较中，尼采声明上帝已死（他的奴性杀死了他），人在道德上必定要成为自主性的，而人是思想（语言），人只有通过自主性的思想才能成为自主性的。④ 就思想内容而言，尼采无疑拒绝和颠覆了基督教以善之名对人类进行驯化导致的奴性；就关于思想的界限意识而言，尼采又是对黑格尔的一个重要补充，在黑格尔将理性发挥到极致后，尼采越过理性的界限而到达了意志。巴塔耶与黑格尔在思想主旨上是一致的，这种一致即体现在对自律（autonomy）⑤ 的寻求，但是，在黑格尔那里这种自律仅限于思想的范围，黑格尔无法把思想与它所指涉的内容分隔开来。"我对于黑格尔思想在我眼前所呈现的总体运动是无不跟随的。但是，

① Georges Bataille, *The Accursed Share* Ⅱ *The History of Eroticism* Ⅲ *Sovereignty*, trans. Robert Hurley, New York：Zone Book, 1993, p. 253.

② Ibid., p. 367.

③ Ibid., p. 368.

④ Ibid., p. 381.

⑤ 后缀 –nomy 意为法则，可引申为学科，如 economy、astronomy。此处的 autonomy 有时也被正确地译作自主或自主权，但其原意应为"自己为自己立法"，即自治、自律等。

黑格尔'绝对知识'的自律是在时间中展开的话语的自律。"① 与黑格尔不同，尼采到达了思想的临界处，巴塔耶说："我讨论的是这样的话语，其中的思想达到了思想的界限，它要求思想的牺牲或死亡。我认为，这就是尼采的著作及其生平的意义。"② 总体而言，对巴塔耶来说，尼采无论如何都是一种鲜明的参照或批判性力量，要理解和到达自主权，就离不开对尼采的领会。这种领会最终会让我们看到自主权所包含着的设立禁忌与违犯禁忌的双重运动，以及在这种运动中所体现出来的自由的精神。

对于巴塔耶自主权概念的三个主要来源，可以分别用"主性""否定"和"自由"这三个词加以指称；而在综合这三种来源的基础上，我们选择用"自主权"来翻译和表述巴塔耶的 souveraineté/sovereignty 概念。

关于这一概念的译法，目前主要有三种：一是参照德文翻译的"自主权"；二是对日文译法再加汉译的"至高性"；三是在对比至高性的基础上提出的"至尊性"。③ 对于一个已经有过多译法的概念，这里不打算再创造出一种新译法，而只是从这三者中选择一个。"至高性"和"至尊性"的译法主要依据词源考察和文本解读，较为贴切，也有启发性；但是从思想来源、思想内容和思想意图上说，我们仍然认为译作"自主权"更加合适。巴塔耶自黑格尔那里继承了相对于"奴性"的"主性"思想，由此来看，"主性"观念应当是巴塔耶自主权思想的一个基本含义；而以"自主权"之"权"来表达体现"主性"的关系和态势，也较为准确。此外，如今 sovereignty 一词已经有"主权"之意，这种含义并不完全是障碍，也可以成为理解自主权概念的一种辅助。巴塔耶所说的"自主权"与现代国家的"主权"不同，他也的确希望避免那种将两者等同的简单化理解："我所说的自主权，与国际法所定义的国家的主权没有什么关系。"④ 然而，"自主权"与"主权"这两个不同的中文词，已经足以标明两个相同的英文词之间的差别了，似乎没有必要将传达基本含义的词根改换掉。事实上，巴塔耶的自主权与国

① Georges Bataille, *The Accursed Share* Ⅱ *The History of Eroticism* Ⅲ *Sovereignty*, trans. Robert Hurley, New York: Zone Book, 1993, p. 369.
② Ibid. , p. 370.
③ 参阅［德］哈贝马斯《现代性的哲学话语》，曹卫东等译，译林出版社2004年版，第251页；［日］汤浅博雄：《巴塔耶：消尽》，赵汉英译，河北教育出版社2001年版；张生：《消耗，神性和圣性的奇迹，或与死神共舞——略谈巴塔耶的至尊性概念》，《文景》2009年第10期。
④ Georges Bataille, *The Accursed Share* Ⅱ *The History of Eroticism* Ⅲ *Sovereignty*, trans. Robert Hurley, New York: Zone Book, 1993, p. 197.

际法中的主权的真正差别，在于前者与耗费的内在关联以及由此生发的对否定和自由的强调，而这种差别并不能抹杀它们对于"主性"的共同关注。随着对巴塔耶思想了解的深入，对于"自主权"这一概念的客观化、实体化的误解是可以避免的。因此，译作"自主权"可以在标明差别的同时，传达出更为完整的内涵。此外，"自主权"一词不仅准确，其所指也更加宽泛；相比之下，"至尊性"或许只是其古代的表现形式。正如巴塔耶紧接着说的："一般地说，我所谈及的是它反对奴役和屈从的方面。在过去，自主权属于那些在我们借以认同自己的存在的过程中发挥主导作用的人，那些拥有首领、法老、国王、众王之王名义的人，今天亦是如此。但是，它同样属于各种神明——至高的上帝就是其中的一种形式——以及服务神明和作为神明化身的神父们，有时他们与国王没有区别；它最终属于整个封建的、神权的等级，这一等级只与那些占据巅峰的人在程度上有所不同。"[1] 这里的自主权是可以理解为至尊性的，然而，要注意到，这种至尊性只是自主权的古代形式。巴塔耶真正关心的是那种失落的自主权，而对于这种自主权，乞丐可以和王公贵族一样去接近它。这种自主权并非基于封建价值的"至尊性"所能涵盖和传达的，它其实是一个相当深刻和具有超越性的概念，并和"空无"有直接的联系；与这一概念相比，当提到封建时期自主权的具体表现时，我们也会有选择地直接使用"主权"一词来进行表达。至此，如果说将作为名词的 sovereignty 译作"自主权"可以成立，那么作为形容词的 sovereign 则可以相对应地译作"自主性的"或"自主性"，这样就可以将此处需要的基本概念的用词确定下来了。

确定"自主权"的译法，同时也是确定它的含义。这一表述首先强调的是"主性"的含义，即"反对奴役和屈从"的方面。在这个意义上说，关于自主权的最简单的定义，就是奴性的反面。此外，基于其"反叛"（否定）和"自由"的思想基础，它还具有绝对性和至高性的含义。巴塔耶在论述"神圣的爱"时曾说："如果人们理解了我所说的，那它就只是关于推翻既定秩序的问题，这一秩序使我们屈从于某些独立于我们的客观现实。这是关于以自主性的方式生活，拒绝服从于外在于我们（alien to us）的东西的问题：起初是自然秩序，然后是世俗秩序……，最终可能是有着偶然性外

---

① Georges Bataille, *The Accursed Share* Ⅱ *The History of Eroticism* Ⅲ *Sovereignty*, trans. Robert Hurley, New York：Zone Book，1993，p. 197.

表的一切东西，在那样一种情况下，现实的整体被否定，这种否定代表着唯一的绝对、逻辑性地阐明的至高的存在。"① 自主权，就是指这种"唯一的绝对"和"至高的存在"。它的思想实质，则在于在永不停歇的否定中，摆脱人为物役的现实，确定人的主权地位，而且，这种主权不再与占有和权力有关，而是与生命本真的矛盾冲突的状态有关。

在巴塔耶的行文中，"自主权"还与另外两个词密切相关："自律"（autonomy）和"主观性"（subjectivity）。② 为了更清晰地理解"自主权"概念，此处有必要对这三个词进行简要的比较。"自律"与"自主权"相比，缺少超越物性的维度，某些看似个人自主决定的活动，甚至有可能是从属于物性的、生产性的，而"如果没有超出有用性的自主性原则，自律性决定没有任何自主性品质，它甚至可能是奴性的"；而且，自律强调个人的自主决定，而自主性则与个人无关，"基本上，自主性与个人无关：个人价值总是关乎积累，反对耗费"。③ 正是这个原因，会使人想到要回避使用"自主权"之"自主"的提法，但是，应当看到，一方面，"自律"与"自主权"毕竟是两个词；另一方面，"自律"与"自主权"之间在基本含义上还是一致的，而这些一致之处正是自主权含义的组成部分。在巴塔耶这里，自主权虽然包含着对个人主体的消解，但是在其自具自足的"主性"意义上是可以理解为自律的，只不过巴塔耶强调人之相对于物的自律罢了。"主观性"与"自主权""自主性"更为接近，巴塔耶后来时常将它们联用，如"自主性的主观性"（sovereign subjectivity）。但是，它们的区别在于："主观性"是在交流中才呈现的，它相对于客观性而提出，潜在地要求了一个客体的存在；"自主权"则是一个超越了"主—客"对立的思维范式的概念，它并不要求一个外在的客体的存在。因此，应当注意到，虽然自主权也以主观性作为自己的范围或领地，但它最终却意味着主体和"使主体借以成为主体的客体"的消融以及向着连续性的回归。

---

① Georges Bataille, *The Accursed Share* Ⅱ *The History of Eroticism* Ⅲ *Sovereignty*, trans. Robert Hurley, New York: Zone Book, 1993, p. 169.

② 对于 subjectivity 的译法有两种，即"主体性"和"主观性"，其中，哲学界多取前者，语言学界多取后者。关于这一问题的详细讨论，可参阅刘瑾《语言主观性的哲学考察》，《外语学刊》2009 年第 3 期；吴彩霞：《西安讨论主体性问题》，《哲学动态》1991 年第 8 期等。为了反映巴塔耶思想中消解人类自我观念的深层意蕴，回避主体性概念可能包含的实体含义，本著中选择以"主观性"作为主要译法。

③ Ibid., p. 311.

二　自主权的历史考察

巴塔耶对于自主权的讨论有大量篇幅是以历史考察的形式展开的。这些历史考察不仅可以让我们获得对于社会历史的崭新理解，而且可以让自主权思想得到深化和具体化展现。这主要针对资本主义社会之外的两种社会类型，即封建社会和共产主义（苏联社会主义）。

1. 封建价值的朴素乡愁

巴塔耶认为，在封建社会，自主权得到了一定程度的实现。自主权的标志是对财富的耗费，是享受超出需要的剩余产品；它是只生产而不消费的劳动和奴性的对立面。拥有自主权的人只消耗而无须劳动，就人类已知的组织形式而言，这只有在封建社会才有可能。巴塔耶认为，黑格尔、马克思以及后来的马克思主义者都习惯于给各种不同的、应该予以具体分析的社会状况全部冠以"封建"之名，而且还将这种资本主义社会之前的社会形态归结为土地所有制。与此不同，巴塔耶认为封建社会之所以成为封建社会，关键在于它为土地所有者提供了一定程度的自主权。① 自主权在这里涉及物的古代状态，在这种状态中，物能够使某些人不必劳动就能获利。这里又涉及劳动与自主权的关系问题。在巴塔耶的思想中，劳动与自主权是截然对立的，他不赞同劳动能造就完人的观点，而始终认为劳动是"主奴辩证法"中那些不愿自由死、宁愿奴性活的人的选择；与劳动着眼将来、精心计算相比，自主性的时刻则是属于此地此时的，不必为将来而操心，不必为他人而烦忧。土地财产以及其他封建财产，之所以意味着所有者的自主性状态，正是由于它们使人摆脱了劳动。劳动总是创造剩余的产品，这些产品又总是归于土地所有者，而在土地所有者对这些剩余产品的非生产性的使用中，自主权就得到了体现。从劳动者的角度来说，使用剩余产品的权利集中于祭司或君主，不仅是一种社会心理凝聚的方式，也是使其自身的自主权得以实现，至少能够间接得以实现的方式，"有时，重要的不再是自己成为自主性的人，而是这

---

① Georges Bataille, *The Accursed Share* Ⅱ *The History of Eroticism* Ⅲ *Sovereignty*, trans. Robert Hurley, New York：Zone Book, 1993, p. 283.

个人的自主权存在并充盈于这个世界上，那时那些被组织并固化、使人性因遭厌恨贬抑而变得可憎的奴性劳动也不再重要了"。① 总之，在封建社会，是存在着对财富的自主性的运用即非生产性运用的，它们作为一种实践活动，实际上就是耗费。在封建社会，劳动者创造出的剩余产品被土地所有者占有，而后者以此为生存条件，并在对剩余产品的非生产性使用中实际体现了自主性的状态。历史地看，自主权与土地所有权紧密地联系在一起了，基于这样的土地所有权，封建领主或地主就成为了自主权的体现者，臣属则在领主或地主身上看到了自主权的间接实现。

封建社会的组织形式建立在人类内部不平等的基础上，具体来说，建立在等级制的基础上。它以大部分人的奉献和让渡为代价，实现了少数人的自主权。可以说，主人与奴隶之间的不平等的分化，是整个封建社会得以延续的基础和前提。奴隶投身于劳动之中，将自身降格为物，进行谋划和劳动，从事对物的陶冶，以物的方式生存。这种生存状态，是一种手段性的生存，它不以自身为目的，而以他人，即主人，特别是主人的非生产性的耗费为目的。而主人无疑是凌驾于奴隶之上的，这种凌驾不仅体现在他拥有对奴隶生杀予夺的权力，更体现在他可以占有奴隶的劳动成果并进行纯粹的耗费。在这种纯粹的耗费中，主人明确地显示出了他的生存是超脱于物的，是以自身为目的的。事实上，历史上的皇室，的确是无不以其辉煌壮丽的奢华体现着高贵和尊严，散发着吸引民众的魅力，引发民众尊崇趋赴。"赋予奢侈以独特的贵族特征的是那种只是为了炫耀和壮观而进行的消费，比如：做工过于精细的服装、镀金的公共马车、无数穿着制服的仆人。"② 这种奢华可以成为维持社会自身稳定运行的必要构件，甚至更由于人们对奢华的争相追逐而成为社会发展的直接动力。

封建社会的这种不平等的等级制，造成了两个方面的效果：从积极的方面来说，它毕竟实现了人类的自主权；从消极的方面来说，它导致了那些奴隶和臣属们的非人的存在。作为消极方面的这种不平等是现代观念所不能容忍的，然而，对巴塔耶来说，更值得重视的倒是封建社会积极的一面。只有在封建社会，那种作为"至尊性"的自主权才有可能得以实现。其实，说到

---

① Georges Bataille, *The Accursed Share* Ⅱ *The History of Eroticism* Ⅲ *Sovereignty*, trans. Robert Hurley, New York: Zone Book, 1993, p. 286.

② ［德］桑巴特：《奢侈与资本主义》，王燕平、侯小河译，上海人民出版社2000年版，第116页。

底，这种"至尊性"的根源就在于人的不平等，因其不平等，才会有尊贵与卑贱的分别，才会有陶冶物与享用物的分别，从而使不同的个体之间呈现出各自迥然不同的命运。显然，只有那些能够无忧地享用物的人，才是拥有至尊性的，而那些奴隶和臣属们，却只能卑躬屈膝地为至尊性服务。甚至"至尊性"这个概念本身，就是对这种不平等的一个比较贴切的反映。普同一等的人之间无尊卑之分，也就无所谓至尊与否了。事实上，一旦不平等和等级制被打破，至尊性也就失去了基础。然而，如此消失的只是自主权的古代形式，并不意味着自主权就不复存在了。在作为古代形式的至尊性之外，自主权仍然是每个人都必须面对和要求的。我们随后将会看到，巴塔耶真正关注的，正是众生平等之后的自主权问题。

就封建社会而言，可以认为，巴塔耶对它所体现的古代形式的自主权是留恋的。这表现在如下两个观点：其一，以封建社会为坐标来看待此后的资产主义社会和苏联模式的社会主义社会。巴塔耶对资产阶级大革命和无产阶级领导的共产主义运动提出了与正统观点完全不同的看法。在他看来，相对于封建社会而言，资产阶级与无产阶级的立场是等效的。资产阶级革命和无产阶级革命都是在废除封建秩序，在这个意义上，它们都是对封建时代的自主性权力的颠覆。其二，认为从封建社会到现代社会的转变伴随着一种失落。巴塔耶指出，在从君主制到共和制的转换中，虽然在社会制度上自主权被废除了，但是个人的自主权却并未获得。在反对封建秩序的革命中，反抗的人起来推翻了压迫他、使他被贬低为物的东西，在斗争中重新获得了被剥夺的东西，"但是，他失去了君主制社会至少会拥有的东西，即对人类存在的完整表现，这种存在不会允许他自己被混同于物，被贬低为客体"。① 或许，在巴塔耶看来，均分财富、重建制度的过程，新兴有产者推翻封建贵族、劳苦大众剥夺"剥夺者"的过程，只是消除了"主奴辩证法"中主人的道德而将奴隶的道德推广开来了。这是将物视为占有对象而非耗费对象的表现，是接纳了物性的表现，它消除了财富无偿集中、通过消耗而非积聚财富才能体现尊贵等可以借以进行纯粹耗费的条件。特别是资产阶级，是一个程度很深地接纳了物性的阶级，而作为封建社会积极品质的自主性最初就是被资产阶级的积累偏好彻底破坏了。"在封建社会，存在着一种对财富进行

---

① Georges Bataille, *The Accursed Share* Ⅱ *The History of Eroticism* Ⅲ *Sovereignty*, trans. Robert Hurley, New York：Zone Book，1993，pp. 254 – 255.

具有自主性的、非生产性的使用的偏好。相反，在资本主义社会，则是为了积累而保存的偏好。资产阶级的主流价值观使那些最富裕的人把他们的资源用于开设作坊、工厂和矿山。封建社会则会建立教堂、城堡、宫殿等令人惊奇的事物。"① 简言之，中世纪是凌驾于物的等级制社会，而资本主义社会则是被物主宰的平等社会。

巴塔耶之所以赞同封建社会这种实现自主权的方式，不仅基于历史的考察，即认为封建社会作为一种古代形式曾经实现了自主权；而且，从根本上说，也是基于对人性的判断，即认为人类天然是不平等的，封建社会的等级制恰好符合了这种不平等的天性。正是在关于人从本性上说是追求平等还是追求不平等这一问题上，他与共产主义者形成了根本性的差别，以至于在他赞赏共产主义的同时，又对其核心观念之一的平等观作出了批评。

2. 关于共产主义平等观的评论

巴塔耶认为，共产主义是人们应当关注的最主要问题和世界未来发展总趋势的代表。作为总体判断，巴塔耶认为自主权只有在共产主义的视野中才能真实存在；但是，在具体分析中，他又指出了作为共产主义具体实践形式的斯大林主义是有局限性的。不同于基于异质学思想对共产主义思想包含的革命观、生产观和所有制问题的疑问，在这里他特别地对平等观提出了讨论。

巴塔耶首先指出，马克思主义的原初构想与 20 世纪实际的社会主义运动之间有所差异。其中，关键性的问题在于，当时的社会主义国家几乎都是在不发达地区建立起来的。按照马克思的观点，在工业最发达的国家才有可能发生社会主义革命，不发达的国家和封建国家更适合进行资产阶级革命而非社会主义革命。然而，事实却是，发达国家工薪阶层的生活不断得到改善，革命诉求已经淡化，激进主义者们进行的革命反而在不发达国家取得了成功，而且，在这些革命中，主要是农民发挥了决定性的作用。巴塔耶认为，中国的革命历程就是对这种出人意料的、悖谬性转变的最好展示。② 而在苏联，是否依托西欧发达国家工人运动胜利的支援、是否期待全球革命，也成为列宁、托茨基与斯大林在理论观点上的重要分歧。20 世纪初期，列

---

① Georges Bataille, *The Accursed Share* Ⅱ *The History of Eroticism* Ⅲ *Sovereignty*, trans. Robert Hurley, New York: Zone Book, 1993, p.280.

② Ibid. , p.265.

宁、托茨基都相信西欧已经临近革命，并且认为如果没有发达国家已经取得革命胜利的工人阶级的帮助，苏联的社会主义建设不会走得太远。然而，后来的历史事实却表明，工业世界并没有出现大的动摇；除了中国的重大胜利之外，世界革命运动并没有取得全面胜利。与列宁、托茨基不同，斯大林则代表了反西方的倾向，这一点其实早在提出"一国建成社会主义"之前就已经很明显。斯大林认为，欧洲并不能引领革命道路，俄国的革命条件要比西欧更好，因为俄国工人有贫农的支持。

基础这些探讨，巴塔耶提出，共产主义也可以被理解为是贫穷国家进行工业革命的现实选择。这表现在：第一，社会主义国家之间的关系是务实的。在苏联与中国的关系中就有一段值得注意的历史：新中国成立之前，斯大林曾一直支持蒋介石，因为他一度对中国共产党的胜利缺乏足够的信心。直到1945年，在波茨坦，他仍然认为国民党是唯一有能力管理中国的政治力量。① 毫无疑问，斯大林的这种态度，显示了他在对于共产主义价值理想与苏联自身国家利益之间的权衡中的权重倾向。第二，社会主义国家以激进的方式进行了工业化积累。巴塔耶指出："重要的是，对贫穷国家来说，共产主义是进行工业革命的唯一途径。而这一工业革命，富裕国家在很早之前就已经完成了。"② 他认为，20世纪30年代在苏联所发生的事情可以被称为社会主义在一国的"原始积累"。斯大林领导的革命与英国的工业革命有着同样的结果。只不过，由于社会主义国家是在农业的、封建的社会中建立起来的，于是，工业化积累的任务就落在了无产阶级而不是资产阶级的肩上。第三，革命中的资产阶级与无产阶级之间具有一致性。正如在分析封建社会向现代社会的转变时已经指出的，巴塔耶认为，资产阶级和无产阶级的目的都是废除封建秩序，他们所进行的革命都是对封建主权的反对，是旨在打破封建秩序的现代革命。在反封建的方面，资产阶级和无产阶级是一致的，他们作为大众（masses），都不关心封建时代的那些土地所有者所表现出来的对于挥霍的热忱。资产阶级率先建立了新的体系，进行财富积累和工业化发展，包括无产阶级在内的其他大众并没有打算推翻这一体系。大众基于对封建主权的仇恨而聚集，当资产阶级足够强大时，如在英国、法国，就直接与

① Georges Bataille, *The Accursed Share* Ⅱ *The History of Eroticism* Ⅲ *Sovereignty*, trans. Robert Hurley, New York: Zone Book, 1993, pp. 272–273.
② Ibid., p. 274.

地主阶级对抗；当资产阶级较为弱小时，则交由无产阶级来完成同样的任务。这样也就解释了，何以在资产阶级占统治地位的西欧一直没能产生针对资产阶级的真正反对性的革命。

巴塔耶对共产主义的挑战性评论，主要集中于平等观念。他认为，共产主义比资本主义更加远离封建价值。资本主义与共产主义运动都致力于生产资料的增长，特别是一国生产力总量的增长。有时，工人阶级比资产阶级走得更远，也更为极端。资产阶级提出了自由选择以反对奢华传统，工人阶级则用普遍有效的决定论取代了自由选择。在马克思的设想中，剩余产品既可以用于个人消耗，也可以用于积累，而在苏联模式的社会主义社会，似乎这种选择也消失了，积累成为必需，现在必须服务于未来。在苏联的工人阶级社会，群众所组成的、所创造的巨大数字都与理性一致，成为了更加高效的生产机器，特别适用于在资源有限的落后国家进行发展。巴塔耶指出，资产阶级相对虚伪，只要不损害自己的利益，他们就不会真的反抗，他们真正关心的只是发展生产和结束贵族的权力；与此相比，无产阶级的诉求更加激进。这是因为，共产主义包含着一种平等的观念，这种观念反对封建社会那种多数人劳动、少数人享用的以等级体现自主权的方式，而要求每个社会成员都彼此平等，都拥有享有自主权的条件。在这个意义上，当共产主义实现了，当革命取得胜利之后，自主权也不会成为一个多余的、过时的问题，而仍然是一个关乎每个人生存要义的问题。对此，正如美国学者艾米·E. 温迪灵（Amy E. Wendling）指出的，巴塔耶对"后革命"时代的共产主义设想的探讨，其实更接近空想社会主义者傅立叶。① 他们关注的不是生产，而是普遍性的生存境遇。

巴塔耶既认为共产主义代表了时代发展的趋势，又发现斯大林主义存在着一些根本性问题。巴塔耶指出，自主权在马克思主义语境中的意义，要对比着封建社会中的主权所忽略了的部分来得到说明。在这种对比中，他着重指出了如下几点：其一，共产主义对于"人"的重视。从理论上说，相对于资本主义社会中人的受奴役状态和物化状态，共产主义强调人是自主性价值的归宿。物质生产只是满足人的需要的手段，应该为人服务，而不是相反。其二，共产主义对神学维度的消解。共产主义拆除了封建时代的神学支撑，

---

① Amy E. Wendling, "Sovereign Consumption as a Species of Communist Theory: Reconceptualizing Energy", Shannon Winnubst ed., *Reading Bataille Now*, Bloomington and Indianapolis: Indiana University Press, 2007, p. 36.

更新了传统自主权的宗教内涵。巴塔耶甚至说：马克思主义看待人就如同神学看待上帝一样，马克思主义用人类学取代了基督神学。① 换言之，这不仅完成了从"物及其生产"向人的回归，而且完成了从"神及其崇拜"向人的回归。其三，共产主义运动对人人平等的追求。封建时代的自主权，是以社会等级差异为基础的；共产主义运动则旨在消除人与人之间的差别，趋向一个人人平等的无差别社会。巴塔耶认为："人人无差别可以作为历史的目的，此时，自主权不是目的，自主权被否定了。自主权不是历史要实现的一种形式，历史只是对阻止人们寻求它的东西的清除。"② 这就是说，自主权是"不在场"的，它更多地体现为人在追求它的过程中对其对立面的否定，与此相对应的是，作为一种具有内在必然性的历史趋势，共产主义的"人人无差别"却是一个可以"在场"的目标。

　　巴塔耶对共产主义所作出的三点分析，并不是一种单纯的肯定，在更深入的阐述中，这种最初被肯定的内容就暴露出了某些欠缺。就第一点而言，共产主义诚然以人为价值归宿，然而，如果一个人要从事生产为自己服务，他就必须先顺应生产的要求，也就是说，必须自弃于物。这样一来，虽然共产主义的自主性价值在于人，但是，正是为了发展生产为人服务的活动反而取消了人的自主性。因此，"被斯大林作为目的的人不具有自主性品格，其需求被对应于保证和增长生产而衡量。人是目的，人是自主性的，但唯有他放弃自身的自主性时才如此。"③ 就第二点而言，共产主义消解了神学的维度，但是，这也使苏联人转而去寻求完全客观的权力，而不是内在精神维度的等级秩序，其结果就是："自主权主宰着物；权力的客观性结束了这一点。结束自主权的权力，也物化了自己。"④ 资产阶级将物与主体性混合了起来，共产主义反对这种物化的主体性追求，摧毁资产阶级对"自主性的主观性"的贬低，但是，共产主义有时也因此而将敌对态度指向主观性生活，从而反对一切主观性。⑤ 现实的共产主义运动作为否定主权的自主权出现，却走向了客观化，追求能量的积累和外在的权力。就第三点而言，共产主义对平等

① Georges Bataille, *The Accursed Share* Ⅱ *The History of Eroticism* Ⅲ *Sovereignty*, trans. Robert Hurley, New York: Zone Book, 1993, p. 318.
② Ibid., p. 310.
③ Ibid., p. 322.
④ Ibid., p. 357.
⑤ Ibid., p. 360.

的追求是对封建时代自主权的彻底消解，然而，这种平等诉求却要面对先天的限制。巴塔耶认为，就"平等"本身而言，它和"不平等"一样是彼此等价的观念。在他看来，很难说"平等"就比"不平等"优越。对"人剥削人"的批评基于人人平等的观念；这正如剥削基于人与人之间价值上的不平等。① 就与耗费的关系而言，共产主义反对追求等级差异，其实想要的是"平等的耗费"（egalitarian consumption）。然而，巴塔耶强调，没有什么能让我们否认人性内在的对于等级和对抗的追求。正如我们在讨论普遍经济学时提到的，世界和平是基于战争威胁而维持着的一种动态的和平，这种内在的矛盾推动着世界的进步。

作为一种宗旨性陈述，巴塔耶既不是要回归封建时代，也不是要拒绝共产主义诉求，而是对革命理想提出了一种有别于传统马克思主义的后现代阐释。在现实的世界形势方面，巴塔耶最终关注的还是人类和平，具体来说，就是要在危机和战争爆发之前以和平的方式消耗掉过剩的能量；在内在精神方面，巴塔耶关注的则是超越物性的人的自主权，这种自主权不是实体，不是理性和话语的对象，它如同佛家了悟后的释然，只是空无（NOTHING）。巴塔耶围绕尼采的讨论正是基于这样的理论宗旨，即尝试用尼采哲学来填充共产主义思想。他甚至认为："尼采的思想与共产主义同等重要。"② 巴塔耶以尼采的同路人自居，并强调他并不像其他人那样只是尼采的评论者，他是作为和尼采一样的人在进行思考。经过将尼采思想与共产主义思想进行融合，巴塔耶才逐渐呈现了"自主权"的一些关键性的内涵。

三　作为"空无"的自主权

在社会历史考察中，巴塔耶的对自主权本身的界定与阐述不断穿插、闪回，当我们收集、总结这些界定与阐述，则发现其中最为关键的阐述是：自主权是空无。这句话是对自主权的核心揭示，而它又包括着一系列具体的内

---

① Georges Bataille, *The Accursed Share* Ⅱ *The History of Eroticism* Ⅲ *Sovereignty*, trans. Robert Hurley, New York: Zone Book, 1993, p.336.

② Ibid., p.366.

容。这些核心表述与具体内容，基于对人性的新理解和人类生存的新模式，也表达了对生存目的的新要求。

巴塔耶思想的最终目的是人的自主权。然而，这个自主权既不是外在的权力，也不是内在的"至尊"。它究竟是什么呢？是空无。这就是巴塔耶的回答。显然，这是一个看上去有些"无厘头"的回答，让人感觉有几分戏谑的意味。能否理解并阐明巴塔耶的这一论断，成为我们需要面对的一个关键性问题。

对于自主权的深入把握，需要结合巴塔耶的存在论思想来进行。在此前的讨论中，我们已经知道，巴塔耶把人的存在方式理解为一种持续否定的"双重运动"。这一点在他的《色情史》中有过深入、细致的阐述；而在《自主权》中，巴塔耶又再次指出：人类世界是由禁忌与违犯组成的，它体现为一种自相矛盾的冲动系统。"因此，'人'这个词绝不像头脑简单的人想象的那样意味着一种固定的姿态，使人性得以凸显的倒不如说是一种显然不稳定的平衡。"① 在巴塔耶看来，人就是由相互摧毁的运动构成的一种不可能的组合。因此，巴塔耶明确表示不同意传统马克思主义关于人的定义。巴塔耶认为，共产主义（应是指传统的马克思主义）仅以使用和制造工具来定义人。② 与这种以使用和制造工具或以劳动的观点来定义人不同，巴塔耶的观点却是：区别人与动物的是基本的行为方式，这既体现在日常生活中，也体现在人类社会的各个方面。这是因为，"从动物到人的转变，在于禁忌，它改变了满足需要的方式"。③ 由此出发，他还认为，社会阶级的区分并不仅仅在于权利，而更是在于人性化的程度。比如，皇室的令人敬慕的尊严，就不单是凭借经济权利或政治地位，而是依赖于高贵的气质和优雅的风度来维系的。同时，对于不断进行着否定的人来说，禁忌本身也引发了对它违犯的冲动，因此，我们既需要禁忌，也需要抛开禁忌。这种对禁忌或既定规则的违犯，也是自主权的基础之一。概言之，如果说自主权以对人的存在状态的新理解为基础，那么，在这种理解中最为核心的，就是从不断否定的角度来

---

① Georges Bataille, *The Accursed Share* Ⅱ *The History of Eroticism* Ⅲ *Sovereignty*, trans. Robert Hurley, New York：Zone Book，1993，p. 342.

② 众所周知，恩格斯写过《劳动在从猿到人转变中的作用》，然而巴塔耶似乎忽略了马克思在《关于费尔巴哈的提纲》中的阐述："人的本质不是单个人所固有的抽象物，在其现实性上，它是一切社会关系的总和。"这里注意到他对马克思主义人学理论的误解。

③ Georges Bataille, *The Accursed Share* Ⅱ *The History of Eroticism* Ⅲ *Sovereignty*, trans. Robert Hurley, New York：Zone Book，1993，p. 339.

理解人。这就是说，自主权意味着人的一种对既定状态进行不断否定的状态。这种否定体现着人的自律（autonomy）；而这种自律，又是自主权的一个环节，是其在人性脱离动物性阶段的表现。"在所有情况下，都是对于自律的渴望决定了人的态度，没有它就没有人性。"① 淫秽其实对应着自然动物性，对它的恐惧建立了人性，人性反对我们对于动物性的依赖；然而，人性所建立的世俗世界又很快成了既定的东西，那些计算和劳作，作为人们借以从自然中独立出来的手段，又反过来使人依赖于它们了；圣性（sacred）成为了自主权的新原则，这种原则不再是有意识的，不再是人格化的，它含糊而无边际，从人性向连续性回归，但它不再是动物性，而是对工作、对自我克制的理性原则的破坏。这种不断的否定，这种基于禁忌与违犯的双重运动，构成了人之形成为人的基本机制，也构成了我们理解自主权的最主要基础。

可以看到，在关于人性的看法以及人的生存论问题上，巴塔耶提出了不同的想法。资本主义以原子化的个人观念根基，除了孤立的个人，塑造不出其他类型的社会主体；社会主义的目的，是要解决个人与社会之间的隔离，使个人不仅考虑各自的利益，也考虑作为整体的社会的利益。与这两种思路不同的是，巴塔耶另辟蹊径，从"耗费"的观点出发，经由对"色情"等具体问题的探讨，深入考察人性的内在机制，使之表现为一种动态否定的双重运动，从连续性中觉醒、脱离而又消解、回归，个体的自我观念也由此被放置在更深广的背景下充满矛盾张力地存在着。

巴塔耶所说的自主权，正是这种不断进行着否定的人、进行着禁忌与违犯的双重运动的人的自主权。这种自主权显然不再是一个主体之外的客体，也不再是一种主体之内的、有待被主体占有的对象。如果自主权被客观化，它就会变成权力，而权力的客观性只会意味着对自主性的废除；如果自主权作为一种被把握的对象，它就会变成尊严，或者类似的某种特定状态，而这又会要求一种固定的等级秩序的建立。概言之，自主权既非外在的客体，亦非要把握的内在对象。从领域上说，它是一种主观性；同时，它又是主体与客体的消融；最终，它是向着连续性或普遍性的复归。

关于自主权是一种主观性，巴塔耶有过许多表述。他曾说："自主权从

① Georges Bataille, *The Accursed Share* Ⅱ *The History of Eroticism* Ⅲ *Sovereignty*, trans. Robert Hurley, New York: Zone Book, 1993, p. 150.

来不是真正客观的，而是与深层的主观性相关"。① 自主权是基于主观反应的结果；它只有在我们否定、摧毁对象的意义上才会涉及客观。这种对于自主权的主观性的界定，避免了将自主权理解为宗教地位、军事权威和政治权力的误解。然而，避免误解在很大程度上只是一种否定性的消极界定，当我们从积极的方面来理解时，自主权就是一种主观的心灵状态。这种状态不是一个作为主体的人与其他作为臣仆的人联系从而形成一种主权制度，而是主体与主体之间的感性的、情感的接触；这种主观性从来不是话语性知识的对象，而是以笑、泪和节日的喧闹来进行交流。只有理解了这种主观性，我们才能理解巴塔耶所说主体的意义及其与自主权的关联。正是基于这种对主观性的重视和强调，巴塔耶才说出"共产主义把人贬为客体；尼采使主体解脱"这样的话。② 在介绍巴塔耶自主权思想的来源时，我们曾提到，尼采的思想是达到思想之界限的思想，尼采的天才是无所受限的、自主性的和主观性的天才。对此，巴塔耶也曾以"海滩景象"为例阐述自己的独特理解：在明月照耀的夜晚，海风轻抚，波浪阵阵，万物浑然一体，就其本然状态而言，我是陶然忘我的，唯有当我要思考时，我才被从这种景象中抽离出来。③ 那种本然状态，是比思想更为根本的。即使当我从这种本然状态中抽离对自己进行反身思考时，作为被反观的客体之我，其内容也是主观性的。从巴塔耶的生存论来看，作为生存境域或基本背景的首先是连续性或总体性，在此基础之上的内容就是主观性。自主权以人的存在为地基，因此，也毫无疑问必然是主观性的。在巴塔耶看来，相对于基督教的神学和共产主义的人学而言，尼采能够给我们的启示之一就是，没有任何可以从物、从客体、从对象得来的自主权。自主权只能是主观性的，尼采对于基督教道德的颠覆、巴塔耶运用尼采思想对共产主义所做的对照和补充，其实就是要使这种主观性彰显出来，使主体从客观性的迷误区中解放出来，而只有这种自由了的、解脱的主体，才是真正自主性的。

主观性并不意味着坚持主体的优越地位；实体性的主体概念，其实仍然是主观性被客观化了的表现，主观性拒绝陷入这种主体概念，它坚持着更为彻底的主观性原则。这种主观性，具体说来，是思想和语言所由出发的地

① Georges Bataille, *The Accursed Share* Ⅱ *The History of Eroticism* Ⅲ *Sovereignty*, trans. Robert Hurley, New York: Zone Book, 1993, p. 237.

② Ibid. , p. 368.

③ Ibid. , p. 378.

方，是在浑然一体中抽身出来的勉强之思的起点。"人是思想（语言），他只有通过自主性的思想，才成为自主性的。"① 自主权的领域是主观性，这不仅是对人的生存的智识起点的标明，对其以思想和语言为存在方式的有限性的承认，而且更是为超越这种有限性并使之向着连续性回归奠定了基础。

主观性之作为自主权的领域，意味着传统意义上的主体与客体的消融。巴塔耶曾说："自主性思想考虑不被当作物或对象把握的自主性时刻，以及与古代自主权相对立的时刻。自主权思想，在尼采著作中首次得到表达，他设想了从物的世界（客观活动）和从主体的完全脱离。它包含两个方面：一是主体的解脱；二是客体的解脱，从而与之相联的主体能真正解脱。"② 所谓主体的解脱（free），意味着以往被知识和语言宰制的主体不复存在。巴塔耶的语言观和知识观都以批判性为特征，语言要通过耗费自身到达自身之外，而知识则既是奴性的，也是不充分的。知识会让我们接受奴性，因为它总是意味着要接受这样一种生活方式，即我们的此时此刻不能以自身为目的，每一时刻只有在随后的时刻那里才能获得意义；此外，知识也与生命体验本身相隔离，在知识积累的同时，与知识相应的实际存在却消失了，因此，我们可以说，没有不带盲区的知识，或者说，没有不无知的知识。巴塔耶提出了"非知"，但是他要做的并不是要破坏或弃绝知识，而是要扩展真正的知识，让它能够对那些本应属于其领地却往往被排除在外的事实作出回应。这就涉及客体。所谓客体的解脱，是指那些外在于主体、与主体相对立、作为有待被知识把握的对象的客体不复存在了。客体消解之后，主体才能真正消解，两者其实是一体而同步的。客体的消解，正是人类活动中的耗费过程所要完成和体现的。耗费就是使客体消解，使主体与客体之间的联结脱离，进而使主体不复为主体。此时，主观性作为一种视角和领域取代了主体的位置，自主权成为对这种主观性的标识。因而，我们所要阐明的人类的自主权，事实上就不再是"作为主体的人类"的自主权，而是充满内在张力的"作为整体的人类"的自主权。这种自主权，不再设定外物并使之屈服、与之同化，而是自身为其自身存在的凭据。

主体和客体消解之后，就是向着连续性或普遍性的回归。这种连续性，

---

① Georges Bataille, *The Accursed Share* II *The History of Eroticism* III *Sovereignty*, trans. Robert Hurley, New York: Zone Book, 1993, p. 381.

② Ibid., p. 428.

不是主体之外的连续性，而是作为主观性之基础的、作为本然状态的连续性。在这种连续性中，没有"我"，没有物，没有语言，没有时间，只有生命的活的体验本身。自主性的主观性仍然与宇宙、与总体相联系，但这种联系不必再像封建社会那样以集中于"王"的方式表达出来。如果我们再以"海滩景象"的例子来加以说明，那就是一任自己沉浸于月光、微风、海浪、沙滩共同组成的美景中，陶然忘我，无思无言，放弃那种有所"觉醒"的反身思考，放弃对这种美景进行描述和表述的尝试，不再从浑然一体的美景中抽离，而只是活在此刻，享受此刻，只有此刻。或许，这是只有诗意而无诗的时刻，是真正拥有自主权的时刻。此时，正如巴塔耶在探讨对禁忌的违犯时所描述的体验："我不再是我，而是自失于其中的无限"。① 这时，那限定和形成自我的有限性就被消解、超越了，从一己之私出发的占有和谋划更是失去了意义，这是耗费最终达到的境界。

这种连续性或普遍性，同时又是空无。当我们说到连续性或普遍性时，我们仍然可能在将它作为一个客体、对象或物来把握，为了避免这最后的误解，巴塔耶反复提到"自主权是空无"的论断，并用这句话作为《自主权》一书最后的警句。在此之前，巴塔耶曾明确说："我是空无，这种对断言的模仿是自主性的主观性最后的话，它使自己从屈从于物的领域解放出来。"② 应当注意到，"我是空无"或"自主权是空无"这样表述，是一种"模仿"。换言之，它仍然在用语言句式来表达，仍然在把一个不能作为客体、不能作为对象把握的东西勉强当作一个客体、一个对象来讲述。然而，"空无"无疑是一个十分独特的词。这个近乎无所指的词使我们有可能去领悟在词语尽头、在物之外的领域。至少，它标明了客体、对象的无效。"自主权是空无"，正是以一种陈述客体的方式，陈述了不能作为客体把握的东西。至此，我们也就不难明白巴塔耶在《自主权》的第一部分就说过的话："自主权是空无，我努力要说的是，把它作为一个物是多么笨拙（却又不可避免）。"③ 在这个意义上，巴塔耶的写作确实是语言的耗费，是用语言消解语言自身，并以此来指示出语言所"不可能"指示的东西。从思想内容来看，巴塔耶关注的也正是这种不可能，即在界限之外的维度。耗费，揭示的是物性之外的

---

① Georges Bataille, *The Accursed Share* Ⅱ *The History of Eroticism* Ⅲ *Sovereignty*, trans. Robert Hurley, New York: Zone Book, 1993, p. 115.

② Ibid., p. 421.

③ Ibid., p. 256.

超然物外

维度；自主权，揭示的是基于物性的奴性之外的维度。

自主权是耗费的旨归，或者说，是耗费在生存目的、生存指向上的体现。自主权思想最初就是与耗费思想联系在一起的。耗费看似是从物或从经济问题着手的，离自主权有着遥远的距离，但是，事实上，作为人类生存的基本境遇，巴塔耶正是在与物打交道中、在经济领域中看到了自主权最直接和最基本的运用。哈贝马斯在谈到巴塔耶的耗费思想时就曾准确指出："这是一种非生产性的消费形式，从单个商品占有者的经济视角来看，它是一种损失，但它同时能够实现和证明人的自主权以及人的本真存在。"① 显然，在对物的慨然挥斥和对有用性的超越中，人失去的是片面化的、奴性的生存，而获得的却是自身完整而本真的存在。简言之，耗费最终通向自主性的生存。这才是耗费的最根本的意义和最终的目的。就自主权本身而言，它又是"空无"。它不是一个客体或对象，而是一种境界。"空无"意味着无物无我，它消解了作为有限主体的"我"的观念，也消解了与这种"我"相对应的作为征服和占有对象的"物"；"空无"也意味着无思无言，它超越了理性之思，而诉诸于向着自然整体回归的生命本身，它用语言消解语言，以此表达着语言的界限之外的内容。这种无物无我、无思无言的境界，正是自主权的"空无"含义对于西方现代性要素的祛蔽，也是对于从物性中解脱出来了的人自身的生存方式的思考与探索。对于这种自主权的追求，揭示着人类的本真性生存的基本趋向，它不仅在资本主义和社会主义的时代有意义，在后革命时代也会有意义。巴塔耶在讨论"大革命"时就曾指出：人类在平等之后并非不再需要自主权，这种自主权与资产阶级的对物的奴性相对立，"自主权是每个人的条件，既非时代错置的也非无关紧要的"。② 在这个意义上，自主权已经不再是对封建价值的简单怀旧，而是对人类本真存在的开拓与追求。相应地，其中所包含的人与物关系问题和人自身的生存方式问题，作为我们领会自身存在的着眼点，也成为比进行具体的制度性设计更为基本的问题，它会影响到我们每一个人对于自己的生活和生命的理解，并使我们有机会去寻求比维持生计和实现"自我"更为根本、更为彻底的目的。

---

① ［德］哈贝马斯：《现代性的哲学话语》，曹卫东等译，译林出版社2004年版，第261页。
② Georges Bataille, *The Accursed Share* Ⅱ *The History of Eroticism* Ⅲ *Sovereignty*, trans. Robert Hurley, New York：Zone Book，1993，p. 282.

第七章　巴塔耶耗费思想评价

　　巴塔耶的耗费思想，从对于物的纯然失去开始，揭示了一种理解物、社会和人自身生存的新视角。这一思想在巴塔耶的整体思想中占据着核心地位，对于后世思想的发展也产生了深远影响，值得我们重视和深思。

一　耗费思想在巴塔耶思想中的地位及其特点

　　对巴塔耶的思想可以从多种角度进行解读。换言之，巴塔耶的思想横跨多重领域，人类学、社会学、宗教学、文艺理论等学科视角都可以用来观察和解读巴塔耶的思想。正是由于这种跨界的特点，如何界定巴塔耶的学术身份也一度成为一个难题。但是，当我们着重考察他的思想内容及其所关心的问题时，就会发现，这些问题都指向同一个方向，那就是对受物性宰制的既定"人性"的颠覆和对人类精神结构的深层探究，而这又是从消解物性、使人从中剥离开始的。可以说，耗费思想构成了巴塔耶思想体系中一个具有基始性的生发点和一个具有辐射效应的中心点。巴塔耶就是由这样一个点起始，向着四周、向着更深入的方向探究，揭示了一种完全不同的人性及其相应的世界图景。

　　1. 耗费概念与其他相关概念的关系

　　经过前面各章的讨论，我们对于"耗费"与普遍经济学、异质学、内在经验、自主权等其他思想的密切关联已经分别有所了解。在这里，再集中于这一问题，稍作概述和总结。

　　毫无疑问，普遍经济学理论在巴塔耶的思想中占有重要地位。罗伯特·赫利在将巴塔耶的《被诅咒的部分》翻译为英文的三卷本（包括《耗费》

《色情史》《自主权》）时，就曾统一加上了《论普遍经济》（*An Essay on General Economy*）的副标题，似乎巴塔耶的这三卷著作全部是围绕普遍经济学而展开的。然而，正如我们在第三章中指出的，普遍经济学其实只是对耗费的一个经济哲学论证，它一则阐述了耗费的必然性，为耗费的存在提供了理论的依据；二则提供了一种宏观的视野，为现代性主体跳出有限性自我、关照普遍性存在开辟了空间。从具体内容上说，它颠覆了西方传统经济学，把经济学从"地心说"转变为"日心说"，即从有限主体出发追求增长转变为从普遍整体出发追求能量平衡。从总体地位上说，普遍经济学并不构成巴塔耶思想的主题和关键，而只是提供了一种视野，这种视野为人们理解耗费思想从理论的层面提供了可能。

异质学在巴塔耶这里具有思维范式的意义，在内容上它所关注的主要是社会机制。这与普遍经济学进行经济理论探讨和抽象视角转换有所不同。与普遍经济学相比，异质学及其圣社会学的思维触角显得更为深入，也更具有现实针对性。经由异质学，巴塔耶逐步将注意力从物本身转移到了社会层面。巴塔耶已经看到，占有和攫取其实是以生产主义为基础的现代社会运行机制的结果。耗费思想的一个重要内容是要对这种运行机制进行质疑和拆解，而异质学就是实行这一拆解的利器。因而，在耗费与异质学的关系中，耗费是引领性和目的性的，而异质学则是由其所开启、引发的思维范式更新和社会哲学思考。

内在经验是巴塔耶通往"存在"的方式，它挑战了传统的知识性思考。在内在经验中，人不再去把握一个外在的客体，不再将现在让渡于未来，也不再用话语去描述存在，而只是通过生命体验的深层探索沉入到存在的连续性中。这就如同临近入睡的时候，放松身心，抛开思虑，让自己沉入无边的黑暗深渊，消融于混沌之中。内在经验所开辟的独特思想路径或通往存在的方式，正是耗费所要求的；耗费消解了物、使人脱离物性之后，必然要求人自身思想方式和存在方式的改变，内在经验就是这种改变的体现。在这个意义上，我们可以将内在经验视为耗费思想在存在论层面上的体现，是与耗费概念一脉相承的。

自主权思想是耗费思想的最终旨归。如果说内在经验还侧重于思想路径和存在论的讨论，那么自主权则是直接关乎人的生存处境。在内在经验所揭示的存在状态的基础上，自主权要求人从物性中解脱出来，重获自主性的存在方式。自主权以大写的空无（NOTHING）作为终结，这其实是将耗费从物贯穿到了人。事实上，自主权与耗费或许根本就是一回事，两者区别只不过在于侧重点的不同：耗费是就物而言的，自主权则是就人的存在而言的。

这些讨论所提到的耗费都是指耗费的概念本身。正是这个概念开启了随后逐层深入的讨论。事实上，耗费概念和其他的概念一起，共同组成了一个整体。它们就像一个庞大的冰山，耗费概念是露出海面的一角，而在这冰山一角之下，是普遍经济学、异质学、圣社会学、内在经验、自主权等一系列相关的概念共同起着逻辑支撑的作用。显然，如果没有这些概念的支撑，耗费概念将是不可能的。这个"冰山"整体，以耗费为开端和标志，可以称为广义上的耗费思想。这种广义上的作为一个整体的耗费思想，从耗费概念开始，包含了普遍经济学、异质学、圣社会学、内在经验、自主权等一系列理论和概念。这个思想整体，勾勒了巴塔耶思想的全貌及主要线索，即从物开始，或者说，从对物的失去或摧毁开始，然后经由对物的宏观关照，以及对社会机制的考察，进入到对人的存在状态和存在境遇的深层探讨。

2. 耗费思想的缺陷与特点

巴塔耶的耗费思想包含了诸多与众不同的见解，很有启发性；但是，我们也要看到，这一思想也具有一些缺陷和不足，而这些缺陷和不足又是与其思想的总体特点联系在一起的。

首先，耗费思想仍然带有多种思想要素杂糅的痕迹。耗费概念是从法国人类学发现的一个古老现象开始提炼形成的。我们知道，莫斯的《礼物》一书对巴塔耶产生了重要影响。巴塔耶所谈论的耗费现象大多来自于此书对原始部落的礼物交换和"夸富宴"的研究，或受这种研究启发而作出的观察。人们可能提出的一个疑问是：这样一种现象是否足以成为看待整个人类社会的起点呢？对此，巴塔耶思想并没有作出明确回答，而是直接跳到了对于人类精神史和精神结构的揭示。这是在《色情史》中完成中的。巴塔耶描述了人从自然中脱离而确立自身，进而又继续否定自身回归圣性的过程。这一过程所体现的运动机制，简言之，就是禁忌与违犯的双重运动。如此看来，支撑起巴塔耶对人类社会看法的，主要就是人类学的考察加上精神分析式的描述。

在人类学考察基础上，对人性或人的精神运动的描述至为关键，然而，这两种思想要素的结合却并不是那么紧密和具有内在的一致性。如果站在耗费的立场上说，巴塔耶对于人的精神运动的揭示可以被看作是对耗费现象的解释，它解释了何以会在耗费现象的本然状态的基础上产生了现代的占有性和生产性的社会，并说明了现代社会的生存模式并不能掩盖人类存在的全部可能性，因为耗费所包含的生存状态也是人类生活的重要组成部分；而如果站在人的精神运动的立场上，耗费现象则只是人的否定性的一种表现，它体现了现代社会形成以后人类对占有性和生产性规则的违反。因此，这种对人类精神运动的揭示，在一定程度上是独立于甚至超越了对人类经济生活的考察的。巴塔耶得以构成独具特色的耗费思想，就在于他将经济生活和精神运动这两者结合了起来。然而，这种外在的结合，使他的思想并没有形成一个严谨的有着特定内核的整体，而是造成了一个松散的、多线索平行的结构，只不过，这些平行线索最终又汇聚到关于从物到人的一系列看法上了。

其次，巴塔耶的耗费思想本身的运思是不严格的。这种不严格体现在思想过程与理论内容设定的失调、阐明思想的手法与阐明思想的目的的相悖以及对某些历史事件的过度解释等方面。巴塔耶经常偏离甚至违背了自己的理论。比如，他把耗费从与积累的关系中抽象出来，把耗费当作了一个事物，而这正是他自己极力反对的客体化、对象性的思维方法。这样一来，他所依赖的普遍经济学概念，就只是有限经济学的一个反转，一个同等层次的对立物，似乎并没有实现对有限经济学的根本性超越。这使他关于经济或宇宙能量运行的分析在某些地方半途而废，没有达到更为深刻的理论效果。对此，有的学者甚至指出，巴塔耶是倾向于形成一种耗费的拜物教了。① 在这些地方，巴塔耶的思想过程滞后于他的理论内容设定；在另外一些地方，则是他的思想目的滞后于他阐明思想的手法。具体言之，巴塔耶阐明耗费思想的手法，特别是他在文学实践中对于语言的运用，是令人赞叹的，体现了耗费的精神，但是，在对于现实世界的关注中，在阐明思想、勾画理论的最终目的上，他却又回归到理性的轨道上去了。巴塔耶在许多地方提到，我们应该以一种更加明智的观点来看待人类世界的能量运行，这样做的目的是为了避免战争，避免灾难性的后果发生，从而使历史的发展更加符合理性，或者说更加符合人类的利益。这样就将批判性逻辑用于为合理性标准做论证，将非功用性思想用于为功利性目的服务了。此外，他对马歇尔计划给予了高度评价，认为这代表了未来的趋势，有助实际动态的和平，其分析虽然相当有说服力，但是也应当看到，马歇尔计划的起因其实主要是担心并防范来自苏联的威胁。巴塔耶对这种在形势逼迫下作出的政治反应赋予了过高的哲学意

---

① Michael Richardson, *Georges Bataille*, London and New York：Routledge, 2005, p. 96.

义。事实上，在马歇尔计划之后，已然过了半个多世纪，世界并没有变得像他所希望的那样美好。巴塔耶运思的不严格，在一定程度上影响了他思想的效力。迈克尔·理查德森就认为，和马克思比较起来，巴塔耶缺乏那种严格分析的品质，而正是这种品质使得马克思的思想具有了那么大的"破坏性"。[①] 巴塔耶与马克思的差别或许不只是在于运思的严格性，但是，这种运思的不严格无疑使巴塔耶的思想呈现出了一定的混乱和自我削弱。这也是造成它的局限性，即止步于观念的启发、无法真正指引现实的原因之一。

最后，巴塔耶的耗费思想具有明显的空想色彩。耗费思想对于以物性为基础的现代社会提出了强烈批判，然而，这种批判却只是指向了思想而非现实，缺乏实践性和操作性。无论是宣扬对物的摧毁或失去，还是揭示人类精神的双重运动，抑或是勾勒出"动物性、人性、圣性"的三重世界理论，这些过于宏观和抽象的视角，面对现实生活中强势的资本逻辑其实是无能为力的。如果将他与马克思对比，可以发现，他没有像马克思那样去剖析资本逻辑内部的运行机制，进而指出资本逻辑所面临的危机和必然归宿；他是从外部着手的，即通过一种外在的理论构建而使资本世界呈现为一种极为有限和片面的存在。同时，他也不像马克思那样指向未来，期许一个理想的共产主义社会；他的耗费概念，隐含着对过去的历史或原始生存状态的重视，他关于人类精神机制的阐述也回避了现代意义上无限向前的进步观念，而主张一种类似永恒轮回的、充满张力的双重运动。这种外在的、超然的思想路径，虽然流露出几分"道骨仙风"的气质，然而，最终却毕竟只能使人获得观念上的明了，而无法对世界历史进程产生实际的指引作用。思想路径的偏斜最终导致了巴塔耶的思想主张与社会实际的脱离，如果将巴塔耶的耗费思想落实到社会生活，那将会演变为大公无私、毫不利己等一系列我们曾经耳熟能详的口号。然而，正如张一兵教授指出的，巴塔耶这种对出世论神圣世界的追捧，其实是一种消极的生存观："巴塔耶不知道，20 世纪 60 年代中国发生的'无产阶级文化大革命'就是一场试图在现实中抹去人的生存中一切物质利益和利己心（狠斗'私'字一闪念）的努力，……这场动机并不坏的革命，最后的真实结果却是一个社会生存走向现实生活的崩溃边缘，而革命的'神圣世界'在这种现实危机面前立刻土崩瓦解。"[②] 显然，"文革"时期人

① Michael Richardson, *Georges Bataille*, London and New York：Routledge, 2005, p. 88.
② 张一兵：《反鲍德里亚：一个后现代学术神话的祛序》，商务印书馆 2009 年版，第 15 页。

们盲目的崇高与浪漫、想象与热情，作为一段真实发生过的社会历史，已经印证了巴塔耶思想的不切实际。浪漫的思想或许有利于激发文学与诗歌的创作，但是，如果用它来指导社会的建设，其后果总是惨烈而令人无法接受的。毕竟，人类社会向前发展的历程，总是需要我们用脚踏实地的努力迈进，才能谱写出来。

巴塔耶耗费思想的上述缺陷是与其总体特点联系在一起的；如果我们明确了总体特点，上述缺陷或许就可以得到一定程度的谅解。这个特点就是探索性。或许可以认为，巴塔耶的思想之所以出现杂糅、不严格、空想等缺陷，就是因为他的思想是一种探索性的思想。这些缺陷正是在他进行思想的实验性探索而不是理性的思考时才呈现出来的。巴塔耶在面向未知的黑暗开拓，在向不可能性迈进。他所寻找的，是人类现成的存在方式之外的维度，或者说，是人类存在的另外的可能性。因此，我们无法要求巴塔耶去建立那种基于理性推理的严谨体系，事实上，巴塔耶也从来没想过要建立一个封闭的理论系统，他的大部分努力反而都与此相对立。在他从物到人的思考线索中，并不存在特定的学科分野，多种学术资源都被汇聚其间；而且，他的思考又总是发散性的，在阐述过程中随处蔓延以至跳跃；他的表述也更像是文学作品，除了一些简短的理论概括和对社会历史资料的综述之外，就是充满了大量的对自身生命体验的记录和省思。巴塔耶的创作，不是建筑一个理论的大厦，而更像是一次冒险；他的作品，就像刚掷出尚未落地的骰子，必然只是意味着一个开始，没有结束或完成。因此，我们看到，除了类似"自主权是空无"这样玄妙的断语，巴塔耶的思想其实并没有什么实质性的结论。但是，这并不意味着巴塔耶的思想不值得我们重视。事实上，这种思想的探索历程本身，或许就是它的价值所在。

二 耗费思想在哲学史上的贡献

在哲学史的星空中，巴塔耶也许并不是那种璀璨夺目的明星，而只是像一颗晦暗的小星在安静的角落散发着微弱的光芒，然而，正是这种微弱的光芒，却传递着不应该被我们忽略的特别的信息。事实上，巴塔耶提出的诸多议题很值得我们玩味和深思。其中，耗费思想所开启的从物到人的思想主线又是最值得我们关注的内容。它为我们思考物、思考人的生存提供了一个具有启发性的视角，对于后现代主义、后马克思主义等学术思潮都产生了深远的影响。

具体来说，巴塔耶的耗费思想在哲学史上的贡献，可以通过对以下两个问题的讨论得到体现：

第一个问题是关于"物的追问"。海德格尔曾经以《物的追问》为题写过一本书，在这本书中，对于物的追问的讨论主要关注了康德。海德格尔认为，在康德之前，近代科学是以数学筹划为特征的，近代形而上学就是从数学之物中产生的，笛卡儿、莱布尼茨等人所采取的都是数学的基本立场，而伴随着康德对数学的东西和数学之本质的不懈思考，伴随着区分狭义的数学理性与形而上学的理性，纯粹理性批判就开始重新界定物之物性了。在这些对康德的解读中，海德格尔清理出了与自己的基础本体论一致的问题，那就是对人的生存的重视。在海德格尔看来，对物的追问，其实通向对人的生存的考察。他说："康德对于物的追问，问及了直观和思维，问及了经验及其原理，即问及了人。'物是什么?'的问题就是'人是谁?'的问题，……在康德追问物的过程中展开了介于物和人之间的一个维度，它越向物并返回到人。"[1] 这种解释当然是很有争议的。施太格缪勒就认为，海德格尔这种从存在问题来理解康德的理性批判的尝试，是牵强附会的，它导致了把康德的形而上学向着存在理论的歪曲。[2] 但是，无论如何，这的确反映了海德格尔的思想。海德格尔从对人的生存的关注出发来考察物，因此，对物的追问也自然就引向了对人的追问。在从物通向人这一点上，巴塔耶与海德格尔是一致的；但是，他们之间也存在着重要的区别。在思想取向上，正如哈贝马斯所指出的：海德格尔对物的追问无疑是沿着形而上学批判的方向进行的，而巴塔耶则是沿着道德批判的方向进行的，他关注的不是主体性的深层基础，而是主体性的越界问题。[3] 在思想内容上，海德格尔曾批判了传统的物是诸属性的载体、是感性杂多的统一体、是质料与形式的统一等观点，揭示了康德之前的近代观点所看到的是数学之物，康德对此进行了反思并引向了对人的

---

① ［德］海德格尔：《物的追问：康德关于先验原理的学说》，赵卫国译，上海译文出版社 2010 年版，第 216 页。

② ［联邦德国］施太格缪勒：《当代哲学主流》（上），王炳文等译，商务印书馆 1986 年版，第 212 页。

③ ［德］哈贝马斯：《现代性的哲学话语》，曹卫东等译，译林出版社 2004 年版，第 250 页。

追问，而海德格尔自己所理解的物则是与此在共在的存在者。巴塔耶看待物的起点是经济哲学，物是作为财富和人的占有对象而出现的；他对待物的态度也没有海德格尔式共在的可亲性特点，而只是以耗费为标志的对物的脱离；而关于人的存在，巴塔耶虽然强调主观性，但是更倾向于自我观念的消解及其向连续性的回归。显然，我们可以判定，巴塔耶其实是开辟了与海德格尔的存在主义有着诸多共同议题却又有着不同回答的、几乎同等重要的另一条道路。

巴塔耶所开辟的这条道路对后世的思想产生了重要影响，其中的一个突出例子就是鲍德里亚。鲍德里亚在当代法国思想中极有影响，自 20 世纪 80 年代起他几乎成为所有后现代主义刊物中的核心人物。然而，就鲍德里亚的学术思想而言，在其创新多变的后现代主义新潮观念之下，莫斯－巴塔耶的象征交换思想始终是"作为隐性理论问题式深层在场"的。① 其中，巴塔耶的耗费思想对鲍德里亚的影响更是至关重要。正是从巴塔耶那里，鲍德里亚吸收了人不是劳动的产物、人的本性在于耗费等思想，"鲍德里亚采用了与劳动人类学截然相反的巴塔耶的人类学立场，认为人的本质不在于劳动，而在于太阳般释放过剩的能量。"② 鲍德里亚由此超越了马克思主义所关注的生产的逻辑，并将巴塔耶的耗费思想与马塞尔·莫斯的礼物交换思想相结合，而形成了自己的象征交换理论。在我们理解了耗费之后，这种象征交换也就不难理解了："象征的社会关系是给予和接受的不间断的循环，在原始的交换中，它包括对'剩余'的消耗和故意的反生产"。③ 在鲍德里亚看来，变革资本主义的出路不可能在其生产过程中找到，而只能在象征交换中，在纯粹浪费性的释放、巴塔耶意义上的象征的释放中找到。可以说，在马克思的"生产"范式与巴塔耶的"耗费"范式之间，鲍德里亚无疑选择了后者。巴塔耶影响了鲍德里亚，但令人疑惑的是，鲍德里亚对于巴塔耶的延续却朝着不同的方向发生了偏斜。巴塔耶坚持着对物性世界的悖逆与反抗，即使是以一种浪漫主义、神秘主义的方式，或者说，最终没有什么实际成效的方式，他仍然保持着这样一种执拗的姿态。然而，鲍德里亚却似乎犬儒得多，他冷静、细致地观察着物的胜利，描绘着物的无尽繁衍及其体系化、符号化的全

---

① 张一兵：《反鲍德里亚：一个后现代学术神话的祛序》，商务印书馆 2009 年版，第 1 页。

② 俞吾金等：《现代性现象学：与西方马克思主义者的对话》，上海社会科学院出版社 2002 年版，第 262 页。

③ Jean Baudrillard, *The Mirror of Producion*, St Louis：Telos，1975，p. 143.

面统治，使人们认识到形势的严峻，却既没有给出一个值得期待的未来，也没有表明一种提振人心的态度，而似乎只有看破之后的玩世不恭。我们很难因此就赞赏巴塔耶或批评鲍德里亚，因为他们的思想都是有价值的，甚至，从学术探索的角度看，后者的价值或许会更大一些，但是，我们仍然应该记住巴塔耶的这样一种即使无效的姿态，因为，这种姿态就是我们的希望。①

　　第二个问题是关于"异质性"。如果说第一个问题，即"物的追问"问题能够反映出巴塔耶在思想内容上的贡献，那么第二问题即"异质性"问题则能够反映出巴塔耶在思想方法或思维范式上的贡献。巴塔耶的这后一种贡献，对于后现代主义和后马克思主义都产生了深远的影响。

　　巴塔耶常被视为后现代思想的"策源地"或"先驱者""反理性主义哲学的领袖""后现代主义之父"等。② 这些荣誉和头衔恰当与否暂且不论，至少把他作为后现代思想的一个重要资源是没有问题的。毕竟，他使鲍德里亚、福柯、德里达、德勒兹等人都获益匪浅。至于其影响的具体内容，则又有多种解读，因为这涉及巴塔耶所开启或重释的领域，比如物的问题、色情、违犯、语言等。其中，从福柯到德勒兹对"外部思想""外边逻辑"的重视中可以发现巴塔耶"违犯"思想的踪迹，而福柯和巴塔耶一样研究了色情或性史的问题，德里达延异概念的"非概念"特征、德勒兹游牧思想的"反思想"特征也都受到他的启发。在我们看来，巴塔耶给予后世的最深刻影响，或许就在于他对"异质性"问题的讨论。在这些讨论中，巴塔耶所提出的"异质学"代表了一种新的思维范式，而正是这种思维范式成为划分思想时代性的一个分水岭。超越现代性的关键，不止在于批判理性、主体性、人类中心主义等核心观念，更在于实现思想方法的转变，特别是理论思考的思维范式的转变。如果仍然沿袭旧的思维范式，只是将句式中的"主语"更换，那么，这种变革充其量只不过是头脚倒置的翻转，而无论如何翻转，它仍然只能像如来佛掌心的孙悟空一样，无法跳出既定领域，无法实现真正意

----

① 鲍德里亚也重视"乌托邦"，但是，这种反对现实原则的乌托邦与这里所说的"希望"是有区别的。正如仰海峰教授指出的："鲍德里亚的这种乌托邦，就如同一次具有颠覆性的快感一样，也变成了后现代社会的消费"。参阅仰海峰《走向后马克思：从生产之镜到符号之镜》，中央编译出版社2003年版，第330页。

② 参阅［日］汤浅博雄《巴塔耶消尽》，赵汉英译，河北教育出版社2001年版；程党根：《巴塔耶的"圣性"欲望观》，《南京社会科学》2006年第6期；支运波：《人类学：巴塔耶通往莫斯的桥梁》，《青海民族研究》2010年第4期；雷刚、曾晓慧：《巴塔耶在中国》，《四川外语学院学报》（哲学社会版）2011年第1期等。

义上的超越与新生。传统的以至现代性的思维范式，是旨在追求同质性的。无论西方传统哲学的逻各斯中心主义，还是中国传统哲学的德性本体论，都在试图寻找出一个源头，能够在纷杂、变动的世界里以一当万。作为一个临界点的黑格尔的辩证法，也无非是以精神自身的运动而在理性思维的界限内囊括千差万别、变化万千的万物的总体。巴塔耶的异质学思维则打破了这种思维范式的桎梏，去关注异质性的存在，这为后世的思想家提供了新颖的启发。或许，巴塔耶并不是后现代主义哲学家，从后现代主义的角度也不足以解释巴塔耶，但是，巴塔耶对于理论思维的后现代转化的意义却无疑是巨大的。

这种对后现代思想的深刻影响，也波及到西方马克思主义的范式转换。有学者指出，西方马克思主义的哲学逻辑经过了由"物化"逻辑向"异质性"逻辑的转向。① 这一论断，似乎还存在着一些偏失，比如：其一，准确说来"物化"并非逻辑而是批判对象，"异质性"也并非逻辑而是诉求对象；其二，即使可以用"物化"和"异质性"分别作为西方马克思主义在不同时期关注的核心概念，在与此对应的思维范式层次上更为准确的表述或许应该是从"辩证法"到"异质学"的转换；其三，不管是从"物化"到"异质性"，抑或从"辩证法"到"异质学"，从前者到后者的转变都需要许多过渡甚至跳跃性环节，不能简单化处理。但是，尽管存在一些逻辑错位，这种对于逻辑转向的总体把握却体现了相当敏锐的洞察力，所做出的总体判断也很有启发性，值得肯定。在这一转向或转换中，巴塔耶的异质学思想无疑起了重要作用。"在 20 世纪法国复兴尼采哲学的过程中，法国马克思主义的理论家们才从尼采哲学中看到异质性的观念，并经由巴塔耶、福柯和德勒兹的阐发而得到强化，最后体现在世纪之交的鲍德里亚和德里达的思想中，形成了异质性逻辑的表达方式"。② 在这一串人名中，巴塔耶是正式提出异质学思想并使之彻底摆脱了黑格尔式观念论的人。在这个意义上，巴塔耶之于法国或许正如阿多诺之于德国，在思想线索上促成了哲学逻辑的深刻转折或思维范式的根本转换。

作为一个范例，我们可以在后马克思主义理论旗手拉克劳（Ernesto

---

① 参阅潘于旭《从"物化"到"异质性"——西方马克思主义哲学逻辑转向的历史分析》，浙江大学出版社 2009 年版。

② 同上书，第 5 页。

Laclau，1935— ）的思想中发现其受到异质学影响的突出表现。拉克劳正是通过用异质学置换辩证法，完成了对传统马克思主义的根本性解构。拉克劳提醒人们："必须考虑到，马克思的论述逻辑从深层上说是黑格尔主义的。"① 这是因为，马克思仍然受到黑格尔辩证法的影响，而这一点造成了传统马克思主义的理论危机，使之失去了对社会现实和革命可能的解释力。相对于从辩证法出发把社会理解为一个同质性的澄澈空间，拉克劳选择像巴塔耶那样关注社会的异质性因素。这些异质性因素"是一种剩余（excess），不能被辩证法或其他类似的手法所把握"。② 同时，他也赞同："对于马克思，正如对于巴塔耶一样，异质性不是政治统一性的反题，而是它的条件"。③ 在他看来，社会力量是经由政治联接（articulation）把各种异质因素聚在一起而形成的；他的领导权理论（即一个特殊的变成能指，来指称不可能通约的事物的总体和尚未圆满实现的历史期待）和他的激进民主思想（即不同的群体为了临时地赋予他们的特殊存在一种普遍的代表性而竞争），正是在此基础上才得以建立起来。显然，从深层逻辑上说，异质学的思维范式是后马克思主义得以提出的关键，也是我们理解和把握后马克思主义的关键。这既是巴塔耶的思想产生深远影响的一个印证，也是我们在今天仍然应该深入探究巴塔耶耗费思想深层意蕴的原因。

除了围绕上述两个主要问题而展示的代表性贡献之外，巴塔耶在其他方面也有诸多影响。比如，他的"低俗唯物主义"对法国古典唯物主义的变相继承，他结合生死、圣俗的"圣社会学"对宗教学理论的启发，他的"自主权"思想对于文学理论的冲击等。对于这些问题，受本书题旨与篇幅所限，在此就不再赘述了。

三 耗费思想引发的疑问和思索

作为巴塔耶思想的核心内容，耗费思想在思想内容和思想方法等方面都

---

① Ernesto Laclau，*On Populist Reason*，London and New York：Verso，2005，p. 141.

② Ibid.，p. 223.

③ Peter Stallybrass，"Marx and Heterogeneity"，University of California Press：*Representations*，1990，(31)，p. 88.

能够给人诸多启示，但是，这种启示并不是给出一种固定的结论，而是引发了进一步的疑问和思索。这集中表现在精神世界的虚无境遇及其重建问题上。

1. 以取消自我的方式取消虚无

物就像一面镜子，映照出人类自身的生存。无论对于海德格尔而言，还是对于巴塔耶而言，大抵都是如此。巴塔耶和海德格尔一样，都是由物而讨论人，但是，与海德格尔追求"诗意的栖居"不同，在巴塔耶的讨论中否定性占据了核心位置。从巴塔耶对于人的精神运动的揭示来看，从色情研究中禁忌与违犯的"双重运动"到自主权理论中的"主性"和"否定"，对既定状态的否定能力都被视为属于人的本性的东西。这种对人的本性的界定明显来自于对黑格尔的科耶夫式解读，而这一思想创造的结果也不再是走向黑格式的圆满和解，而是处于否定中的永不停歇。巴塔耶的耗费思想依据从物到人的主线层层深入，在每个层次上各有独特之见，给人深刻启发，但是经过这一系列的剖析与解读，可以发现，这种内在的逻辑构造其实犹如一个洋葱，虽然每剥开一层都有新鲜、刺激之感，但是最终等待我们的却只是一个空心的"空无"（NOTHING）。虽然巴塔耶将空无或虚空（void）置入哲学思想之核心，也可以被解读为一种对哲学与神学关系的康德式划界的超越；①但是，这种学理性的阐明仍然未能解决一个根本性疑惑：巴塔耶的耗费思想最初取消物，最后取消人的自我，究竟有何意旨呢？

或许，我们只有设身处地地做一个西方人，在西方的精神里活过，才能明白这个问题。在西方人的精神中，如果上帝死了，那么，就只剩下孤独的人类只身前行了。人类之"我"茫然四顾，却只是虚无。这该是一种什么样的情境呢？这个时候，失去上帝的人类，就像一个弃儿，举目茫然、无依无靠地行走于空旷的荒原，尽管无助，却又不得不坚强成长，孤单地活下去。一切世俗的努力，其实都无法从根本上填补这种深刻的空虚。在资本主义阶段，人们将精神投射于物。物的繁荣，最初是用来印证和增添上帝的荣耀，后来又成了打发寂寞的人生时光的方式。守财奴出现了，各种"恋物癖"和"成瘾症"也出现了。物的繁荣终究是无济于事的，一方面，从本意上说，它只是上帝存在时的精神结构的一个副产品；另一方面，它其实是人的存在的表现或投影。换言之，当人将其生存寄托于物时，他或她就像在对着镜子

---

① Eugene Thacker, *After life*, Chicago and London: The University of Chicago Press, 2010, p. 262.

自言自语，终究还是孤独的，无法排解的虚无随时会席卷而来。在尼采之后，一切浮士德式的努力，都在开始之前就被看破了，失效了，剩下的是一种彻头彻尾的虚无主义，就是要坦白地去承认孤独，面对虚无。虚无，成了生存的真相。

　　或许巴塔耶缺乏这种直面虚无并一直直面虚无的勇气，也或许他想从根本上解决这个虚无的问题，总之，他没有像尼采的查拉图斯特拉那样，以寂寞为"故乡"，倾听它那"幸福而温柔"的声音。[1] 事实上，他不愿意再忍受这种孤单自我的虚无境地了。于是，巴塔耶在他思想的中途，就半真半假地引入了圣性。这显然是因为他知道上帝对于人类而言有多么重要。他曾说："信仰通常是在回应人的渴望，这是人总是要寻找自我的渴望，要恢复很奇怪地一直被遗弃的亲密的渴望。"[2] 他在"内在经验"中与上帝的交流，或许可以看作是在上帝死后，在处于孤独的极端体验时油然而生的一种对上帝的追忆。但是，巴塔耶也清楚，这个上帝毕竟已经死于尼采之手，成为过去式的了。巴塔耶无法真正寻回上帝，他对圣性的关注，毋宁说是对人类精神的揭示。巴塔耶由衷赞同这样的观点：人类不是只靠面包而活着，人类还需要奇迹，还需要神性的东西。[3] 这句话，用我们更容易理解的方式来表达应该是：从根本上说，人类除了自我持存，还需要自我之外的东西。当他真正提出自主权时，我们才发现，这种自主权就是孤独的人类面对虚无时的自主权；当他明言"自主权是空无"，勉强用语言描绘出人与万物浑然一体的无思无我、物我两忘之境时，我们最终发现，巴塔耶所作出的努力，其实是取消自我。正如介绍巴塔耶思想来源时已经提到的，巴塔耶受到过印度文化的影响，或许他正是受此启发，发现了超越虚无的方式。显然，巴塔耶的大写的 NOTHING 不是虚无，而更像是佛家的"空"。这也正是选择以"空无"来翻译这个词的原因。

　　结合着对西方人精神结构的揣摩，我们多少能理解巴塔耶的良苦用心了。但是，巴塔耶真的能取消自我吗？这看起来多少有些像一个已经长大的

---

① ［德］弗里德里希·威廉·尼采：《查拉图斯特拉如是说》，杨震译，中国社会科学出版社2009年版，第159页。

② Rebecca Comay, "Gifts without Presents：Economies of 'Experience' in Bataille and Heidegger", Yale University Press：*Yale French studies*, 1990, (78), p. 83.

③ Georges Bataille, *The Accursed Share* Ⅱ *The History of Eroticism* Ⅲ *Sovereignty*, Trans. Robert Hurley, New York：Zone Book, 1993, p. 200.

人，在唱着"不想长大"的歌。毕竟，人类之"我"，经过资本主义阶段的发展，已经足够成长和强大，不是能够轻易撤销的。这如同让一个神经兴奋、精神高亢的人立即入睡、消融自我于黑夜中一样，是几乎无法实现的事情。退一步说，即使这种深刻的、内在的精神转变能够实现，它也难以刹住资本主义的高速列车，因为它毕竟缺乏现实的力量。就巴塔耶的理论策略而言，他其实是以从根本上取消问题的方式来解决虚无主义的。这既可以被视为是理论上退缩或回避，也可以被视为是一种更为彻底的虚无主义，因为他不仅坦然承认了虚无之境，他还取消了处于虚无境地的人类。显然，当虚无主义足够彻底的时候，当面对虚无的人类本身也被虚无化的时候，也就无所谓虚无了。

2. 精神的集体与物质的个体

巴塔耶出版《被诅咒的部分》是在 1949 年，这一年也是新中国成立的年份。这当然只是时间上的巧合。巴塔耶对新中国的了解并不深入，至少远远比不了对苏联的了解；至于后来的改革开放，则是身后多年事，他更无从得知了。但是，从思想内容上看，他这本初版于新中国成立之年的书，对于理解我们当代的历史，特别是对于站在今天回望过去几十年我们这个社会的成长经验，却有着独特的意义。具体说来，如果搁置种种具体的情形不论，新中国的社会发展明显地存在着精神与物质的不同取向，而这两种取向的交替，含义丰富，影响巨大。

从社会整体的层面上说，巴塔耶倾向于关注精神的维度。他深受法国社会学和人类学传统的影响，这一传统从涂尔干开始就强调外在于个体的"社会事实"的存在，并在现代社会形成初期就对"社会团结"问题给予了很大的关注；莫斯则具体研究了以部落形式生存的人们的精神纽带，"礼物"就是这一精神纽带的物质载体和表现形式。巴塔耶的宗教研究及其圣社会学也揭示了，物的耗费、圣性事物的在场等具有把接纳了物性的个体重新紧密凝聚起来的作用，而且，对异质性因素的同质化重组也具有强大的社会能量和内在凝聚力，法西斯主义的心理结构就是这方面的案例。总体来说，巴塔耶在物质与精神的交织中，是看重集体的精神联结的，而且这种精神的联结经常是在对物的否定中完成的。这就引发了我们的思索：是否可以说，集体的总是精神的而物质的总是个体的呢？

事实似乎的确如此。当我们说对物的"占有"时，这总是意味着是"我"的占有；而越是占有，物越是发展，就越是意味着"我"的强大和

"我"的地位的牢固。对巴塔耶来说，个体自我形成的根源在于死亡意识，死亡中断了浑然一体的自然连续性，等在前方的死亡使精神"时间化"并通过对物的占有和经营而分化成个体化的存在。"对死亡的恐惧看来从一开始就与使自己投身于未来的谋划联系在一起，这种谋划作为一种将自己等于物的努力，同时是意识个体化的前提。"① 看来，在巴塔耶这里，物性向度的发展本身就是与个体化同步伴随的；与此相应，耗费则意味着个体的消解与重新结合。巴塔耶在论述"个体之爱"时曾说："最重要的是，是耗费将个人最紧密地结合起来。"② 耗费，旨在失去、消解物，但同时也意味着个体之"我"消解，并融入一个全新的整体。在现实生活中，尽管物的发展未必都要以占有为前提，毕竟，社会主义国家的历史实践中有过关于"集体经济"和"计划经济"的尝试，但是，就当前的总体情况而言，以占有为前提的物的发展似乎仍是更为普遍、更容易被人们接受的。这或许是"我"的观念强势存在的表现，也就是说，"我"的观念或许本身就是这种情况的原因。但是，暂且搁置这种因果辨析，就这种以占有为前提的物的发展而言，它无疑总是伴随着"我"的观念的日益显现和强化。时至今日，我们已经很容易理解"物权"的含义，它是"我"的要求，也是对"我"的保障；总之，它是与"我"的观念相伴相随，共同成长的。当集体的精神是主流时，物权的问题不会成为一个问题；当个体之"我"成为主流时，或者当个体所有之物充分发展时，物权就必须得到认定和保护。其实，对物权的认定，就是对"我"的认定。

巴塔耶显然致力于突破个体自我观念，要走到自我之外，回归到无物无我的连续性中去。这种思想上的努力，可以被看作是对物日益繁荣和人日益个体化的现代社会发展趋势的一种明确的批判态度。而这对于我们重新审视物的发展及其与人的生存的关联，无疑也具有根本性意义。在这个物的发展已经逐渐走向体系化、符号化、虚拟化的时代，物的发展似乎已经远远超出了人类日常生活的切近空间，但是，只要功利主义的"占有"仍然在人与物的关系中居于主流，巴塔耶思想就仍然具有启发意义。这个时代并未完全超越马克思所描绘的画面："物的世界的增值与人的世界的贬值成正比。"③ 这

---

① cf. Georges Bataille, *The Accursed Share* Ⅱ *The History of Eroticism* Ⅲ *Sovereignty*, Trans. Robert Hurley, New York: Zone Book, 1993, p. 218.

② Ibid., p. 162.

③ 《马克思恩格斯选集》第 1 卷，人民出版社 1995 年版，第 40 页。

种物人关系的厚彼薄此仍在某些方面构成了当今资本主义社会生活的部分事实。那么，巴塔耶的耗费思想对我们反思、改变、最终消除这种状况，无疑仍有积极意义。相比于对共产主义原则的传统理解，这种着眼物人关系的思考或许更具有基础性。可以认为，在摆脱私有观念和拜物教束缚方面，巴塔耶思想是对马克思主义的有力支持。它鼓励着个人超脱私利，考虑宏观的整体，从个人的有限目的中解放出来而与天地万物上下同流。

当然，在改造现实社会方面，与马克思主义的科学社会主义相比，巴塔耶的思想显得更接近于法国空想社会主义的传统。毕竟，一旦与利益结合，社会的分化和个体化以及随之而来的对一己之私的考虑，就自然会出现。耗费思想所要求的从与物的结合中脱离出来，作为实现从个体到整体的视角转换的重要步骤，虽然在理论上较为彻底，在实际中却总是缺乏有力的支撑而无所用力。如果用一个未必贴切的比方来给出结论的话，或许可以说：正如在古代庄子无法取代孔子一样，在今天，巴塔耶显然也无法取代马克思。

从另一方面说，如果我们不以现实性苛求的话，巴塔耶的思想探索也会让我们警醒并获益良多。随着我们取得越来越大的物质成就，社会日益成长，社会分化日益细致，时至今日，我们已经开始有机会体验个体化所带来的孤独感了。这是一种深刻的孤独。甚至可以说，这种孤独，是物质时代的宿命。更为关键的是，在面对这种深刻的孤独时，我们已经失去了让"上帝"来陪伴我们的机会。西方曾有过上帝，但已经在哲学上被"杀死"了；中国文化中则缺乏宗教信仰的传统，在精神结构中原本就没有留出上帝的位置。那么，剩下最后的一个问题就是：当我们真正步入这种深刻的孤独时，该怎么去面对虚无境地呢？

这无疑是一个值得我们重视的问题。这或许也是一个需要我们在以后的持续探索中才能给出回答的问题。巴塔耶以"物我两忘"来取消虚无，毕竟只是他的一种回答，或者甚至只是一种未必成功的回答的策略而已。对我们来说，巴塔耶的价值更主要的在于他启发了我们去关注这个问题，而具体如何解决这个问题，则仍然需要我们自己以思想上的扎实努力来给出回答。

今天，我们必须在发展物的道路上继续前进，但是，我们不能迷失于由物的繁荣铺成的路途中。在向前摸索并迈进的同时，我们仍然需要不断地仰望星空，问自己那个曾由康德追问过的问题：人是什么？这个问题，或许就是我们重建精神家园的起点。

附录　巴塔耶与马克思的物论之比较

　　巴塔耶以"耗费"为起始点的物论思想丰富而深邃，是实现马克思主义与后现代哲学对话的重要思想资源。这里以马克思的物论思想作为参照，考察和梳理两者的联系与差异，既可以更加清晰地看出巴塔耶物论思想的整体面貌，也可以从一个侧面促进对马克思主义尤其是马克思物论思想的当代解读。

一　概论界定："物""马克思"与"巴塔耶"

　　第一，关于"物"的概念。在中文语境中，"物"本身是一个复杂、含混的概念。我们平时对于"物"的用法，大体上包含了三种含义：一是泛指一切东西、事物；二是指自己以外的人或跟自己相对的环境；三是指内容、实质。① 本文所讨论的"物"，与这三种含义都不完全相同。简单说来，这里的"物"，是指人以外的东西。这一定义，是对第一种含义的限定，因为这些东西不包括"人"；是对第二种含义的修正，因为它不是指自己之外的人或环境，而是指"人"之外的"物"；同时，在与思维活动相对的意义上，也与第三种含义既有差别也有重叠，因为它是指人在现实生活中遭遇的、环绕着人的物，是具体的而不是抽象的东西，是在生活中相处的对象而不是思辨的对象。

　　作为对"物"的相对抽象的讨论，不同学科对"物"的含义也会有不

---

① 中国社会科学院语言研究所词典编辑室编：《现代汉语词典》，商务印书馆1998年第3版，第1338页。

同侧重的阐述或限定，比如马克思主义基本原理教材中的"客观实在性"、物理学意义上的惰性客体、经济学意义上的物质财富等等。马克思主义基本原理教材中的含义无疑最为抽象，也最为宽泛；接下的概念则依次更为具体，更为切身。然而，所有这些学科中对于"物"的定义，都不是我们要选定并拘泥其中的。我们的讨论，不是从某一个学科出发，而是从现实生活出发。换言之，这里所讨论的物，是在现实生活中与我们打交道的物，是日常之用、切身于人的物。

物与人的分界，有时并不那么清晰明显，需要略作分析。比如人的肉体组织，有时也可以看作是物，但是，由于它们天然属人、与人一体，我们倾向于将其视为人的组成部分；又比如，人们所使用的各种工具，或者须臾不可分离，或者使用得出神入化，而最终变成了人的肢体或思维的延伸，但是，由于它们从根本上说并不是天然属人、与人一体，我们倾向于仍然把它们视为"物"。这样一来，属于人的就是人的肉体组织和人的精神世界，而精神世界又包括了情感、意愿、信念、想象等内容；与此相对应，在人之外的东西，就是物。

在不同的语言系统中，对于"物"的概念有不同的表述。这些表述也相当纷繁复杂。以作为国际语言的英语为例，与"物"相关的单词就有 thing、matter、object、material、substance、content 等。大体上，thing 和 matter 对应中文的第一种含义，即一切东西或事物，其中，thing 侧重于指东西，而 matter 则侧重于指事情；object 的含义与第二种含义较为近似，即与主体（subject）相对的"客体"；material、substance、content 则对应于第三种含义，即与观念相对的物质、与表象相对的实质、与形式相对的内容等。我们将选取 thing 这个词，作为与本文所说的"物"相对应的单词。此外，与英文词 thing 对应的法文词是 chose，德文词是 ding。

第二，关于"马克思"。虽然卡尔·马克思作为一个被人们熟知的思想家是确定无疑的，但是，从思想内容上来说，"马克思"有时却意味着一个复数名词。这主要是因为后人对马克思有着各种不同的解读。比如，法国学者阿尔都塞（Louis Pierre Althusser，1918—1990）就曾提出，马克思思想发展中存在着"认识论的断裂"，并由此将马克思活生生地一分为二了。不管人们对于这种划分认同与否，至少，人们已经讨论过"青年马克思""成熟时期的马克思""老年马克思"或"晚年马克思"等不同时期的马克思。我们在这里并不打算对这些争论作学术史上的梳理和内容上更深入细致的讨论。我们拟定的基本框架是，在马克思关于"物"的讨论中，作为阐述对象或表述语句中的主语的"物"是既定的，即人以外的东西，而在不同时期、不同场合下可能出现的差别，则在于谓语的不同，即由于视野、方法和思维工具的不同而形成了不同的结论、不同形态的表述等；同时，尽管这些谓语表述上存在着变化，我们仍然可以确定其中稳定的或有代表性的内容，并将其作为马克思物论思想的主要内容。之所以作出这样的假定，理由在于，我们这里所关注的对象和讨论的主题是既定的，因此只是梳理和追踪与这一对象有关的内容；同时，我们相信，尽管作为一个有着跌宕人生历程的学者或思想家，马克思的视野、方法和思维工具并非从始至终一成不变，在有关"物"的讨论上，马克思在不同时期、不同著作中的阐述也有值得我们关注的微妙差别，但是，总的说来，成熟时期即创立了历史唯物主义的马克思的思想是稳定的、具有代表性的，可以作为对马克思思想的总体概括。

第三，关于"巴塔耶"。作为一个学院外的思想家，巴塔耶的思想庞杂而难以划界。但是，与马克思的思想发展可能存在着某种"断裂"有所不同，就关于"物"的讨论而言，巴塔耶的思想是一个逐步深化、持续发展的过程，期间尽管存在着一些细微的修正或转折，但其思想指向和中心议题却是明确而一贯的。具体来说，巴塔耶始终在尝试向着既定的框架之外僭越，不管这种既定的框架是功利主义、理性的思维，还是我们习以为常的人性，抑或对于语言的传统运用方式。在这个意义上，相对于马克思来说，巴塔耶对于"物"的看法也许更加容易确定。与马克思先后采取了不同的思维方法来分析"物"不同，巴塔耶对于"物"的看法更主要地表现为一种态度，即挥斥、消解、超越的态度。

对于"物""马克思""巴塔耶"这三个概念的界定，为接下来的讨论提供了基本的前提。我们将围绕着"物"的主题，在变动着的马克思与巴塔耶的思想中选取较为稳定的部分展开对比。

二　物的解读：作为满足需要和主观外化之物与作为生命能量之物

这里设定的对象，是那些在人之外、人在生活中与之打交道的东西。换言之，无论是在马克思还是在巴塔耶的语境下，在人之外而又构成了人的生活条件的各种具体的东西，都可以统称为"物"。诸如衣食用具、房屋山川，都是"物"之所指。由于科学技术的进步，巴塔耶所处的20世纪与马克思所处的19世纪相比，人类生活中所要打交道的东西已经发生了一些重要变化。比如，电力时代的产物取代了蒸汽时代的产物，各种作为日常之用的物品在量上也更为丰裕。但是，在"物"作为在人之外并直接与人打交道的东西的意义上，这些变化并不是主要的。事实上，它们仍然都是服务于人们的生活需要、与人们进行物质和能量的交流并构成了人们生活场景的东西。

虽然在这种设定中，"物"之所指对于马克思和巴塔耶来说是一样的，但是，作为同样的对象，"物"对于巴塔耶和马克思的含义却有所不同：对于马克思而言，"物"意味着满足人类需要的物质条件，同时，它作为人类劳动创造的产物，也是主观外化的结果；对于巴塔耶而言，"物"则意味着不受限于人类的生命能量，各种实际存在着的物只是流动着的生命能量的具体形式，而生命能量的整体流动循环事实上远远超出了人类活动的有限范围。之所以出现这样的差别，原因在于他们基于不同的出发点和理论视野而形成了对于物的不同的解读方向。马克思要批判唯心主义的观念论和抽象的经验主义，因而他是从"现实"出发的；巴塔耶要批判的则是功利主义和有限的理性思维，因而他是从"普遍"出发的。从"现实"出发主要看到的是人的需要以及作为人的需要对象的物，进而要求随着历史的发展而呈现出物质财富的极大丰富；从"普遍"出发则脱离了以人类为中心的取向、批评了从自我出发的理性思维，而主要看到了宇宙间的能量循环以及这种能量循环相对于有限个体的过剩事实，进而，由于过剩，对物的慨然挥斥般的"耗费"就取代"生产"成为了最终指向。显然，这种耗费不同于旨在满足需要的消费，消费对于人与物之间的关系无疑要作肯定性的连接，而耗费则是试图作否定性的拆解。

具体来说，马克思的出发点是"现实的个人"或"从事实际活动的人"，而对于这样的人来说，"能够生活"是第一个前提，这也是一切历史的第一个前提。"人们为了能够'创造历史'，必须能够生活。但是为了生活，首先就需要吃喝住穿以及其他一些东西。因此第一个历史活动就是生产满足这些需要的资料，即生产物质生活本身，而且，这是人们从几千年前直到今天单是为了维持生活就必须每日每时从事的历史活动，是一切历史的基本条件。"① 显而易见，个人的肉体组织以及由此产生的个人对其他自然的关系、对"吃喝住穿以及其他一些东西"的需要等，构成了马克思考察历史的出发点，也构成了马克思考察人与物的关系的出发点。

　　因此，当马克思看待历史时，历史也表现为以"需要"为起点、以"生产方式"为基本主线的发展进程。"第二个事实是，已经得到满足的第一个需要本身、满足需要的活动和已经获得的为满足需要而用的工具又引起新的需要，而这种新的需要的产生是第一个历史活动。"② 接下来是人自身的增殖，也就是家庭。这种人类生命自身的生产，既包含了自然关系，也包含了社会关系。在这里，马克思谈到了生产力及其在社会历史发展中的地位：人们所组成的"共同活动方式"，也就是生产力，决定着社会状况。"由此可见，人们之间一开始就有一种物质的联系。这种联系是由需要和生产方式决定的，它和人本身有同样长久的历史；这种联系不断采取新的形式，因而就表现为'历史'……"③ 这就是说，"历史"就是人们之间的物质联系的历史，这种联系又是由人的"需要"所引发、通过"生产方式"来完成和发展的。

　　当马克思考察消费时，这种考察也与对"需要"的关注相对应，因此，消费也就始终是以人为本位的。它或者是作为再生产的消费，或者是使产品实现、使生产者素质得到保持和提升的非生产的消费，但无论是何种消费，在马克思这里，生产和消费都是直接统一的，"生产直接是消费，消费直接是生产"。④ 马克思关注生产与消费的同一性，这不仅包括直接的同一性，即双方互为手段和媒介、互相依存、互不可缺，而且还包括了间接的同一性，即双方互相提供对象、共同实现创造。这样一来，消费事实上终究没有超出生产性的范围，没有被赋予巴塔耶意义上的纯粹"耗费"的含义。

　　马克思不仅把物看作可以用来满足"需要"的东西，而且，也把物看作"劳动"的结果。与巴塔耶通过对多种思想资源的杂糅、综合而进行学院外的、独立的理论构造不同，马克思则对经济学进行过深入的研究。在《1857—1858 年经济学手稿》中，马克思曾梳理了对待"物"与"劳动"的各种逐渐深入的看法：货币主义把财富还是看成完全客观的东西，即存在于

---

① 《马克思恩格斯文集》第一卷，人民出版社 2009 年版，第 531 页。
② 同上书，第 531—532 页。
③ 同上书，第 533 页。
④ 《马克思恩格斯文集》第八卷，人民出版社 2009 年版，第 15 页。

货币中的物；重商主义把财富的源泉从对象转到主体的活动，即认为是商业和工业中的劳动获得了货币；重农学派在看重农业劳动的同时，把产品看作产品一般，而非货币；亚当·斯密则抛开了创造财富的活动的规定性，提出了抽象劳动的观念。① 在此基础上，马克思才指出了劳动与物质财富之间的同一性：财富的价值就是凝结于其中的无差别的人类劳动。同时，马克思也指出，这种抽象是现代社会发展的实际结果，"这个被现代经济学提到首位的、表现出一种古老而适用于一切社会形式的关系的最简单的抽象，只有作为最现代的社会的范畴，才在这种抽象性上表现为实际上真实的东西。"② 如果不是有现代社会的高度分工、高效流通，不是有私人劳动与社会劳动之间的完善的转化条件，劳动与财富的抽象化及其联系就不可能完成。

就其根源而言，马克思关注的是物与人的同一性，而巴塔耶则关注了物与人的非同一性。马克思以人的"需要"为起点的考察已经包含了一个前提，那就是人与物之间的密切联系、密不可分；马克思的劳动价值论更是直接地指明了现代社会中的物质财富与劳动的同一性，这样就把"物"视为了劳动的凝结，视为了主体力量外化的结果。对于马克思来说，问题其实不在于物，而在于物背后的人与人之间的社会关系，正是资本主义社会的社会关系使物成为了人类的异己力量，事实上，这种异己的物只是扭曲了的社会关系的表现而已。因此，马克思的批判也就不是单纯针对着物的批判，而是针对着在物的背后所折射出来的社会关系的批判。简言之，在马克思这里，物是可亲的，而这也就决定了马克思不可能有"耗费"这样激进而决绝的概念。但是，对于巴塔耶来说，物却并不具有可亲性，人如果认同了物、接纳了物性，那么人就是降格以求，就是放弃了自主权而趋于奴性的生存境地。巴塔耶的根本目的是要恢复人的失之于物的自主权，因此，他才会"制造"出一个耗费的概念，才会去关注那些与生产无关的消费，那些纯粹的失去和对生命能量的放任流失。

如果从更深一个层次来辨析和对比，还可以发现，对于人与物之间关系所采取态度的差异又是源于视角的不同。马克思是以人类为中心的，巴塔耶却跳出了这个中心，而关注宇宙间整体的能量运行。可以说，是否以人类为中心，构成了马克思与巴塔耶在看待"物"时的根本差别。正是由于以人类

① 《马克思恩格斯文集》第八卷，人民出版社 2009 年版，第 28 页。
② 同上书，第 29 页。

为中心，甚至以现实的"个人"为中心，马克思才会关注个体的生命存在对于自然、对于外界环境的物质依赖性。马克思曾说："这种活动、这种连续不断的感性劳动和创造、这种生产，正是整个现存的感性世界的基础，它哪怕只中断一年，费尔巴哈就会看到，不仅在自然界将发生巨大的变化，而且整个人类世界以及他自己的直观能力，甚至他本身的存在也会很快就没有了。"① 这实质上在强调整个人类社会对于生产的依赖性，如果不生产，人类的生命可能就无法为继。然而，在巴塔耶的观念里，这种对于物质匮乏的紧迫感其实是没有必要的。这是因为，巴塔耶转换了视角，从宇宙整体而非个体出发、从生命能量循环而非人的需要出发，进而看到了能量的过剩，以及过剩能量的耗费的必然性。

三　理论路径：政治经济学、历史唯物主义　　与普遍经济学、低俗唯物主义

　　巴塔耶和马克思对于物、对于人与物的关系的不同看法，不仅和他们各自的理论视角有关，也和他们各自采取的理论路径有关。事实上，他们都是从经验观察出发的，都注重克服思辨体系或知识框架的束缚，强调按照事物原本的样子进行考察，但是，他们在经验基础上所进行的进一步的思考与阐述却是沿着不同的方向前进的：如果说马克思是沿着"从抽象到具体"的方向，那么巴塔耶则是沿着"从内在到普遍"的方向。在关于人与物的关系的具体讨论上，他们又分别形成了不同的理论形态：在马克思这里集中体现为政治经济学，在巴塔耶这里则是普遍经济学；在马克思这里是历史唯物主义，在巴塔耶这里则表现为"低俗唯物主义"。

　　在人与物的关系问题上，马克思采取的是"纯粹经验的方法"。这种纯粹经验的方法是一种"符合现实生活的考察方法"，它从"现实的前提"出发，"它的前提是人，但不是处在某种虚幻的离群索居和固定不变状态中的人，而是处在现实的、可以通过经验观察到的、在一定条件下进行的发展过

---

① 《马克思恩格斯文集》第一卷，人民出版社 2009 年版，第 529 页。

程中的人。"① 对于这样的人来说，首先要面对的就是他们自己的肉体组织及其与自然界的联系。马克思看到，人们所依赖的生活资料以及生产这些生活资料的过程，决定着人们的生活方式。"个人怎样表现他们自己的生命，他们自己就是怎样。因此，他们是什么样的，这同他们的生产是一致的——既和他们生产什么一致，又和他们怎样生产一致。"② 这样一来，纯粹经验的方法就从"需要"出发，导致了对于"生产"的关注。"生产"也由此成为马克思的历史唯物主义考察社会历史、判别社会形态的一个重要维度。

应当注意到，马克思这种纯粹经验方法的主要用意，或许在于要与唯心主义，特别是要与德国的观念论传统及其在当时所呈现出来的意识形态纷争做斗争。马克思强调，这种纯粹经验的方法可以终结"独立的哲学"。"对现实的描述会使独立的哲学失去生存环境，能够取而代之的充其量不过是从对人类历史发展的考察中抽象出来的最一般的结果的概括。"③ 如果没有康德、黑格尔、费尔巴哈等人奠定的德国古典哲学的基础，特别是，如果没有黑格尔已经达到的思辨哲学的高峰耸立在前，这种纯粹经验的方法就将失去其原本应有的深刻意义，甚至将显得十分平白。可以说，正是站在德国古典哲学，特别是站在黑格尔思辨哲学的肩膀之上，马克思纯粹经验的方法才会显露出特别的意义。因此，当我们把握马克思这种纯粹经验的方法时，就一定要结合着德国古典哲学理解才行，否则，仅仅就这种"纯粹经验"自身来做梳理，就可能会流于表面而错失根底。

事实上，马克思的纯粹经验的方法，并不是朴素的经验主义。毫无疑问，单凭经验观察，不可能发现那隐藏于物之后的社会关系的秘密。在经验观察的基础之上，马克思仍然要凭借抽象思考的能力才能完成认识过程。这一点，马克思在《资本论》第一卷第一版的序言中已经做了清楚的说明。他指出了政治经济学的研究方法不同于物理、化学等学科的研究方法，"既不能用显微镜，也不能用化学试剂。二者必须用抽象力来代替。"④ 我们也看到，在写作《资本论》时，马克思放弃了原先拟定的"政治经济学批判"的大标题，而紧紧围绕"资本"概念展开。马克思在 1858 年 11 月至 1859 年 1 月完成了书名为"政治经济学批判（第一分册）"的著作，而第一册的标

---

① 《马克思恩格斯文集》第一卷，人民出版社 2009 年版，第 525 页。

② 同上书，第 520 页。

③ 同上书，第 526 页。

④ 《马克思恩格斯文集》第五卷，人民出版社 2009 年版，第 8 页。

题则是"资本",然而,他没有按照原来的设想写出第二册、第三册,而是在 1867 年出版了书名为"资本论(第一卷)"的著作,"资本"被提升为他一生中最重要著作的书名,"政治经济学批判"却变成了全书的副标题。[①]马克思之所以会这样做,就在于他发现了资本是解开现代社会秘密的一把钥匙,资本也应当在他的整个分析和阐述过程中占有重要地位。然而,认识到资本的重要地位,显然不可能仅仅依赖"纯粹经验的方法",因为它作为一个核心概念超出了纯粹经验的领域。这一概念的提炼形成,不能依靠直接的感性认识得来,必须依靠抽象力才有可能完成。

这种抽象力,这种脱离、超出具体之物的思考能力,包含着一番从具体到抽象、从抽象到具体的过程。从抽象到具体,是马克思研究方法的重要内容。这种方法,从经验材料出发进行归纳上升,形成概念,再以概念把握事物的总体性,进而把握处于整体情境之中的个别。停留在经验层面的个别事物,是不可能在其自身中得到理解的;只有置于一个情境之中,通过概念的网络加以把握时,我们才能获得该事物的意义。资本、商品、劳动、价值、货币等概念,都要经过抽象的过程才能得来,而这些概念作为抽象的结果又被运用于资本主义社会的整体分析,才得出了以剩余价值学说为核心的总体性判断。只有通过抽象力,才能形成这些概念以及概念织成的网络,并用这些概念之网来把握通过纯粹经验的方法所得来的社会现实。简言之,这种从经验出发进行抽象再到达具体的过程,构成了马克思方法的主要环节。正是在这个意义上,像诺曼·莱文(Norman Levine, 1931—　　)这样从事马克思学研究的当代学者才会指出:马克思是反经验主义的。[②]在马克思这里,这种抽象力意味着对以往哲学特别是对黑格尔思辨哲学的吸收。尽管马克思没有公开承认他对黑格尔的借用,特别是在 1858 年之后,马克思有意识地在其著作中遮蔽了黑格尔,但是马克思事实上是受益于黑格尔的。马克思的创举在于,他将这种基于思辨体系的抽象力,用于把握与黑格尔哲学的对象不同的对象了。这一对象就是以纯粹经验的方法得来的社会现实。

通过这种抽象力,马克思才可以看到物之后的社会关系。由此,马克思转向了对物的社会性的关注。如果借用 G. A. 柯亨的话来表述的话,那就是

---

① 俞吾金:《资本主义诠释学——马克思考察、批判现代社会的独特路径》,《哲学研究》2007 年第 1 期,第 23 页。

② [美]诺曼·莱文:《不同的路径:马克思主义与恩格斯主义中的黑格尔》,臧峰宇译,北京师范大学出版社 2009 年版,第 95 页。

在"质料性"与"社会性"之间，马克思不仅关注质料性，而且更关注社会性。① 当然，柯亨主要是围绕着历史唯物主义中的社会概念来谈论其质料性与社会性的。但是，这一区分对于有关"物"的讨论也同样适用。针对我们这里讨论的"物"而言，所谓质料性就是可以感性地把握的作为物的对象本身；所谓社会性，则是指物的社会本质，是透过物而体现的、凝结在物之中的社会关系。正如马克思在《雇佣劳动与资本》中所言："黑人就是黑人。只有在一定的关系下，他才成为奴隶。纺纱机是纺棉花的机器。只有在一定的关系下，它才成为资本。"② 资本脱离了这种关系，也就不成其为资本了；资本也是一种社会生产关系。资本不仅包括生活资料、劳动工具和原料等具体有形的物，而还包括了抽象的交换价值。

马克思关注"社会性"的结果，就是物的"物象化"。所谓物象化（Versachlichung），指的是物获得了一种独立性、自动性的外观，物成为人的标识，人的存在表象为物的存在，人与人之间的一定的社会关系，在人们面前采取了物与物之间关系的虚幻形式。物象化不同于物化（Verdinglichung），"物化只是表达人由物来呈现、表达的事实；而物象化则表明有形有状的物（Ding）只是表象，真实的本质隐藏在表象的背后，与无形无状之社会物（Sache）相关"。③ 物象化意味着将物呈现为"表象"，通过对物的更为深刻的观察分析，将凝聚、内含于物的其他存在及其性质呈现出来，将生产关系、社会关系、意义世界、自由王国等呈现出来，揭示出其社会性哲学的意蕴，并进而指向社会关系的调整与变革。物象化意味着不仅关注物化价值，追求物的增多与丰富，而且更关注通过物的丰富来实现人的自由王国。这样一来，物象化就成为比物化更高的概念，它不仅认识到物化的客观事实，更进一步表明了批判意识已经看透了这种事实。理解马克思的历史唯物主义之"物"，关键就在于要达到物象化的层面，而不是仅仅停留在对物质财富、对经济价值的认同上。

巴塔耶也是从经验出发的。他的作品涵盖了人类活动的经验观察、社会历史的类型分析和人类精神的机制分析等诸多领域。事实上，巴塔耶试图以

---

① 俞吾金、陈学明：《国外马克思主义流派新编·西方马克思主义卷》下册，复旦大学出版社2002年版，第510页。
② 《马克思恩格斯文集》第一卷，人民出版社2009年版，第723页。
③ 刘森林：《物、物化、物象化：马克思物论的新认识》，《高校理论战线》2012年第7期，第17页。

描述的形式把握生命的整体，把握诸多细节性的事实所构成的整体。在《被诅咒的部分》第一卷的序言中，他就指出："因此，一种要首先进行的基本的分类，必须被一种对生命各个方面的有一定方法的描述所替代。"① 他直接以文学形式描述或记录了生命的极端体验，探讨了人类精神在禁忌与违犯之间的往复运动。这既体现在他的诸多文学作品的写作实践中，也以理论的形式较集中地体现在《色情史》一书的讨论中。他不避讳高贵优雅与低俗卑贱的区分，直面生命中的真相，哪怕是最卑污的真相，倡导了所谓的"低俗唯物主义"。他也以描述的方式揭示出宏观视角下的能量循环，通过对超宏观视角的想象、对实例的介绍，提出了普遍经济学的原则和主要观点，并在社会历史的实际考察中加以印证。总之，观察、描述、想象、生命实验等构成了巴塔耶的主要方法，这些方法回避了概念的逻辑推演和知识体系的构建。

巴塔耶的内在经验路径，颠覆了理性、知识以至语言，也颠覆了传统的哲学观。正如马克思不是从"观念"出发而是从"现实"出发一样，巴塔耶也不是从学院派的"知识"体系出发，而是从整体性的生存体验和不受特定局限的观察视角出发的。巴塔耶提出的"非知""反哲学"等独特观念，就是对这种路径的明确表述。

尽管巴塔耶与马克思在与他们各自知识传统的关系上有着类似的颠覆性，但他们在思想内容上毕竟有着鲜明的差异。经由这种思想路径，巴塔耶关注的并不是人的"需要"，而是宇宙间生命能量的运行流动及其相对于有限个体的普遍过剩。这种过剩不仅体现在有形有状的物质财富上，也体现在以精神运动、心理冲动等形态存在的生命能量上。在这个意义上，人的禁忌与违犯的精神机制、自我持存与自我毁灭交织的生命活动，都是这种过剩的具体表现。因此，巴塔耶要关注的不是"需要"而是"过剩"，他没有像马克思那样着眼于"生产"来看待社会历史，而是具有鲜明对照地提出了"耗费"的观点。在巴塔耶看来，生产只是在现代社会中才占有重要地位，而在以往的、其他的社会形态中，共同体的精神纽带、通过耗费实现的一定社会结构的稳定运行等才更为重要。物只是这种精神纽带、社会稳定运行的具体承载和实现道具。在看待社会历史时，巴塔耶也认为，不是"生产"的发展，而是不同的"耗费"形式，塑造了不同的社会类型，构成了我们看待

---

① Georges Bataille, *La part maudite*, *précédé de La notion de dépense*, Paris：Les Editions de Minuit，1967，p. 52.

超然物外

社会历史发展、设想未来前景的重要参照。巴塔耶与马克思不仅在对于"人"、对于社会历史的看法上有所差别，在看待"物"时也形成了相应的差别。由于关注生产，进行了长期的经济学研究和政治经济学批判，马克思看到了分工、机器等人与物之间的具体结合形式和"物"的具体表现形态；相比之下，巴塔耶只看到人与物之间的占有关系。当这种占有关系存在时，物仅是与人相对应的物质财富，应当受到批判；当占有关系解除时，或者由于主、客体的消融而不复存在时，物就成为了运行于宇宙间的生命能量的凝结。

那么，巴塔耶从经验出发的起点通往了什么方向，又依靠了什么力量呢？显然，这不是马克思那样的向"上"的抽象力，而可以说是一种基于生命体验的、向"外"的僭越力。在三卷本著作《被诅咒的部分》的每一卷开头，巴塔耶都有一些关于方法的讨论。第一卷以"耗费"为主题，主要探讨普遍经济学的基本理论及其在社会历史中的体现。在这一卷的序言中，巴塔耶强调不允许自己"只见树木，不见森林"，而要让自己保持一种总体的视角。在这样的视角看来，整个世界上的生命资源都是融为一体的，任何事物都是与宇宙齐一的，在此基础上，我们才能获得心灵的真正自由，而不是以恐惧和焦虑等强制性状态为手段去寻求所谓的自由。① 在这里，巴塔耶所强调的其实是一种不受限制的视野，这种视野是对传统经济学视野的突破，是从传统经济学家们所研究的具体问题中跳出来，转而关注作为整体的宇宙。第二卷以"色情史"为主题，主要探讨构成人类精神机制的禁忌与违犯的双重运动。在这一卷的序言中，巴塔耶更加明确地指出他要在这本书中展现出一条新的思考路径。这种思考路径将取代科学概念，因为后者无法把握鲜活的生命过程，总是落后于要把握的对象。但是，新的思考路径也会保持与科学同样的严格性，这种严格性一以贯之地体现在那穷尽所有可能性的思想系统中；它能够直面恐怖而不会土崩瓦解，能够探究可能性的极限而不会偷偷溜走。② 显然，在这里，"穷尽所有可能性""探究可能性的极限"明白无误地宣示了主导着巴塔耶思想走势的这种向"外"的僭越力。第三卷以"自主权"为主题，在这一卷的开头关于方法的考虑中，巴塔耶也指出：自

① Georges Bataille, *La part maudite*, *précédé de La notion de dépense*, Paris：Les Editions de Minuit, 1967，p. 53.
② Georges Bataille, *The Accursed Share* Ⅱ *The History of Eroticism* Ⅲ *Sovereignty*, trans. Robert Hurley, New York：Zone Book, 1993, p. 14.

· 172 ·

己的工作是建立在综合了各种学科的基础上的，是"漫不经心"的。它不是像知识一样在时间、在话语中展开，而是要把握自主权的瞬间。这样的瞬间不是知识的对象，而是让我们哭泣、抽噎、大哭的对象；从根本上说，它是奇迹（miracle），是不可能发生的事却发生了（impossible, yet there it is）。在奇迹中，人们的期望落空，期望坠入空无，人们也从期望中解脱出来。只有这样的瞬间或奇迹，才能达到自主权的原则。在这里，弃绝知识的"非知"成为巴塔耶的重要方法，只有"非知"才能通达自主权。巴塔耶甚至宣称，自己的思想是无预设、无上帝的神秘主义。[①] 这三处讨论，层层递进地显露了巴塔耶思想的僭越性，他依次突破了传统经济学、科学、知识的疆界，直至达到了一种无预设的神秘主义。

这种向外的、基于生命体验的僭越力，在人与物的关系上导致的结果，就是物的"虚无化"。巴塔耶没有像马克思那样使物"物象化"，即透过"物"而着重去分析和批判社会关系。事实上，整体说来，巴塔耶对物的社会性关注得并不多。甚至，对巴塔耶来说，不是社会形式塑造了物的形态，反倒是对物的不同耗费方式塑造了社会形式。尽管借助莫斯等法国社会学家和人类学家关于古代部落的研究，巴塔耶认识到物是共同体精神纽带的承载，但是，这一认识并没有导向对物的社会性分析，而主要是导向了精神性分析，特别是对人性形成过程的阐释。这一阐释，从理论渊源上说，是在糅合了黑格尔的精神现象学和弗洛伊德的精神分析理论的基础上形成的。其实，相比于"物象化"，巴塔耶更关注的是"物化"，而且，巴塔耶对"物化"采取的是激进的批判态度。这一点也构成了他与卢卡奇、哈贝马斯、海德格尔等人的差异，后者多对这一概念进行了中性的、甚至褒义的理解，而在巴塔耶这里，物化、人对于物性的接纳则成为迫切需要加以批判的对象。巴塔耶的批判，不是要对社会历史而是要对人的精神史进行重新审视，不是要总结社会规律、变革社会结构而是要描述精神机制、追求精神境界。这种批判的结果，就是澄清了物化是人的现代精神结构的产物，这种精神结构以理性、占有、功利为主旨，进而，随着这种现代性"毒素"的祛除，人的精神将回归物我齐一、物我两忘的境界，人的生存将重获自主、不再奴性，而物则不复为物。这一思想路径并未聚焦于社会历史，因而与历史唯物主义不

① Georges Bataille, *The Accursed Share* Ⅱ *The History of Eroticism* Ⅲ *Sovereignty*, trans. Robert Hurley, New York：Zone Book，1993，pp. 201 – 211.

尽相符，但是，它不避极端地考察了人的生命存在的事实，从而坦然地讨论了"低俗唯物主义"。这也使巴塔耶的思想没有指向具有现实性的社会批判问题，而更加直接地关联着"物与人的关系"或"物的意义与人的生存"这样的基础性问题。因此，相比于马克思经由政治经济学批判走向了对无产阶级革命的呼吁，巴塔耶则经由普遍经济学而走向了对人性自身的考察和对人的生存状态的探索。这种探索的最终归宿，就是以"自主权"为标志的独特境界，一种物我两忘、无思无言的境界。

四　解放条件：物的丰盛与超然物外

巴塔耶与马克思在目标追求上也存在着差别。就"人与物的关系"而言，这里涉及的关键问题是马克思"消灭私有制"的思想及其与巴塔耶"耗费"思想的异同。首先要讨论的是，如何理解"消灭私有制"以及这一思想为何导向了追求物质财富的极大丰富，它与巴塔耶提出的超然物外的"耗费"思想区别何在。

众所周知，消灭私有制是马克思的重要主张。《共产党宣言》中曾作出了明确的表述："共产党人可以把自己的理论概括为一句话：消灭私有制。"[1] 那么，如何理解马克思的这一提法呢？在传统的理解中，消灭私有制总是直接地导向了实现公有制，似乎非"私有"即"公有"。然而，这种理解应当是存在着问题的。消灭私有制，关键是消除由一定社会发展阶段不够发达的生产力所导致的社会生产关系中的强制分工和分化的状态，以及与这种分工和分化相伴随的占有制度、私有制度及其观念。如果消灭私有制就意味着公有制的话，那么，作为公共群众的人仍然要占有物，仍然要遵循物的逻辑去追求生产力的发展和物质财富的丰裕。在这一过程中，很可能仍然会出现人只是作为手段、以奴性的生存状态而存在的情况。这一点，在巴塔耶对斯大林主义指导下的苏联工业化进程的分析中，已经得到了清楚的呈现。此外，公有制还面临的一个问题是，究竟谁来代表"公家"呢？任何一种由个体代表公家的模式都意味着一种越级或篡夺。因为，个体终究是个体，个

---

[1] 《马克思恩格斯文集》第二卷，人民出版社2009年版，第45页。

体无法等同于公共群体，而且，当个体必须等同于、代表着公共群体时，它必须考虑如何处理自己尴尬的"肉身"，同时又必须面临要去占有物、经营物的考验与窘境。当然，真正意义上的公有制也应该可以实现，但这必须具备一定的技术和社会条件作为前提。如果按照当代社会发展的趋势，这些条件就意味着要以高度发达的信息社会作为基础，因为只有实现了信息、物流、管理的高效运转、充分共享和全息呈现，才有可能实现计划经济和整个社会的公有制。换言之，信息社会是社会主义社会的必要基础。

事实上，就人与物的关系而言，消灭私有制就是解除迫使个人必须以一定方式占有物的社会强制性。这种强制性，来自于社会关系的外在力量，它使人必须占有物，通过占有物来保障生存需要的满足、社会关系的实现和内在情感的表达。理解消灭私有制的关键，不在于消灭个人对物的占有，而在于消灭那种迫使人不得不以既定方式占有物的社会强制性。消灭私有制，不是不让人享有物，恰恰相反，它最终的目的是要在更高的形态上恢复"个人所有制"。在马克思的思想中，一以贯之地保留着人的生存对于自然界具有天然依赖性、物与人之间具有可亲性的观点。不论是作为历史唯物主义出发点的人的肉体存在，还是以生产力的高度发达、物质财富的极大丰富作为共产主义的前提，都说明了这一点。消灭私有制，从根本上说是要消灭社会强制性。这是源自生产力发展状况所决定的生产关系的强制性：在社会的日益全面、深化、精细化的分工和分化中，个人与产品之间、个人之间、个人与社会之间、个人与自身本真的生存状态之间的有机联系日益被割裂，这使人不得不以一定的方式去占有物、经营物，去追求外在于自身的物的不断繁衍增殖，通过物的中介来实现人与人之间、个人与社会之间的交流，来实现个人对自身生存的内在本质理解的表达。应当注意到，在马克思这里，私有制从一开始就是与分工一起阐述的。"分工的各个不同发展阶段，同时也就是所有制的各种不同形式。这就是说，分工的每一个阶段还决定个人在劳动材料、劳动工具和劳动产品方面的相互关系。"① 因此，不消灭分工，消灭私有制就只是臆想，而消灭分工涉及的就是社会关系的调整，所以，对于马克思来说，他所关注的内容主要是社会关系的层面。在对社会关系层面的关注中，马克思尤其关注的个人与社会的关系，取消外在于个人的社会强制性，是马克思关心的重要主题。

---

① 《马克思恩格斯文集》第一卷，人民出版社 2009 年版，第 521 页。

只是，从历史唯物主义出发，分工的消灭、社会关系的调整和社会强制性的祛除，都依赖于生产力的发展。在生产力不够发达的情况下，强行地消除社会分工与社会差别不仅不能达到预期目的，反而可能造成社会生产和社会生活的巨大破坏。对于这一点，当我们回顾自己国家建设发展曾经走过的历史时，也许就会很容易获取启示和理解。对于生产力的发展在社会生活中的实际作用，马克思无疑十分明了。然而，马克思之所以重视生产力，归根结底也还是因为他认识到了人对于物的依赖性、人类社会对于外界自然以及工业生产的依赖性。对这种依赖性的认识，是历史唯物主义的基础。

这样，我们就从私有制出发，经过社会分工，又回到了社会生产力。在着眼于社会关系的前提下，私有制侧重于人与物的关系，社会分工侧重于人与人的关系，而生产力又回到了对人与物的关系的侧重。在这种逻辑递进和论题转换中，虽然马克思关注着社会关系的层面，但是人与物的天然可亲关系却是基础性的和一贯的。因此，马克思才会用"共产主义社会"的概念置换了"自由人的联合体"的概念，从注重每个人的自由全面发展，拓展到了注重生产力的发展和生产关系的调整。

巴塔耶的耗费思想与马克思消灭私有制的思想，有同有异。在一定程度上，消灭私有制是与耗费同义的，或者说，两者的思想意蕴有重叠之处。这体现在，它们都主张人从物性的脱离、摆脱人为物役的状态，使人不再被自己的客体化创物或作为异己力量而存在的社会关系所统治。如果结合着耗费来理解的话，消灭私有制其实又意味着是通过消灭人对物的占有，来消灭因为人占有物而导致的人接受了物的逻辑和秩序的状态，或者因为追求外在的物而失去了自身的自由个性的状态。

消灭私有制，实现共产主义，又与耗费不尽相同。耗费着眼于人与物的关系，目的是直接拆解人与物之间的紧密联结，实现作为主—客体的人与物的共同消融；但是，对马克思来说，人与物之间的关系是基础性的，却不是最受关注的，最受关注的是人与人之间以生产关系为基础的全面的社会关系。正如《共产党宣言》中所说的："共产主义并不剥夺任何人占有社会产品的权力，它只剥夺利用这种占有去奴役他人劳动的权力。"① 共产主义运动的方向，就是要在生产力发展的基础上随着社会历史进步而实现社会关系的全面调整，但是，在这种调整中，人与物之间的关系仍然是可亲的。人类对

---

① 《马克思恩格斯文集》第二卷，人民出版社 2009 年版，第 47 页。

自然的天然联系，是马克思着重强调而巴塔耶并不关注的。在《资本论》中，马克思进一步指出了要"重新建立个人所有制"。这段话是这样表述的："从资本主义生产方式产生的资本主义占有方式，从而资本主义的私有制，是对个人的、以自己劳动为基础的私有制的第一个否定。但资本主义生产由于自然过程的必然性，造成了对自身的否定。这是否定的否定。这种否定不是重新建立私有制，而是在资本主义时代的成就的基础上，也就是说，在协作和对土地及靠劳动本身生产的生产资料的共同占有的基础上，重新建立个人所有制"。① 在《反杜林论》中，恩格斯针对杜林提出的"既是个人的又是公共的所有制的混沌世界"的批评，为这段话作了辩护性的解释。恩格斯说："靠剥夺剥夺者而建立起来的状态，被称为重新建立个人所有制，然而是在土地和靠劳动本身生产的生产资料的社会所有制的基础上重新建立。对任何一个懂德语的人来说，这就是说，社会所有制涉及土地和其他生产资料，个人所有制涉及产品，也就是涉及消费品。"② 按照恩格斯的解释，在共产主义阶段，生产资料应当是公有制的或社会所有制的，生活资料则应当是个人所有制的。但是，在《德意志意识形态》中，我们还可以发现这样一段表述："在迄今为止的一切占有制下，许多个人始终屈从于某种唯一的生产工具；在无产者的占有制下，许多生产工具必定归属于每一个个人，而财产则归属于全体个人。"③ 马克思强调这是"现代的普遍交往"导致的。这段表述的含义与恩格斯的解释略有出入，但是无论如何，至少可以确定，无论是关于生产资料还是生活资料，当我们说"公有制"或"社会所有制"时，并不是在说一种超出了现实个人之上的抽象的"公家"，而是在说"每一个个人"或"全体个人"，而且，对于这些个人来说，他们终究是要充分地与物打交道的。

　　总之，在马克思这里，人与物之间的可亲关系是既定不变的，需要调整和改变的是人与人之间的以生产为基础的社会关系；这一理论目标与巴塔耶通过极力拆解人与物的联结来恢复人的"自主权"，最终坠入"空无"的理论旨归，显然是不同的。巴塔耶与马克思的差距在于，他基本上只是强调了人的精神结构的方面，而相对没有对另外两个方面给以足够关注：一方面是

① 《马克思恩格斯文集》第五卷，人民出版社 2009 年版，第 874 页。
② 《马克思恩格斯文集》第九卷，人民出版社 2009 年版，第 138 页。
③ 《马克思恩格斯文集》第一卷，人民出版社 2009 年版，第 581 页。

物与人之间联系的自然性基础；另一方面是物作为社会关系的凝结。正是对这种自然性基础的强调，恰恰成为马克思坚持人与物之间具有可亲关系的根据；正是对物的社会性的着力分析，成为马克思能够提出改造社会的现实方案的原因。在马克思这里，物不仅是具体可见的东西，更是在社会历史中形成的异己的外在力量，当这种外在的力量可以被普遍交往的全体个人所掌握的时候，所谓"物我齐一"的境界也就能水到渠成地实现了。这与巴塔耶"瞄准着意识"，通过人对物的挥斥而摆脱物性的做法相比，无疑是更为切实的路径。

由于马克思关注"物象化"，即看到了物不仅意味着物与人的关系，更意味着人与人的关系，而巴塔耶关注"物化"，即人接受了物的逻辑和秩序，因此，他们在如何处理人与物的关系这一问题上也就各自提出了不同的解决方案。其一，在解决问题的方向上，巴塔耶是直接诉诸人从与物的联结中脱离出来，通过对物的慨然挥斥而恢复人的自主权；而马克思则是将人与物的天然联系作为前提保留下来，并认为问题的症结在于社会关系，因而诉诸社会关系的调整。如果继续围绕私有制来讨论的话，我们应看到马克思已经指出了私有制本身并非仅仅以个人意志即对物的任意支配为基础的。"实际上，滥用〔abuti〕对于私有者具有极为明确的经济界限，如果他不希望他的财产从而他的滥用的权利转入他人之手的话；因为仅仅从私有者的意志方面来考察的物，根本不是物；物只有在交往中并且不以权利为转移时，才成为物，即成为真正的财产（一种关系为什么，哲学家们称为观念）。"① 当巴塔耶努力论述"耗费"时，多多少少被他所忽略了的是，这在现实的社会关系中是不可能有人来普遍地实行的。此外，还应当注意到，在马克思这里，分工与私有制是同义语：它们一个是就过程来说，一个是就结果来说的。分工是一个明确具有社会性质的概念，它以人之间在生产中结成的组织形式反映出处于不同历史阶段的人对于物的屈从程度。这一屈从的消减以至消灭，不能通过像巴塔耶所诉诸的精神世界的革命来实现，而必须通过联合起来的自由个体重新掌握那曾使他们屈从的力量来实现。"个人力量（关系）由于分工而转化为物的力量这一现象，不能靠人们从头脑里抛开关于这一现象的一般观念的办法来消灭，而是只能靠个人重新驾驭这些物的力量，靠消灭分工的办

---

① 《马克思恩格斯文集》第一卷，人民出版社 2009 年版，第 585 页。

法来消灭。没有共同体，这是不可能实现的。"① 其二，在解决问题的可行性上，巴塔耶诉诸主观性，致力于推动人自身的改变，特别是不懈探索人类生存的新的可能性，以此从根源上破解植根于人自身之中的物性，进而实现新人新物或无我无物之境界；马克思则关注包含于社会发展进程中的客观趋势与客观力量，特别是通过对资本主义社会的基本矛盾、剩余价值规律与社会化大生产的揭示，展示实现社会历史的根本性变革的可行性。在马克思看来，人为物役的状况，是社会关系发展的特定阶段所使然，是其中存在着的剥削与压榨造成的结果。因此，在追求人的解放的思想过程中，马克思将注意力集中到"剩余价值理论"。尽管结合现代社会发展情况来看，投资的眼光、管理与决断等与简单的奉命劳作相比似乎更有价值，工人也似乎是在资本家领导下共同创造财富、发展生产力，从而使剩余价值理论的实际说服力略显不足，但是，从总体上来说，剩余价值理论仍然不失为马克思论证社会历史趋势的有效见解。相对于巴塔耶关注耗费，马克思关注的是劳动。劳动创造价值，外在的实体、客体的价值是人的有活力的存在的必然结果。正是通过研究社会劳动的生产过程，马克思发现和揭露了社会经济增殖的秘密，指出了资本主义的不合理和不合道义，指明了人摆脱物的奴役的必然取向。

其三，在解决问题的过程上，巴塔耶认为劳动是手段，革命也是手段，而但凡作为手段存在的东西都是奴性的，因此人应该直接到达自主性的生存；马克思的最终目标则要求每一个人为生存而工作、为建立无产阶级专政而在战场上赢得自身解放的权利。马克思指出："只要把一切劳动资料转交给从事生产的劳动者，从而消灭现存的压迫条件，并由此促使每一个身体健康的人为生存而工作，这样，阶级统治和阶级压迫的唯一的基础就会消除。但是，在实行这种改变以前，必须先建立无产阶级专政，其首要条件就是无产阶级的大军。工人阶级必须在战场上赢得自身解放的权利。国际的任务就是为迎接即将到来的斗争，把工人阶级的力量组织并团结起来。"② 然而，巴塔耶却认为，即使夺取了政治上的胜利，取得了制度上的统治权，个人自身的真正的自主权也未必能够获取，他说："即使是为废除那压迫他、把他贬低到物的层面的东西而斗争的人，也仍然一定会由于这样或那样的变故而重获那它的压迫曾使他遭受剥夺的东西。不仅如此，他失去了君主制社会至少具有的

① 《马克思恩格斯文集》第一卷，人民出版社 2009 年版，第 570—571 页。
② 《马克思恩格斯文集》第三卷，人民出版社 2009 年版，第 619 页。

东西，一种对人类存在的相当完整的表现，以致这种存在不会允许他自己混淆于物、贬低为客体"。①

但是，尽管存在这些差别，我们还是要看到巴塔耶与马克思一致的方面，这就是他们都致力于实现人的相对物的自主权或人从对物的依赖性中解放出来。这一点，在马克思这里就体现为希望"把无产阶级的原则提升为社会的原则"②，所谓"无产阶级的原则"其实就是人脱离了物的原则；在巴塔耶这里，人之脱离于物表现得更加显明和激进，耗费、异质性、自主权等一系列概念都是这一思想取向的直接表现。而且，两者不仅存在一致性，而且存在着互补性，巴塔耶思想中的某些内容其实也是对马克思思想的有益补充。比如，他对于人自身的生存状态作出了新探索，这种探索是相当深入的，提示了人的可塑性、变动性，描绘了人性或人的精神运动的内在机制。对于人的内在精神和心理机制的这些探索，是随着弗洛伊德主义的传播而兴起的，也是马克思不曾作出深入讨论的。在这个意义上，可以说巴塔耶是在与马克思共同方向前进的同时，又对马克思的思想作出了补充和拓展。

五　理想社会："共产主义社会"与"阿塞法尔共同体"

无论是马克思还是巴塔耶，都面临着如何构想已经从物中解放出来的人们所组成的社会的问题。对于这一问题，他们给出了各自的回答，即"共产主义社会"和"阿塞法尔共同体"。如果说上一个问题，即关于人从物中解放出来的条件问题，主要涉及两者在"人与物的关系"问题上的思想异同的话，那么，这一问题则主要涉及两者在"个体与共同体的关系"问题上的思想异同。接下来，我们将着重比较"共产主义社会"与"阿塞法尔共同体"这两种理想社会构想，其中，对"共产主义社会"的理解要相对复杂，因为它不仅包含着马克思本人的原初阐述，还往往会关联着后人的见解附会以及

① Georges Bataille, *The Accursed Share* Ⅱ *The History of Eroticism* Ⅲ *Sovereignty*, trans. Robert Hurley, New York: Zone Book, 1993, pp. 254 –255.
② 《马克思恩格斯文集》第一卷，人民出版社 2009 年版，第 17 页。

苏联式社会主义国家的实践探索，这些需要被注意到并加以澄清。

关于"共产主义社会"，曾有诸多表述略有差异而其实观点基本一致的描述，包括生产力高度发达、物质财富极大丰富、人的觉悟普遍提高等。事实上，这些描述都是作为"人的自由全面发展"的条件而出现的。就其自身而言，动态地说，共产主义社会意味着社会进步与人的发展的良性互动；在静态上说，共产主义社会则意味着"自由人的联合体"。

我们不应当过于重视对于共产主义社会的具体描述。应当明确的是，共产主义不是预先设计出来的，而是符合社会历史发展规律地形成的。马克思曾说："共产主义对我们来说不是应当确立的状况，不是现实应当与之相适应的理想。我们所称为共产主义的是那种消灭现存状况的现实的运动。"① 在这个意义上，共产主义与其说是悬置于将来的理想，毋宁说是内在于当下的现实。当拘泥于对共产主义具体细节的描述时，比如公有制经济的比例一定要过半、个体经济"超过七个帮手"就是剥削等，这些描述所反映的未必是对共产主义本质特征的把握，而更有可能是描述者自身当时所处的社会条件、生存状态和心理期望的直接表现。简言之，这些表面化的描述所反映的往往不是共产主义的特征，而只是那些描述者一时的认知水平。当社会进一步发展之后，这些认识和论断也就会显得相对过时而不足为凭了。

或许，更值得关注的是马克思在有关共产主义社会的论述中对于"个体与共同体的关系"的阐发。在马克思这里，共产主义社会主要是指掌握了社会性力量的"自由人的联合体"。在这样的共同体中，那种根源于生产活动的外在强制性已经被消除，由此产生的社会内部的分工、分化和阶级也不复存在。这是在生产发展、条件具备的基础上实现的个体与共同体的真正融合。一方面，马克思曾强调，"应当避免重新把'社会'当作抽象的东西同个体对立起来"，社会不是一个抽象的实体，而是个体以普遍意识的形式对于现实共同体、对于自身作为社会存在物的理论表现。② 另一方面，马克思指出："只有在共同体中，个人才能获得全面发展其才能的手段，也就是说，只有在共同体中才可能有个人自由。从前的各个的联合而成的虚假的共同体，总是相对于各个人而独立的……在真正的共同体的条件下，各个人在自

---

① 《马克思恩格斯文集》第一卷，人民出版社 2009 年版，第 539 页。
② 同上书，第 188 页。

己的联合中并通过这种联合获得自己的自由。"① 这样一来，我们发现，马克思已经完成了个体与共同体之间的融通。或许，物化个人的弊端就体现在对个体、对自我的物性关注损毁了真正的共同体，进而也损毁了真正的个人，而共产主义就是对真正的个人及其共同体的恢复。对于我们而言，尤其需要看到，虽然共产主义（communism）的名称也可直译为"共同体"（community）主义或"公社"（commune）主义，但是，"公社"并不是一个与个体对立的抽象的实体。在个体与共同体的融通中，马克思对于个体无疑是肯定的，他说："人们的社会历史始终只是他们的个体发展的历史，而不管他们是否意识到这一点。他们的物质关系形成他们的一切关系的基础。这种物质关系不过是他们的物质的和个体的活动所借以实现的必然形式罢了。"② 马克思要求发展个体，他的理想是要求每一个个体能够发展得更加充分。作为最终理想的共产主义，实质上所指的也是每个人的自由全面发展。

相比之下，巴塔耶关于这一问题的探索则主要体现在对于"阿塞法尔共同体"的讨论中。"阿塞法尔"（acéphale）这个名称，主要指"没有头部"和"缺少头脑"的意思。③ 所谓"没有头部"，指的是没有元首，没有"至高的王"自上贯下并以此维持共同体的统一性和同质性；所谓"缺少头脑"，指的是不依赖于知性，不以知性思考和逻辑方式把所有事物作为对象加以捕捉和划分，以此形成可以在意识上"通约"的共同尺度。简言之，如此设想的共同体，其实是"不拥有共同体的人们"的共同体。巴塔耶强调的，是消解传统的起着统治作用的宗教、国家等同质性共同体。这一点，与马克思反对把"社会"当作抽象的实体与个人对立起来，无疑是有着一致性的。不仅如此，巴塔耶还要求消除知性思维的束缚，拆解"主体—客体"关系及其背后的同质性逻辑，充分释放人的存在的可能性。这又与马克思关于人的自由全面发展的观点十分相近，至少，他们都把人的生存理解为了一种拒绝既定束缚、不断创造和生成的过程。

但是，巴塔耶的"阿塞法尔共同体"与马克思的"共产主义社会"毕竟有所不同。就其差别而言，马克思强调了"社会"其实是"个体的社会性"在观念上的体现，更加看重每一个个体的自由自觉的生命活动；而巴塔

① 《马克思恩格斯文集》第一卷，人民出版社 2009 年版，第 571 页。
② 《马克思恩格斯文集》第十卷，人民出版社 2009 年版，第 43 页。
③ ［日］汤浅博雄：《巴塔耶：消尽》，赵汉英译，河北教育出版社 2001 年版，第 18—19 页。

耶则认识到有问题的不仅是社会，而且还包括了个体，传统的那种作为主体的个体同样浸透着同质性的流毒。马克思要求取消外在的强制性，这种强制性是由社会生产中的分工、分化对于人的自由天性的束缚而形成的；而巴塔耶则关注了内在的同质性束缚，这种同质性是从整个社会的精神结构一直到个体的思维方式和生存状态都贯穿的。马克思要求在物质生产发展的基础上实现"自由人的联合体"；而巴塔耶则要求向着"我"之外敞开新的可能性，进行无尽的探索。

概言之，共产主义社会或"自由人的联合体"强调的是每个人摆脱社会的强制性，"阿塞法尔"强调的是每个人避免形成内在的同质性体系。后者不仅是政治的、社会的，甚至是精神的、逻辑的。在摆脱和避免统治性、强制性的方面，两者是一致的；两者的区别在于，马克思强调这种强制性来自于社会生产，应当在生产的发展和社会的进步中加以消除，而巴塔耶则致力于拆解统治性、强制性所依赖的同一性逻辑。对于这种同一性逻辑的现实根源，巴塔耶似乎并没有给予足够的重视，但是，从积极的方面说，他对于可能造成统治性结构的观念层面的批判，无疑是立意深远的。

这里有必要对巴塔耶与马克思在人性理论上的差异略作延伸的探讨。这一问题，在很大程度上构成了他们之所以形成不同社会形态构想的理论根源。其一，在区别人与动物的问题上，马克思认为关键在于生产，而巴塔耶则认为关键在于禁忌，生产只是禁忌的外在表现。马克思也指出："一当人开始生产自己的生活资料，即迈出由他们的肉体组织所决定的这一步的时候，人本身就开始把自己和动物区别开来。"① 巴塔耶却认为，人与动物之间的差别，在于是否存在着禁忌，换言之，动物是即时性地满足自己的需要的，而人则能够将这种需要延后，进而能够超越特定的时空，对自己的生命活动进行理性的谋划。进而言之，不仅人与动物的差别是如此，人与人的差别也是如此，即不仅在于经济地位的高低，而在于生活方式的方方面面，在于满足需要的方式是否更加"优雅"，更加脱离"动物性"而体现"人性"。这样一种基础性的差别，导致了巴塔耶在关于理想社会形态的实现条件的问题上，没有像马克思那样关注作为人类自由的前提的社会物质生产及其"必然王国"，而是直接诉诸精神上禁止与违犯的"双重运动"和生存方式的无尽敞开。其二，在关于人的个体性或有限性的问题上，马克思的讨论是着眼

---

① 《马克思恩格斯文集》第一卷，人民出版社 2009 年版，第 519 页。

于社会而展开的，巴塔耶的讨论则是相对于自然连续性而展开的。马克思致力消除由于被社会化地割裂和孤立而造成的个体的私人性，使在社会中形成的孤立个人能够再与社会充分地融合起来，重新恢复社会性。因此，在马克思的理想设计中，人的追求私利的积极性并没有得到认同。比如，在《论土地国有化》一文中，马克思就曾写道："一旦土地的耕作由国家控制，为国家谋利益，农产品自然就不可能因个别人滥用地力而减少。"①他甚至认为，"生产资料的全国性的集中将成为由自由平等的生产者的各联合体所构成的社会的全国性的基础，这些生产者将按照共同的合理的计划进行社会劳动。"②相对于人在一定历史阶段表现出的追求私利的倾向，马克思更愿意相信人就其本性而言是利他的，是要在劳动创造中实现其自由自觉的生命活动的。至于私有制和私有观念，则是一定历史阶段的社会生产中的分工、分化的强制性所导致的结果。与马克思的创造性的、自由全面发展的个人不同，巴塔耶的个人则是在面对死亡的生命有限性的基础上形成的，因而，在巴塔耶这里，人不是要通过社会生产完成自身本质性存在的遮蔽与祛蔽过程，而是要向着自然原初的连续性进行往复式的回归，在有限性与连续性之间展开充满张力的生命的辩证运动。和马克思一样，巴塔耶也着眼于个人，但是，他不是为了张扬个人的可以经劳动生产而实现的创造性潜能，而是为了直接消解个人的作为主体的"个人性"，使其能够出离到自我之外，不断向着新的可能性敞开。

六　思维范式：辩证法与异质学

巴塔耶与马克思在物的意义界定、理论路径选择、人的解放条件和理想社会设想等方面的不同，固然与他们不同的时代背景和理论意图有关。特别是，马克思致力于实现现实社会的革命，而巴塔耶却偏重于以文学的形式进行感性体验和精神探索。然而，除此之外还应当看到，两者在思维范式上的不同也是导致他们理论差异的一个重要因素。

---

① 《马克思恩格斯文集》第三卷，人民出版社 2009 年版，第 231 页。
② 同上书，第 233 页。

无论是马克思还是巴塔耶，无疑都继承了黑格尔的遗产。可以简单化地认为，马克思转换了出发点和问题域，但是仍然保留了黑格尔辩证法的基本逻辑形式；巴塔耶则直接依赖于黑格尔提供的论题和部分思想内容，但却对黑格尔的逻辑形式进行了拆解和改造，形成了可以称异质学的思维范式。

　　马克思继承了"在其合理形态中"的辩证法。宽泛而论，关于马克思与黑格尔的关系问题，以往已经有了相当深入的讨论，而且这些讨论事实上既有学术考察也有政治偏见的争执，显得相当繁杂。概括起来，主要有"依附论"或"一致论""扬弃论"或"批判继承论"和"否定论"或"断裂论"这三种观点。① 单就思维范式而论（有时也表现为叙述方法），虽然马克思的"问题域"已然发生了转换，即从唯心主义的历史哲学转变为了历史唯物主义，但是，他与黑格尔的联系、对辩证法的合理继承毕竟是一个公认的事实。简言之，人们认为马克思批判地继承了黑格尔的辩证法。

　　需要进一步追问的是，马克思究竟是如何批判地继承辩证法的呢？传统的理解认为，马克思从费尔巴哈那里取得了"基本内核"，即唯物主义，由此出发而把黑格尔的逻辑理念颠倒过来，并继承黑格尔哲学的"合理内核"，即辩证法，形成了马克思主义哲学的辩证唯物主义及作为其在社会历史领域"推广"应用的历史唯物主义。如今，学界已经认识到，这种"嫁接"式的理解存在着许多局限和误区。事实上，马克思主义哲学并不是辩证唯物主义和历史唯物主义两个板块的叠加，而是只有历史唯物主义。在此基础上，这里所说的马克思对辩证法的继承，就不是指马克思在《资本论》第一卷中依赖黑格尔的否定之否定来完成历史叙述（相反，马克思是在历史地证明了各个环节之后才指出了这些过程具有辩证规律），或者如卢卡奇指出的马克思借取了黑格尔的"整体对各个部分的全面的优先性"，而是指马克思在实现了"问题域"的转换之后提出了"社会历史辩证法"，这种"社会历史辩证法"包括了"实践辩证法"（包括"劳动辩证法"）、"人化自然辩证法"和"社会形态发展的辩证法"。② 概要地说，辩证法在马克思这里仍然是正确的，只是它已经不再是精神运动的规则，而是人类社会实践生成过程的呈现。除此之外，关于马克思对黑格尔辩证法的批判继承，还有另外一种值得

---

① 俞吾金：《问题域的转换——对马克思和黑格尔关系的当代解读》，人民出版社 2007 年版，第 3—28 页。

② 同上书，第 463 页。

注意的表述。根据诺曼·莱文的研究，在黑格尔和马克思的思想中都涉及对"主观性"的讨论。相对于普遍性，主观性提供了个性或自我，而自我是激活思想的起因，是改变他者的否定性力量，是辩证法的必要组成部分。然而，主观性有消极和积极的方面：消极的方面在于，"抽象的主观性将个人视为作为原子的'我'，而'我'完全离开了国家、政治和道德共同体"；相反，"积极的主观性是一种与国家、政治和道德共同体具有共生关系的个性化理解力"。① 黑格尔拒斥抽象的主观性，指出它是"苦恼的意识"温床，导致个人从共同体中分离出来，并关注积极的主观性，强调个体与共同体的共生关系。因此，黑格尔将"精神"而不是个人的自我意识视为发展的推动力量。与黑格尔不同的是，马克思借用了鲍威尔的批判公式，这一公式将主观的自我意识视为本质的代称。自我意识从外部存在的事物中洞察并提取出本质，继而对现存的个性与这种本质标准加以比较。批判就是揭示存在与本质之间分歧的一种考察，并在揭示中开启超越这个分歧的可能性。莱文认为，"这是马克思毕生方法论的保留部分"。② 概括莱文的判断，他认为马克思结合了鲍威尔的自我意识和黑格尔的本质与现象的模式。也就是说，马克思从抽象的总体性转向了个人的主体性，选择了实践的维度和批判的取向，而保留了黑格尔辩证法中的基本形式，特别是本质和现象的模式，"在他发现了劳动是社会存在的 DNA 之后，本质和现象之间的辩证关系对分析社会的方法而言就是关键的了。"③ 当然，马克思对黑格尔是有指责的，但是这些指责主要集中在黑格尔的泛逻辑主义和思辨哲学的方面，是要求从关注总体和体系、倾向于将特殊性纳入普遍性转向了强调主观性的方面。我们认为，这两种表述侧重点有所不同，莱文的观点主要关注青年时期的马克思，历史唯物主义的观点显然是以成熟时期的马克思作为标准，但是，它们都认为马克思与黑格尔之间是批判继承的关系，而其中对于辩证法马克思则无疑是"继承"了的。

巴塔耶的思维范式虽然也要以黑格尔的辩证法为参照得到把握，但是，两者之间却并非一致的继承关系，而是经过了激进拆解的异质关系。对巴塔耶影响深远的主要是黑格尔《精神现象学》中的"主奴辩证法"思想。事

① ［美］诺曼·莱文：《不同的路径：马克思主义与恩格斯主义中的黑格尔》，臧峰宇译，北京师范大学出版社 2009 年版，第 219 页。
② 同上书，第 244 页。
③ 同上书，第 272 页。

实上，马克思和巴塔耶都存在着对黑格尔的"主奴辩证法"的借用。但是，马克思关注的是结果，即奴隶最终战胜了主人，取得了统治权，而且，在资本主义社会，这种奴隶与主人的关系又对应于无产阶级与资产阶级的关系；巴塔耶关注的并不是结果，而是作为中间环节的"否定"。换言之，如果说马克思是合理地利用了黑格尔的辩证法，那么巴塔耶事实上则是拆解了黑格尔的辩证法，只取了其中的否定的方面，而抛弃了统一的方面、和解的方面。这样一种对辩证法的不同处理，产生的影响是重大的。其一，就人与物的关系而言，巴塔耶没有像马克思那样希望在社会生产的历史发展中追求人与物的"和解"，或经过曲折之后最终实现物的发展与人的发展的协调同步，而是试图直接弃绝物性，截断物对于人的统治，重新彰显"作为完整的人类"的自主权。巴塔耶也因此没有关注"生产"，而是关注了"耗费"，前者是需要一个让渡再回归的辩证过程的，而后者则是一种直接体现人的主权生存境界的方式。其二，在社会关系及社会心理的分析中，巴塔耶关注的也不是物质生产、社会分工对于社会关系的决定性塑造作用，或者（在青年马克思那里）个体自我意识与哲学整体性之间的批判性张力，而是同质性体系与异质性要素之间的拒斥与吸引的结构化关系。其三，在哲学运思的方式上，巴塔耶以激进的否定、截然的两离等方式将辩证法置换为了异质学。这种异质学的关键特征，就在于不可通约的相异的性质和永不停歇的否定性的运动，以及这种不可通约性、否定性所造成的结构性张力和无尽向外的探索性。由巴塔耶所肇始的这种异质学，对于后现代主义、后马克思主义等思潮的形成产生了深远的影响，这也正是在今天仍然有必要继续在与马克思以至黑格尔的对比中关注巴塔耶的一个重要原因。

七　结语

应当注意到的是，马克思与巴塔耶既具有不同的学术背景，也面对着不同的思想境遇。马克思有着深厚的哲学修养，并且经过了专业训练，对古希腊哲学、德国古典哲学颇为熟稔，并且学识渊博，对文学、经济理论和社会思想均有广泛的涉猎。至少，毫无争议的是，他取得了哲学博士学位——尽管他的思想内容是激进的，因而不被当时德国正统的、官方的思想所接受。

巴塔耶却完全是一个学院外的作家，他的思想和作品几乎不带有任何以学科分化为基础的、专业性研究的特征，作为一个在古文法学校上学、在图书馆工作又从事了多种社会活动的人，如果要从一个纯粹的哲学家的角度来看他，那他无疑是一个自学成才的人。因此，他的思想来源也是庞杂的，不仅有法国社会学传统，有黑格尔、尼采，还有印度文化。马克思要面对和克服的，是德国强大的观念论传统，特别是以黑格尔为代表各种观念体系和泛逻辑主义，当然，在克服的同时，他也获得了哲学上的高超起点；巴塔耶则处于 20 世纪上半叶至中期的时代，对现代性的反思和质疑是不断冲击着思想界的汹涌浪潮，而这一趋势却恰恰使这位学院外的思想家、这位现代学术体制之外的学者获得了独特优势。马克思以他哲学上的高超起点考察实际的社会生活领域，建立起了历史唯物主义；巴塔耶则以他"编外"学者的优势，进行着立足于个人体验的突破和探索，耕耘着另类的文学和另类的思想。

然而，更重要的是，尽管有着这些差异，两者却也有着共同的作为"终结者"出场的倾向。对观念论的克服使马克思最终走向了"终结"哲学的道路。尽管他仍然继承了黑格尔的辩证法作为阐释社会科学和社会历史的工具，但是，进行了意识形态的清理工作之后，他所探讨的内容已经完全转向了社会生活的经验观察领域。巴塔耶则干脆以锤炼"反哲学"和提倡"非知"为己任。他不仅拒斥了思辨，而且试图更加彻底地拒绝思考、拒绝理性、拒绝语言，最终走向了个人的"内在经验"领域。巴塔耶尤其拒绝单一价值、单一维度的统治地位，无论这是以"善"之名，还是以"理"之名。巴塔耶对于像法西斯主义那样以合理性之名、以幸福承诺而施行的专制统治有着切身的体验；对于任何凭借单一维度而建立起来的同质性体系，也有着入木三分的剖析与批判。并且，巴塔耶将单一维度的统治、将同质性体系的批判推向了语言批判和理性批判的高度。相对于语言，他提出了沉默；相对于理性的知识，他提出了感性的丰富性。概言之，巴塔耶是要拒绝单一性和同质性而提倡多元性和异质性。然而，我们最终要看到，如果要将这种哲学思维定位为后现代的话，那么，马克思已经达到了后现代的高度。这是因为，马克思通过实践哲学所完成的，正是对于多元性或多重可能性的包容与主动接纳。实践，从来不是将思想的图章印刻于现实的腊泥中的行为；在实践中，我们将会遭遇生活中的真正的多样性、多元性、偶然性和可能性。

参考文献

中文部分

1. 汪民安编：《色情、耗费与普遍经济：乔治·巴塔耶文选》，吉林人民出版社 2003 年版。

2. ［法］巴塔耶：《色情史》，刘晖译，商务印书馆 2003 年版。

3. ［法］巴塔耶：《文学与恶》，董澄波译，北京燕山出版社 2006 年版。

4. ［法］巴塔耶：《内在体验》，尉光吉译，广西师范大学出版社 2016 年版。

5. ［日］汤浅博雄：《巴塔耶：消尽》，赵汉英译，河北教育出版社 2001 年版。

6. ［法］莫斯：《礼物：古代社会中交换的形式与理由》，汲喆译，上海人民出版社 2002 年版。

7. ［加］莎蒂亚·德鲁里：《亚历山大·科耶夫：后现代政治的根源》，赵琦译，新星出版社 2007 年版。

8. ［德］哈贝马斯：《现代性的哲学话语》，曹卫东等译，译林出版社 2004 年版。

9. ［德］海德格尔：《物的追问：康德关于先验原理的学说》，赵卫国译，上海译文出版社 2010 年版。

10. ［德］桑巴特：《奢侈与资本主义》，王燕平、侯小河译，上海人民出版社 2005 年版。

11. ［德］马克斯·韦伯：《新教伦理与资本主义精神》，康乐、简惠美译，广西师范大学出版社 2010 年版。

12. ［日］堤清二：《消费社会批判》，朱绍文译，经济科学出版社 1998 年版。

13. ［英］费瑟斯通：《消费文化与后现代主义》，刘精明译，译林出版社

2000 年版。

14. ［法］佩雷克：《物：60 年代纪事》，龚觅译，新星出版社 2010 年版。

15. ［法］布希亚：《物体系》，林志明译，上海人民出版社 2001 年版。

16. ［法］法约尔：《批评：方法与历史》，怀宇译，百花文艺出版社 2002 年版。

17. ［德］黑格尔：《精神现象学》（上），贺麟、王玖兴译，商务印书馆 1997 年版。

18. ［德］弗里德里希·威廉·尼采：《查拉图斯特位如是说》，杨震译，中国社会科学出版社 2009 年版。

19. ［法］萨特：《存在与虚无》，陈宣良等译，生活·读书·新知三联书店 2007 年版。

20. ［德］海德格尔：《存在与时间》（修订本），陈嘉映、王庆节译，生活·读书·新知三联书店 1999 年版。

21. ［德］霍克海默、阿道尔诺：《启蒙辩证法——哲学断片》，渠敬东、曹卫东译，上海人民出版社 2006 年版。

22. ［联邦德国］施太格缪勒：《当代哲学主流》（上），王炳文等译，商务印书馆 1986 年版。

23. ［德］雅斯贝斯：《时代的精神状况》，王德峰译，上海译文出版社 2005 年版。

24. ［德］康德：《实用人类学》，邓晓芒译，上海人民出版社 2005 年版。

25. ［美］诺曼·莱文：《不同的路径：马克思主义与恩格斯主义中的黑格尔》，臧峰宇译，北京师范大学出版社 2009 年版。

26. 《马克思恩格斯全集》第 46 卷（上），人民出版社 1979 年版。

27. 《马克思恩格斯选集》第 1 卷，人民出版社 1995 年版。

28. 《马克思恩格斯文集》第一卷，人民出版社 2009 年版。

29. 《马克思恩格斯文集》第二卷，人民出版社 2009 年版。

30. 《马克思恩格斯文集》第三卷，人民出版社 2009 年版。

31. 《马克思恩格斯文集》第五卷，人民出版社 2009 年版。

32. 《马克思恩格斯文集》第八卷，人民出版社 2009 年版。

33. 《马克思恩格斯文集》第九卷，人民出版社 2009 年版。

34. 《马克思恩格斯文集》第十卷，人民出版社 2009 年版。

35. 俞吾金：《实践与自由》，武汉大学出版社 2010 年版。

36. 俞吾金等：《现代性现象学：与西方马克思主义者的对话》，上海社会科学院出版社 2002 年版。

37. 俞吾金、陈学明：《国外马克思主义流派新编·西方马克思主义卷》（下册），复旦大学出版社 2002 年版。

38. 俞吾金：《问题域的转换——对马克思和黑格尔关系的当代解读》，人民出版社 2007 年版。

39. 张一兵：《反鲍德里亚：一个后现代学术神话的祛序》，商务印书馆 2009 年版。

40. 高宣扬：《后现代论》，中国人民大学出版社 2005 年版。

41. 冯俊等：《后现代主义哲学讲演录》，商务印书馆 2003 年版。

42. 包亚明编：《后现代性与地理学的政治》，上海教育出版社 2001 年版。

43. 莫伟民等：《二十世纪法国哲学》，人民出版社 2008 年版。

44. 尚杰：《归隐之路——20 世纪法国哲学的踪迹》，江苏人民出版社 2008 年版。

45. 尚杰：《法国当代哲学论纲》，同济大学出版社 2008 年版。

46. 何怀远：《发展观的价值维度——"生产主义"的批判与超越》，社会科学文献出版社 2005 年版。

47. 邹诗鹏：《生存论研究》，上海人民出版社 2005 年版。

48. 文史哲编辑部编：《知识论与后形而上学：西方哲学新趋向》，商务印书馆 2011 年版。

49. 仰海峰：《走向后马克思：从生产之镜到符号之镜》，中央编译出版社 2003 年版。

50. 潘于旭：《从"物化"到"异质性"——西方马克思主义哲学逻辑转向的历史分析》，浙江大学出版社 2009 年版。

51. 吴学国：《存在·自我·神性：印度哲学与宗教思想研究》中国社会科学出版社 2006 年版。

52. ［丹］阿斯格·索文森：《论巴塔耶的普遍经济学》，李剑译，《国外理论动态》2012 年第 2 期。

53. 张一兵：《巴塔耶：没有伪装，没有光与影的游戏》，《社会科学论坛》2004 年第 11 期。

54. 张一兵：《青年鲍德里亚与莫斯 - 巴塔耶的草根浪漫主义》，《东南学术》2007 年第 1 期。

55. 方丽：《功利主义经济的哲学批判——解读巴塔耶"普遍经济"思想》，《江海学刊》，2005 年第 6 期。

56. 张生：《积聚与消耗：苏联的工业化与美国的马歇尔计划——试析巴塔耶的普遍经济学的理论特征》，《浙江学刊》2009 年第 2 期。

57. 张生：《从普遍经济到普遍历史——论巴塔耶普遍经济学视野中的世界历史形态》，《江苏社会科学》2009 年第 4 期。

58. 张生：《从寻求"承认"到成为"至尊"——论巴塔耶通过科耶夫对黑格尔的主奴思想的吸收》，《现代哲学》2011 年第 4 期。

59. 彭富春：《什么是物的意义？——庄子、海德格尔与我们的对话》，《哲学研究》2002 年第 3 期。

60. 俞吾金：《资本主义诠释学——马克思考察、批判现代社会的独特路径》，《哲学研究》2007 年第 1 期。

61. 俞吾金：《论财富问题在马克思哲学中的地位和作用》，《哲学研究》2011 年第 2 期。

62. 刘森林：《物、物化、物象化：马克思物论的新认识》，《高校理论战线》2012 年第 7 期。

外文部分

1. Georges Bataille, *La part maudite*, *précédé de La notion de dépense*, Paris：Les Editions de Minuit, 1967.

2. Georges Bataille, *L'expérience intérieure*, Paris：Editions Gallimard, 1954.

3. Georges Bataille, *The Accursed Share* I *consumption*, trans. Robert Hurley, New York：Zone Book, 1991.

4. Georges Bataille, *The Accursed Share* II *The History of Eroticism* III *Sovereignty*, trans. Robert Hurley, New York：Zone Books, 1993.

5. Fred Botting and Scott Wilson eds. , *The Bataille Reader*, Oxford：Blackwell Publishers, 1997.

6. Michael Richardson, *Georges Bataille*, London and New York：Routledge, 1994.

7. Michele H. Richman, *Reading Georges Bataille：Beyong the Gift*, Baltimore and London：The John Hopkins University Press, 1982.

8. Leslie Anne Boldt – Irons ed. & trans. , *On Bataille: Critical Essays*, Albany: State University of New York Press, 1995.

9. Andrew Hussey, *The Inner Scar: The Mysticism of Georges Bataille*, Amsterdam – Atlanta, GA: Editions Rodopi B. V. , 2000.

10. Peter Tracey Connor, *Georges Bataille and The Mysticism of Sin*, Baltimore & London: The Johns Hopkins University Press, 2000.

11. Allen Stoekl, *Bataille's Peak: Energy, religion, and Postsustainability*, Minneapolis – London: University of Minnesota Press, 2007.

12. Shannon Winnubst ed. , *Reading Bataille Now*, Bloomington and Indianapolis: Indiana University Press, 2007.

13. Eugene Thacker, *After life*, Chicago and London: The University of Chicago Press, 2010.

14. Ernesto Laclau, *On Populist Reason*, London and New York: Verso, 2005.

15. André Gorz, *Critique of Economic Reason*, trans. Gillian Handyside and Chris Turner, London and New York: Verso, 1989.

16. Michel Foucault, *The Order of Things: an Archaeology of the Human Sciences*, New York: Vintage Books, 1973.

17. Jean Baudrillard, *The Mirror of Producion*, St Louis: Telos, 1975.

18. Jean – Michel Heimonet, *Bataille and Sartre: The Modernity of Mysticism*, Diacritics, 1996, 26 (2) .

19. Leslie anne boldt – irons, "Bataille and Baudrillard: from a general economy to the transparency of evil", *Journal of the Theoretical Humanities*, 2001, 6 (2) .

20. Peter Stallybrass, "Marx and Heterogeneity", University of California Press: *Representations*, 1990, 31.

21. Rebecca Comay, "Gifts without Presents: Economies of 'Experience' in Bataille and Heidegger", Yale University Press: *Yale French studies*, 1990, (78) .

索　引

后 记

2003 年起,笔者就在硕士研究生导师何怀远教授指导下,开始尝试涉猎巴塔耶的著作。当时的阅读体验是新奇而懵懂的,只留下了隐约的印象和感觉,还没有能力作出清晰、完整的领会和把握。然而,在学术启蒙中种下的这份机缘,却在随后的几年时间里,让笔者有了"骨头"可啃,能够断断续续阅读,点点滴滴吸收,逐渐形成了一个研究上的突破口。这应该是本书得以撰写的起点。

2009 年,笔者有幸考入复旦大学并师从俞吾金教授攻读博士学位,开始在新的学术殿堂中感受学问的魅力,享受浸润熏陶。俞老师渊博平易,睿智温和,对于学术研究既强调自主探索,又进行细致要求。在俞老师鼓励下,笔者在博士研究生阶段开始正式以巴塔耶作为研究主题,同时在研究的思路、框架、方法等方面得到了一系列训练和具体指导。可以说,这是本书诞生形成的关键提升阶段。

2015 年,笔者又得以进入华东师范大学哲学系从事博士后研究工作,师从在西方哲学研究领域建树颇丰的潘德荣教授,迈上了求学之路的新征途。潘老师在百忙之中多次抽时间与笔者长谈,不仅传授交流治学心得,而且具体讨论了诠释学、中国哲学等方面的诸多内容,鼓励进行学术上的融会贯通和自由思考。这些指导和启发,使笔者进一步打开了视野,在巴塔耶研究方面增添了更宽广的视域和更多元的参照系。在潘老师的关心下,笔者结合博士后研究课题,调整修订书稿,并及时获得了申请出版的机会。至此,本书书稿得以最终完成。

在学习研究和书稿写作期间,笔者不仅有三位导师的指导,还得到了一些机构和众多师友给予的热情帮助,令人感念在心。复旦大学哲学学院、当代国外马克思主义研究中心的陈学明、汪行福、王凤才、莫伟民、汪堂家、张双利、林晖、吴猛等诸位老师,给了笔者多方面的指导。同济大学中文系的张生教授是国内巴塔耶研究的先行者，从文本分享、概念探讨到学术交流、思想探讨等方面，都给予了笔者巨大的关心和帮助。复旦大学哲学学院的王春明博士，与笔者无私分享、积极交流了他所收集的前沿资料、取得的学术进展。第二军医大学人文社科部的领导和同事们，为笔者提供了宽松的学习机会和便利的工作条件。这些学习和工作上的支持，给予了笔者信心、勇气和克服困难、坚持向前的持续动力。

本书幸运地获得了"中国社会科学博士后文库"的出版资助，在此要特别感谢孙大伟、王琪、冯春凤等诸位老师的帮助。尤其是中国社会科学出版社的冯春凤编审，在书稿审校的过程中投入了大量时间和心血，以深入细致的工作使书稿更加规范严谨。

在此，笔者要向所有关心和帮助过我的老师、同学、同事和朋友们表达由衷的感谢！并借此机会，也向支持笔者学业、在身后默默付出的家人们表达感激之情！

时光匆忙，年月倏忽。笔者虽然向学之心强烈，但恐怕属于资质并不突出的那类，只能不断敦促自己在漫漫长路上砥砺前行、修持不辍。此书算是对过去十余年学习和研究的一个交待，也是今后进一步钻研学术、思考时代的一个开始。如今，将书稿呈现在读者面前，笔者既有辛苦耕耘后的一丝欣喜，但更有学识尚浅、挂一漏万的惴惴不安。修订无期，交稿有时，既已付梓，唯有期待各位方家不吝指正，帮助笔者完善改进。

杨 威

2016 年 9 月 10 日于上海五角场

征稿函附件2：

第五批《中国社会科学博士后文库》专家推荐表1

推荐专家姓名	潘德荣	行政职务	站长、所长
研究专长	西方哲学	电话	
工作单位	华东师范大学哲学系	邮编	200241
推荐成果名称	超然物外——巴塔耶耗费思想探要		
成果作者姓名	杨威		

　　书稿《超然物外——巴塔耶耗费思想探要》是目前国内率先专门探讨法国思想家乔治·巴塔耶的学术著作。巴塔耶作为"后现代主义之父"对于当代西方哲学思想发展具有深远影响，书稿准确把握了巴塔耶哲学思想的主要内容，清晰梳理了他在西方哲学思想发展史上的作用，深刻探讨了有关哲学思想的现实意义，具有很高的学术价值。该书稿以耗费概念为切入点，以人与物的关系为主线，对巴塔耶的哲学思想进行了层层剖析和深度解读，对于经济、社会、文化等层面的问题依次进行了精到探讨，最终形成了一个洋葱式的思想结构。书稿不仅比较充分地把握了巴塔耶的耗费思想，而且能够做出妥当的评论，既有翔实的资料和扎实的论述，也有独立的思考和思想的延伸，对于正确认识物质财富的生存论意义和深刻把握物质时代人的生存境遇，都具有重要的启发意义。这份书稿主要关注了巴塔耶以《被诅咒的部分》系列为主体的前期思想，对于以《反神学大全》系列为主体的后期思想虽然有所涉及，但是探讨还不够充分，如果今后有所补充，会让书稿更有分量。通篇看来，书稿思路清楚，规范严谨，文笔流畅，可读性强，应当说达到了出版水平。特此推荐出版。

签字：（签名）

2016 年 1 月 28 日

说明：该推荐表由具有正高职称的同行专家填写。一旦推荐书稿入选《博士后文库》，推荐专家姓名及推荐意见将印入著作。

第五批《中国社会科学博士后文库》专家推荐表2

推荐专家姓名	汪行福	行政职务	外马中心副主任
研究专长	西方马克思主义	电话	
工作单位	复旦大学哲学学院	邮编	200433
推荐成果名称	超然物外 —— 巴塔耶耗费思想探要		
成果作者姓名	杨威		

　　法国思想家乔治·巴塔耶对当代西方学界有着深远的影响，后结构主义、后马克思主义等一系列学术思潮都与乔治·巴塔耶有着千丝万缕的联系。《超然物外 —— 巴塔耶耗费思想探要》一书，能够在总体把握巴塔耶思想结构的基础上对耗费思想做出清晰探讨，并结合当代中国社会文化发展实际对精神家园建构进行深刻思考，体现了很高的学术价值和现实意义。书稿从耗费概念入手，通过深层挖掘其蕴含的经济哲学、社会哲学和存在论思想，在此过程中，作者生动展示了巴塔耶哲学思想的一个纵切面，使我们对巴塔耶思想以至西方后现代哲学发展有了更深刻的了解；解答了关于人与物的关系的时代性问题，为我们提供了一种在物质丰裕时代破解物性、"超然物外"的达观态度。书稿结构清晰，层次分明，论述精当，特别是将巴塔耶与黑格尔、海德格尔、尼采等人的比较，立意深远，颇有洞见。应当承认，巴塔耶的耗费思想具有空想色彩，"超然物外"的人生态度固然可嘉，而对于社会发展的指导性则要存疑，当然，作者只是提出了一个开放的思考空间，这对于学术探讨是难能可贵的。书稿自觉坚持了马克思主义的理论立场，对涉及到社会历史和社会形态等问题的论述，既富有新意又方向端正，达到了出版要求，特此推荐。

签字：汪行福

2016年1月28日

说明：该推荐表由具有正高职称的同行专家填写。一旦推荐书稿入选《博士后文库》，推荐专家姓名及推荐意见将印入著作。